Ausführliche Informationen über
unsere Autoren und Bücher
finden Sie auf unserer Website
www.dtv.de

RICHARD THIESS

MORDKOMMISSION
WENN DAS GRAUEN ZUM ALLTAG WIRD

DEUTSCHER TASCHENBUCH VERLAG

FSC
Mix
Produktgruppe aus vorbildlich
bewirtschafteten Wäldern und
anderen kontrollierten Herkünften
Zert.-Nr. GFA-COC-001298
www.fsc.org
© 1996 Forest Stewardship Council

Der Inhalt dieses Buches wurde auf einem nach den
Richtlinien des Forest Stewardship Council zertifizierten
Papier der Papierfabrik Munkedalgedruckt.

Originalausgabe
März 2010
© Deutscher Taschenbuch Verlag GmbH & Co. KG,
München
Das Werk ist urheberrechtlich geschützt. Sämtliche,
auch auszugsweise Verwertungenbleiben vorbehalten.
Umschlagkonzept: Balk & Brumshagen
Umschlaggestaltung: Lisa Helm unter Verwendung
eines Fotos von gettyimages/Jonathan Knowles
Satz: Stefan Krickl im Verlag
Gesetzt aus der Excelsior 9,5 / 12p und der
Univers Ultra Condensed
Druck und Bindung: Kösel, Krugzell
Gedruckt auf säurefreiem, chlorfrei gebleichtem Papier
Printed in Germany · ISBN 978-3-423-24796-2

INHALT

Es ist mir an dieser Stelle ein ganz besonderes Anliegen, mich herzlich bei allen Kolleginnen und Kollegen zu bedanken, die es überhaupt erst ermöglicht haben, dass unsere Mordkommission so erfolgreich arbeiten konnte; von deren Erfahrungen ich viel gelernt habe und deren Engagement und Ausdauer, deren Spürnasen und liebenswerte Eigenheiten maßgeblich dazu beigetragen haben, dass aus einer mehr oder weniger zufälligen Zusammenstellung einzelner Individuen ein echtes Team wurde, in dem sich jeder hundertprozentig auf den anderen verlassen kann.

»BEI ANRUF MORD«

Mit diesem Buch, verehrte Leserin, geehrter Leser, erhalten Sie Einblick in die Arbeit einer Mordkommission. Welche Qualifikationen von den Sachbearbeitern, also den Kriminalbeamten, verlangt werden, erfahren Sie ebenso wie Grundlegendes über den Aufbau und die Struktur einer Mordkommission, über ihre Aufgaben und Zuständigkeiten und über die Abläufe im Falle einer Alarmierung.

Das eigentliche Ziel dieses Buches ist es jedoch, Ihnen aus der subjektiven Sicht eines Angehörigen der Mordkommission und frei von jeglichem Pathos aufzuzeigen, was tatsächlich geschieht, wenn sich ein Tötungsdelikt ereignet hat. Sie werden weder Supermann noch Superfrau begegnen und im Gegensatz zu den Klischees in den Fernsehkrimis auch keinem Vertreter der Staatsanwaltschaft, der die Kriminalbeamten im Regen stehen lässt. Sie werden von keinem Wachtmeister lesen, der während der Vernehmung stundenlang vor der Tür im Flur wartet, um dann von den Herren oder den Damen der Mordkommission hereingerufen zu werden, um den Verdächtigen abzuführen. Stattdessen werden Sie erkennen, dass die Polizei nur in der reibungslosen und professionellen Zusammenarbeit zwischen der Schutzpolizei und der Kriminalpolizei ihren hohen Anspruch an die Sicherheit aller Bürger gewährleisten kann. Sie werden erfahren, dass es zukünftig immer wichtiger sein wird, Spezialisten auszubilden und Spezialkenntnisse zu erlangen, um die immer komplexeren und technisch aufwändigeren Anforderungen an die Ermittlungsarbeit erfüllen zu können. Sie werden hautnah erleben, was es wirklich bedeutet, es zu jeder Tages- und Nachtzeit mit Menschen in absoluten psychischen Ausnahmesituationen zu tun zu haben. Gleichgültig, ob diese Menschen Opfer, Angehörige, Zeugen, Täter oder Kollegen sind. Aber vor allem: Sie werden zu Schauplätzen blutiger Verbrechen mitgenommen und vermutlich tiefe Erleichterung verspüren, dass

Sie nicht selbst zu den Betroffenen gehören. Sie sind dabei, wenn ein Verdächtiger nach monate- oder gar jahrelanger »Jagd« mit leiser Stimme flüstert: »Ja, ich war's …!« Nicht zuletzt werden Sie sich Ihr eigenes Bild davon machen können, dass die rechtlich zulässigen Korridore ziemlich eng sind, innerhalb derer man sich bei der Aufklärung von Straftaten bewegen darf. Der Grat der polizeilich erlaubten List ist ein schmaler …

Natürlich kann ich die Ereignisse nicht aus der Perspektive eines neutralen Berichterstatters oder eines Gutachters schildern, sondern nur aus der Sicht eines unmittelbar Betroffenen. Betroffener deshalb, da man als Mordermittler wie kaum ein anderer in vorderster Linie mit Leid und Verzweiflung, Angst und Hass konfrontiert ist. Aber auch mit den Abgründen menschlicher Psyche. Wenn man sich für eine Tätigkeit bei der Mordkommission entscheidet, denkt man nicht daran, später einmal stundenlang versuchen zu müssen, einer Mutter ihren toten Säugling wegzunehmen, einer Mutter, die den Gedanken nicht verkraften kann, dass ihr Baby bei der Obduktion zerschnitten werden soll. Es gibt auch keine Anleitung dafür, wie man ein siebenjähriges Mädchen, das sich mit verzweifelter Kraft am Hals seiner Mutter festklammert, die der Vater vor ihren Augen erstochen hat, dazu bewegen kann, die Leiche freizugeben. Und niemand hilft Ihnen zu entscheiden, was Sie sagen sollen, wenn es darum geht, Angehörigen von Unfall- oder Mordopfern die Todesnachricht zu überbringen. Solche Momente haben nichts, aber auch gar nichts mit Glamour, Heldentum, Ruhm oder gar Erfüllung und Traumberuf zu tun. Zur Bewältigung solcher Momente gibt es keine Regeln; das Leid der Angehörigen erscheint einem so erdrückend, dass man sich weigern möchte, die Realität einer Situation anzuerkennen. Man möchte die Augen öffnen und feststellen, dass alles nur ein schlimmer Alptraum war. Doch es gibt keine Flucht vor dieser Not. Man muss die eigene lähmende Hilflosigkeit überwinden.

Auch wenn der Blick hinter die Kulissen insofern beschränkt ist, als natürlich der Schutz der Persönlichkeit von Betroffenen gewahrt wird und keine ermittlungstaktischen Geheimnisse preisgegeben werden können, werden Sie doch bei den Ermittlungen direkt mit dabei sein. Sie werden miterleben, was es bedeutet, als Kriminalbeamter rund um die Uhr auf das Klingeln des Bereitschaftstelefons zu warten. Was in dem bekannten Krimi von Alfred Hitchcock – *Bei Anruf Mord* – der spektakuläre Höhepunkt ist, ist für uns Mordermittler dann allerdings der Beginn eines oft makabren Alltags.

Die Fälle, von denen ich berichte, haben sich während meiner Tätigkeit als Leiter der Mordkommission und stellvertretender Kommissariatsleiter im Zuständigkeitsbereich des Polizeipräsidiums München zugetragen. Wer sich dabei wundert, dass bei den geschilderten Fällen stets Männer die Täter waren, darf daraus nicht den – unzulässigen, weil falschen – Schluss ziehen, dass Frauen nicht töten. Sie tun es sehr wohl, im Schnitt wird fast jedes fünfte Tötungsdelikt durch eine Frau verübt. Frauen töten meist leise, mit Gift oder der Injektion tödlicher Dosen von Medikamenten, und sie töten oftmals aus Mitleid oder Verzweiflung. So töten junge Mütter Neugeborene aus Angst vor Schande oder weil sie sich alleingelassen und überfordert fühlen. Töchter töten ihre Mütter, um sie vor Schmerzen oder langem Siechtum zu bewahren, Altenpflegerinnen oder Krankenschwestern ertragen die Qualen ihrer Patientinnen nicht länger. Jahrelang vergewaltigte und misshandelte Frauen töten ihre Peiniger, weil sie die Fortsetzung der Gewalt und der Demütigung nicht länger ertragen können. Doch es gibt – natürlich – auch Frauen, die aus gekränkter Eitelkeit, aus Eifersucht oder Habgier töten. Es gab und gibt all diese Fälle auch bei uns – jedoch bis dato keinen, der während meiner Bereitschaft erfolgte. Fälle jedoch, an denen ich nicht direkt beteiligt war, habe ich in meinen Schilderungen bewusst ausgeklammert, wofür ich um Verständnis bitte.

MORDVERSUCH AN ERSTKLÄSSLERIN –
EINE SOKO WIRD GEGRÜNDET

Bereits mein dritter Einsatz bei der Mordkommission machte mir auf drastische Art klar, mit welch unglaublicher und menschenverachtender Brutalität ich künftig zu tun haben würde. Ein Beamter des Sittendezernates informierte uns über folgenden Sachverhalt: Die Kollegen waren zu einer Grundschule in der Innenstadt gerufen worden. Die Klassenlehrerin hatte eine Erstklässlerin bei Unterrichtsbeginn vermisst und von einer Mitschülerin erfahren, dass das Mädchen morgens von seinem Vater bis vor das Klassenzimmer begleitet worden war und sein Schulranzen im Gang stand. Die Lehrerin machte sich auf die Suche nach der Schülerin und entdeckte die Kleine schließlich in der Schülertoilette. Obwohl das Mädchen auf die Worte der Lehrerin kaum reagierte und die gesamten Umstände merkwürdig waren, dachte sich die Lehrerin nichts dabei und ließ das Mädchen in Ruhe. Irgendwie war sie der Meinung, dass sich der Vater oder die Mutter des Kindes in der Nähe befinde und sich um das Kind kümmern würde. Einige Zeit später sah die Lehrerin nochmals nach dem Kind. Jetzt saß die Kleine auf dem Boden. Obwohl das Kind nun auf die Ansprache reagierte, machte es auf die Lehrerin einen verwirrten Eindruck. Die Lehrerin ordnete die Kleidung des Mädchens, nahm es mit in das Klassenzimmer und gab ihm zu trinken. Nachdem entgegen ihrer Vermutung weder Vater noch Mutter auftauchte, veranlasste die Lehrerin in der nächsten Unterrichtspause, dass das Sekretariat die Mutter verständigte. Die Lehrerin war nach wie vor der festen Meinung, die Schülerin sei erkrankt.

Die Mutter brachte ihre Tochter dann gleich zu einem Kinderarzt. Mittlerweile waren fast zwei Stunden vergangen. Bei der Untersuchung stellte der Arzt fest, dass das Mädchen am Hals und am gesamten Oberkörper starke und großflächige Stauungsblutungen aufwies, was auf einen massiven Würgevorgang hindeutete. Außerdem hatte das Kind Verletzungen am Unterleib. Er verständigte daraufhin sofort einen Notarzt und ließ das Kind in eine Kinderklinik bringen.

Die erschreckende Diagnose der Klinikärzte sollte kurz darauf eine der größten Ermittlungsaktionen der Münchner Polizei der letzten Jahre auslösen: Das Kind war auf brutalste Weise missbraucht worden. Der unbekannte Täter hatte die Kleine dabei auf eine massiv lebensbedrohliche Art gewürgt oder stranguliert. Laut den behandelnden Ärzten grenzte es geradezu an ein Wunder, dass das kleine Mädchen die Drosselung überlebt hatte. Zum Zeitpunkt dieser Feststellungen lag die Tat bereits mehr als vier Stunden zurück. Erst jetzt wurde die Polizei alarmiert. Nachdem Beamte des Sittendezernates im Krankenhaus die Ärzte und die Eltern befragt hatten, stand fest, dass es sich um einen versuchten Mord handelte. Nun wurde die Mordkommission eingeschaltet.

Versuchter Kindsmord! Was war das nur für ein Mensch, der sich in einer Schule, unmittelbar vor Unterrichtsbeginn, an einer kleinen Erstklässlerin auf so bestialische Weise verging? Sofort nach unserer Alarmierung wurden alle verfügbaren Kollegen unserer Dienststelle in den Besprechungsraum gerufen und in der gebotenen Eile über den bevorstehenden Einsatz informiert. Mit einem Großaufgebot an Einsatzkräften und unter schrillem Sirenengeheul erreichten wir Minuten später den Tatort im Zentrum Münchens. Kreuz und quer vor dem Schulgebäude standen bereits Streifenfahrzeuge mit zuckenden Blaulichtern, das gesamte Areal war umstellt. Schließlich konnte man nicht ausschließen, dass sich der Täter noch innerhalb des Geländes aufhielt.

Der Bereich rund um die Schultoilette war bereits abgesperrt worden. Zentimeter um Zentimeter arbeiteten sich Spezialisten des Erkennungsdienstes in ihren weißen Schutzanzügen vom Klassenzimmer aus bis zum Tatort vor, wobei jedes noch so winzige Staubpartikelchen gesichert, jeder Quadratzentimeter Fläche auf DNA-Spuren hin abgerieben und nach Fingerabdrücken untersucht wurde. Die Kollegen des Erkennungsdienstes gaben mir außerhalb der Absperrung einen ersten Überblick. Vermutlich hatte sich der Täter bereits vor Schulbeginn in der Toilettenanlage in einer der Kabinen eingeschlossen und auf ein ahnungsloses Zufallsopfer gewartet. Dem Ergebnis der ersten Grobsichtung am Tatort zufolge hatte der Täter keine Gegenstände zurückgelassen. Eine genauere Absuche stand jedoch noch aus. Diese Arbeit musste mit allergrößter Akribie erfolgen, jede unbedachte Bewegung konnte schließlich tatrelevante Mikrospuren oder DNA-Material unwiederbringlich zerstören. Andere Beamte des Erkennungsdienstes sicherten im Krankenhaus an der Kleidung des Opfers und am Opfer selbst alle denkbaren Spuren. Dabei gelang es, wie sich herausstellen sollte, DNA-Material des Täters von den Würgemalen am Hals des Opfers zu gewinnen.

Ich überließ den Spezialisten des Erkennungsdienstes die Spurensicherung und damit den eigentlichen Tatort und kümmerte mich um die Organisation der Absuche der Schule und der Vernehmung von Lehrern, Mitschülern, Eltern sowie anderen Personen, die Zugang zur Schule hatten.

Zeitgleich lief eine groß angelegte Durchsuchung im gesamten Areal, einem weitläufigen Klosterkomplex, und in den benachbarten Anwesen an. Dutzende von Streifenfahrzeugen aus dem gesamten Stadtgebiet, Züge der Einsatzhundertschaft, Hundeführer mit ihren Diensthunden und andere Einsatzkräfte waren mittlerweile unter schier nicht enden wollendem Sirenengeheul am Tatort eingetroffen, und so wurde in den kommenden Stunden nach und nach jeder Winkel, einschließlich der Keller und Speicher, durchsucht.

Schließlich kristallisierte sich folgender mutmaßliche Ablauf heraus: Das kleine Mädchen, nennen wir es wie in der damaligen Presseberichterstattung Anna*, war kurz vor Unterrichtsbeginn von seinem Vater bis vor das Klassen-

---

* Alle Namen wurden verändert.

zimmer begleitet worden. Dabei gingen sie – wie alle Schüler, Lehrer oder Besucher – an einer Pforte vorbei, die ständig von einer Lehrerin der Schule besetzt war. Damit sollte sichergestellt werden, dass kein Unberechtigter die Schule betreten konnte. Nachdem sich der Vater verabschiedet hatte, stellte Anna ihre Schultasche im Gang ab und suchte die Schülertoilette schräg gegenüber auf. Dabei wurde sie von einer Mitschülerin gesehen. In der Toilette bemächtigte sich der dort bereits lauernde Täter des Mädchens, würgte oder drosselte es bis zur Bewusstlosigkeit und verging sich danach an dem Kind. Anschließend verschwand der Täter, ohne sich um das bewusstlose und lebensgefährlich verletzte Opfer zu kümmern.

Da der Täter den Tod des Opfers offensichtlich gewollt oder zumindest billigend in Kauf genommen hatte, gründeten wir noch am selben Tag eine »Sonderkommission Blumenstraße«, zu der binnen weniger Stunden mehr als vierzig Beamte anderer Dienststellen abgeordnet wurden. Noch am selben Abend bezog die Soko eigens für derartige Anlässe bereitstehende Räume im Osten Münchens. Ich übernahm die Leitung des Abschnitts »Zentrale Sachbearbeitung«, in dem alle Erkenntnisse aus den Bereichen (»Abschnitten«) Spurensicherung, Kriminaltechnik, Ermittlungen, Überprüfung von Modustätern – also von einschlägig Vorbestraften – und Hinweisaufnahme zusammengeführt und bewertet werden. Als Hauptsachbearbeiter für die Ermittlungen teilte ich einen außerordentlich erfahrenen Mitarbeiter ein.

In Windeseile und mit der unbürokratischen Unterstützung vonseiten der unterschiedlichsten Dienststellen des Präsidiums wurden die Räume ausgestattet. Für jeden Beamten wurde ein Rechner installiert, Zugriffsberechtigungen wurden erteilt und Telefonanschlüsse geschaltet. Selbst Garderobenhaken wurden neu montiert und Kühlschränke und Kaffeemaschinen angeschlossen.

Bereits am nächsten Morgen nahm die Soko in vollem Umfang ihre Arbeit auf. Beamte des Erkennungsdienstes, Kriminaltechniker, Vernehmungs- und Ermittlungsbeamte, ortskundige Beamte der Polizeiinspektion, in deren Bereich der Tatort lag, und EDV-Spezialisten – sie alle waren beseelt von dem Wunsch, diesen Täter schnellstmöglich zu fassen. Darüber hinaus wurde uns jede erdenkliche Unterstützung seitens unseres Präsidiums zuteil. Die Verwaltung half uns mit der Logistik, die Pressestelle bündelte das ungeheure Medieninteresse und ermöglichte uns so ungestörtes Arbeiten, außerdem setzte sie unsere Fahndungsaufrufe um. Andere Behörden, etwa das Landeskriminalamt oder das Institut für Rechtsmedizin, versorgten uns mit Informationen.

Schon am Abend zuvor war die kleine Anna außer Lebensgefahr und sogar wieder ansprechbar. Einer Ärztin gegenüber erzählte sie von einem »Mann mit einem grünen Hemd mit zwei Knöpfen«. Er sei zu ihr in die Toilettenkabine gekommen, habe ihr den Mund zugehalten und dann sei sie eingeschlafen. Weitere Angaben konnte das Mädchen nicht machen. Um Anna zu schonen und weitere psychische Belastungen zu vermeiden, verzichteten wir auf eine direkte Vernehmung.

Die mit hohem Einsatz durchgeführte Überprüfung von einschlägig bekannten Örtlichkeiten im Umfeld der Schule erbrachte am Abend einen vagen Tatverdacht gegen einen Wohnsitzlosen. Der Mann hatte sich in eine längst verlassene und mittlerweile völlig verwahrloste Wohnung in einem leerstehenden Gebäude einquartiert. Den Beamten fiel als Erstes auf, dass der Mann ein auffälliges grünes Hemd trug, das am Hals zwei große Hirschhornknöpfe hatte. Auf einer Wäscheleine hing eine frisch gewaschene Unterhose zum Trocknen, während die übrige Bekleidung des Mannes dem Geruch nach seit Wochen nicht mit Wasser in Kontakt gekommen war. Kurz darauf saß der Mann meinem Kollegen und mir gegenüber. Wir begannen gegen 20 Uhr mit der Vernehmung. Bei Mordermittlungen ist es gängige Praxis, dass Tatverdächtige oder Beschuldigte von zwei Beamten vernommen werden, wobei einer – in diesem Fall mein Kollege – die Fragen stellt, also die Vernehmung führt, während der zweite Beamte sichert und auf Reaktionen des Gegenübers achtet sowie den Vernehmer durch ergänzende Fragen unterstützt. Annas Angaben über den Mann »mit dem grünen Hemd mit den zwei Knöpfen« ließ in uns die Anspannung steigen – war dies der Mann, der dieses scheußliche Verbrechen verübt hatte? Das hofften wir im Laufe der nächsten Stunden herauszufinden.

Obwohl ich selbst schon Tausende von Befragungen und Vernehmungen durchgeführt hatte, erlebte ich in dieser Nacht erstmals den Unterschied zwischen einer Vernehmung bei der Mordkommission und einer »normalen« polizeilichen Vernehmung. Ruhig, umsichtig und mit unglaublichem Einfühlungsvermögen gelang es meinem Kollegen, immer mehr Einzelheiten aus dem Leben des Mannes vor uns zu erfragen. Schon bald räumte der Verdächtige ein, dass er seit Langem die Schule kannte, an der das Verbrechen verübt worden war. Er gab zu, öfter dort gewesen zu sein und die fragliche Toilette zur Verrichtung seiner Notdurft aufgesucht zu haben. Innerlich so angespannt wie ich und dennoch sehr behutsam tastete sich mein Kollege weiter vor und schon bald begann der Verdächtige, Überlegungen anzustellen, was den Täter wohl bewogen haben könnte, einem kleinen Mädchen so schlimme Dinge anzutun. »Bestimmt hatte der Täter eine Mutter, die ihn als Kind immer schlug, und bestimmt wurde er später von erwachsenen Frauen ausgelacht, als sie feststellen mussten, dass er impotent ist.« Nach und nach räumte der Verdächtige ein, als Kind ständig von seiner Mutter geschlagen worden zu sein, und er gab auch zu, dass er mehrfach vergeblich versucht hatte, Sex zu haben, und dies meist mit Spott und Hohn seiner Partnerinnen endete, wenn sie seine Impotenz bemerkten.

Mittlerweile ging es auf vier Uhr morgens zu. Die Innenstadt war um diese Zeit wie ausgestorben, kein Laut drang durch die Fenster in unser Büro. Der kleine Vernehmungsraum lag einsam und verlassen in dem dunklen Gebäude. Mit Ausnahme der Fragen unseres Vernehmungsspezialisten und der leisen, monotonen Antworten des durch jahrelangen Alkoholmissbrauch geistig merklich beeinträchtigten Verdächtigen war kein Geräusch zu hören. Knisternde Spannung lag in der Luft: Würde der Verdächtige zusammenbrechen und die ungeheure Tat gestehen? Dann aber kam die unerwartete Wende: Der parallel zu unserer Vernehmung noch in derselben Nacht im Institut für Rechtsmedizin durchgeführte DNA-Vergleich der Probe unseres Tatverdächtigen mit dem Muster vom Hals des Opfers ergab eindeutig, dass der Mann vor uns nicht der Täter sein konnte. Unbehagen beschlich mich bei der Vorstellung, was wohl gewesen wäre, wenn keine Täter-DNA vorgelegen hätte und wenn der eher einfach strukturierte Verdächtige nach der stundenlangen Vernehmung irgendwann Fiktion und Realität verwechselt hätte. So aber konnte er dank der unglaublich verfeinerten Sicherungsmethoden im Bereich der DNA als Täter zweifelsfrei ausgeschieden und entlassen werden.

Ein tatrelevanter Fingerabdruck von der Tür der Toilettenkabine erbrachte bei der automatisierten Überprüfung der Spur in der Datenbank für Fingerabdrücke durch die Spezialisten des Landeskriminalamtes leider ebenso wenig einen Personentreffer wie die Überprüfung des DNA-Musters in der bundesweiten Datenbank. Der DNA-Abgleich führte jedoch zu einem überraschenden Ergebnis: Dasselbe Spurenmuster war knapp zwei Monate vor dem Mordversuch an der kleinen Anna bereits an einem anderen Tatort in München gesichert worden! Damals war eine Angestellte einer Innenstadtklinik von einem Unbekannten in den frühen Morgenstunden in einem Umkleideraum überfallen und mit großer Brutalität vergewaltigt und bis zur Bewusstlosigkeit gewürgt worden. Hatten wir es mit einem Serientäter zu tun, der wahllos Kinder und erwachsene Frauen überfiel? Die Überprüfung aller in Bayern registrierten Sexualstraftäter, von denen bislang kein DNA-Muster vorlag, wurde entsprechend ausgeweitet.

Unterdessen hatten die Eltern mitgeteilt, dass eine Trinkflasche, die immer an Annas Schulranzen hing, verschwunden war. Deshalb wurde über die Medien, die den Fall mit außerordentlicher Intensität begleiteten und die polizeilichen Maßnahmen in jeder Hinsicht unterstützten, ein Fahndungsaufruf mit der Abbildung einer Vergleichsflasche veröffentlicht. Zahlreichen Hinweisen aus der Bevölkerung wurde – leider ergebnislos – nachgegangen. Alle männlichen Personen, die in den letzten Jahren mit der Schule etwas zu tun gehabt hatten – wie Lehrer, Lieferanten, Väter, Handwerker –, wurden überprüft, ohne dass es gelungen wäre, dem Täter auf die Spur zu kommen. Die Auswertung sämtlicher auf freiwilliger Basis abgegebenen Speichelproben und Fingerabdrücke verlief im Sande.

Bei einer erneuten sorgfältigen Absuche im Umfeld des Tatortes fand unser Hauptsachbearbeiter dann überraschend die vermisste Trinkflasche von Anna, die der Täter offenbar in einem Sicherungskasten nahe der Toilette versteckt hatte. Das interessierte uns natürlich brennend: Was konnte den Täter dazu veranlasst haben, Annas Trinkflasche an sich zu nehmen, um sie dann in der Nähe zu verbergen? Alle Beamten der Soko wurden zusammengerufen und es wurden die unterschiedlichsten Theorien entwickelt und wieder verworfen. Eines aber stand fest: Die Flasche musste genauestens untersucht werden.

Als Erstes erhielten wir das Ergebnis der DNA-Untersuchung: An der Trinkflasche befand sich sowohl von dem Mädchen als auch vom Täter DNA-Material. Die chemisch-toxikologische Untersuchung des Flascheninhaltes führte dann zu einer wirklichen Überraschung: Dem Orangensaft in der Flasche war offensichtlich eine geringe Menge Essigsäure-Ethylester zugesetzt worden. Diese Feststellung war Anlass zu langen und zum Teil kontroversen Diskussionen während unserer täglichen Zusammenkünfte. Jeden Morgen nach Dienstbeginn und jeweils abends, wenn andere Behörden längst Feierabend hatten, trafen wir uns in einem großen Besprechungsraum. Dort trug jeder Abschnitt die neuesten Erkenntnisse vor, etwa die Ergebnisse der Ermittlungen oder Vernehmungen. So hatten alle Soko-Angehörigen stets den gleichen Wissensstand und konnten Fakten entsprechend bewerten und gegebenenfalls als relevant einordnen.

Die chemische Substanz im Orangensaft wurde im Hinblick darauf untersucht, aus welchem Grund sie beigemischt worden sein könnte (betäubende oder aphrodisierende oder welche andere Wirkung?). Zudem galt es zu ermitteln, wer mit diesen Substanzen normalerweise umgeht. So war zu überprüfen, wie und wo man diese Chemikalie beziehen kann, und nach Möglichkeit der Verkaufsweg zu ermitteln.

Fast zeitgleich ergab sich eine weitere interessante Spur: Auf einem Schrank im Toilettenvorraum wurde einen Tag nach dem Auffinden der Trinkflasche ein Sweatshirt entdeckt. Bis heute ließ sich nicht klären, ob das Sweatshirt bereits während der ersten Arbeiten des Erkennungsdienstes dort lag oder ob es nachträglich dort platziert wurde. Letzteres ist wohl wahrscheinlicher, wobei nicht klar wurde, wer das Sweatshirt dorthin gelegt haben könnte und warum das geschah. Jedenfalls verpackten wir routinemäßig das Sweatshirt in Plastikfolie und schickten es zur Untersuchung ans Landeskriminalamt. Um eine Beschädigung von Spuren zu vermeiden, nahmen wir das Sweatshirt vor dem Verpacken und Versenden nicht näher in Augenschein.

Die Sensation war perfekt, als das Ergebnis feststand: Auch am Sweatshirt fanden sich DNA-Muster des Opfers und des Täters. Außerdem konnten Anhaftungen von Putzmitteln nachgewiesen werden, wie sie auch zur Reinigung der Schule verwendet wurden. Nachdem das Landeskriminalamt das Sweatshirt zurückgeschickt hatte, schien uns das Glück endlich hold zu sein. Auf das eingenähte Wäschezeichen des Sweatshirts hatte jemand mit rotem Eddingstift die Buchstaben »BL« geschrieben – das Kürzel für »Blumenstraße«, wo die Schule lag? Handelte es sich bei dem Sweatshirt vielleicht um das Kleidungsstück einer Reinigungskraft, das über die Schule oder die Firma zum Waschen gegeben wurde? Auffällig war allerdings, dass kein anderes Kleidungsstück in dieser Art und Weise gekennzeichnet war. Hatte ein Mitarbeiter vielleicht seine Arbeitskleidung mit diesem Kürzel individuell kenntlich gemacht?

Mit immensem Aufwand wurden daraufhin alle Firmen und deren aktuelle und ehemalige Mitarbeiter überprüft, die für die Reinigung des Schulkomplexes zuständig waren. Zudem wurden mit Unterstützung aller örtlichen Polizeiinspektionen mehr als 350 Münchner Wäschereien und chemische Reinigungen kontrolliert, zahlreiche Pflege- und Altenheime und Großunternehmen überprüft – nirgends jedoch war ein entsprechendes Wäschezeichen bekannt oder aufgefallen. Schließlich entschieden wir uns, ein Foto des Wäschezeichens in den Medien zu veröffentlichen. Das Ergebnis war ernüchternd: Ein Angehöriger des Landeskriminalamtes teilte mit, dass es sich um die Kennzeichnung einer Sachbearbeiterin handelte. Sie hatte nach Abschluss der Untersuchung das Wäschezeichen mit den Buchstaben B und L versehen, um zu dokumentieren, dass dieses Kleidungsstück bereits überprüft war. Die Buchstaben standen dabei für ein dienstliches Kürzel, das nur zufällig dieselben Anfangsbuchstaben aufwies wie Blumenstraße – ein Vorgang, der nach Auskunft aller Erkennungsdienstexperten beim Polizeipräsidium völlig unüblich war und zu einem ebenso gigantischen wie letztlich völlig überflüssigen Ermittlungsaufwand geführt hatte.

Die Soko arbeitete nicht nur an den Wochenenden ohne Unterbrechung durch, sondern auch während der Weihnachtsfeiertage. Keiner der Beamten murrte indes, jeder Einzelne war fest entschlossen, alles zu tun, um den Täter zu ermitteln und seiner gerechten Strafe zuzuführen. Die meisten der Kollegen hatten selbst Kinder, manche auch im Alter der kleinen Anna. Aber wenn ein Kind Opfer einer Straftat wird, setzt sich ohnehin jeder mit größtmöglichem Engagement ein.

In der Silvesternacht – rund zehn Wochen nach dem Missbrauch der kleinen Anna – wurde eine Gaststätte in einem Dorf im Landkreis Starnberg Schauplatz einer äußerst brutalen Vergewaltigung. Nachdem die letzten Gäste gegangen waren, hatte ein Unbekannter die Wirtin gewürgt und vergewaltigt und schließlich der Tageseinnahmen beraubt. Der Täter ließ sein schwerstverletztes Opfer hilflos zurück, wohl in der Annahme, es sei bereits tot. Nur mit viel Glück überlebte die Frau ihre lebensgefährlichen Verletzungen. Es gelang den Beamten der zuständigen Kriminaldienststelle, den Täter namentlich zu ermitteln. Wie sich herausstellte, hatte er vorübergehend in der Nähe des Gasthauses auf einem Bauernhof gewohnt. Die Kollegen setzten ein Fahndungsfernschreiben nach diesem Täter ab, das auch unser Hauptsachbearbeiter las. Aufgrund des Modus operandi, also der täterspezifischen Besonderheiten der Tatausführung, beschloss mein Kollege spontan, diesen Täter in die Münchner Überprüfungen mit einzubeziehen.

Man konnte dem Kollegen förmlich anmerken, wie ihn diese Spur in kürzester Zeit vollständig in ihren Bann zog. Über den Vergewaltiger aus der Silvesternacht gab es bereits polizeiliche Unterlagen, in denen sich ein Hinweis auf eine Kontaktperson fand, mit der der Kollege sich alsbald in Verbindung setzte. Aus der Polizeiakte ergab sich auch, dass der Täter bislang noch nicht in der DNA-Datenbank geführt wurde. Da seine Täterschaft bei der Vergewaltigung im Landkreis Starnberg jedoch feststand, waren die Voraussetzungen für seine Erfassung erfüllt. Wir erfuhren, dass von ihm wegen eines anderen Deliktes DNA-Material bei einer bayerischen Polizeidienststelle existierte, das allerdings noch nicht ausgewertet war. Ich veranlasste, dass dieses Untersuchungsmaterial per Polizeistafette zum Münchner Institut für Rechtsmedizin gebracht wurde, wo aufgrund eines mittlerweile eingeholten richterlichen Beschlusses sofort ein DNA-Muster erstellt wurde.

Etliche Stunden später klingelte unser Telefon. Die Mitteilung aus dem Institut für Rechtsmedizin schlug ein wie eine Bombe: Das DNA-Muster des Vergewaltigers aus dem Landkreis Starnberg war identisch mit dem DNA-Muster aus der Schule. Der Vergewaltiger und Beinahe-Mörder der kleinen Anna war identifiziert! Endlich hatte das Grauen einen Namen und ein Gesicht. Man kann sich als Außenstehender wahrscheinlich nur schwer vorstellen, welche Gefühlsregungen diese Nachricht bei den Kollegen auslöste, die seit Wochen Tag für Tag Hunderte von Spuren verfolgt und zahllose Vernehmungen durchgeführt hatten. Und einen Rückschlag nach dem anderen hingenommen hatten mit jeder vermeintlich vielversprechenden Spur, die sich im Nichts auflöste. Mit einem Schlag waren alle Mühen und die zahllosen Enttäuschungen vergessen, waren alle Müdigkeit und aller Frust wie weggeblasen. Jetzt hatten wir ein greifbares Ziel vor Augen.

Wieder wurde eine Einsatzbesprechung einberufen, an der alle Beamten der Soko teilnahmen. Die Person des Täters – ein 19-jähriger berufs- und wohnsitzloser Mann aus Düren – wurde abgeklärt und dabei stießen wir auf zwei erstaunliche Tatsachen: Zum einen waren die Fingerabdrücke des Beschuldigten beim Landeskriminalamt bereits gespeichert; sie waren bei den Suchläufen vom System auch ausgewiesen worden, jedoch nicht mit der erforderlichen Priorität, um sie einem manuellen Abgleich mit dem Vergrößerungsglas zu unterziehen. Und außerdem wurde festgestellt, dass das DNA-Muster des Beschuldigten nach einem Sexualdelikt in Köln bereits bekannt, jedoch nicht in die bundesweite Datenbank eingestellt worden war. Zur Begründung hieß es, dies könne man erst nach einer rechtskräftigen Verurteilung machen. (Zu welchem Zeitpunkt DNA-Spuren eingestellt werden – ob bereits während dem laufenden Ermittlungsverfahren oder erst nach der rechtskräftigen Verurteilung –, ist in den einzelnen Bundesländern unterschiedlich geregelt.)

Nachdem der Täter jetzt identifiziert war, begann die gezielte, intensive Fahndung nach ihm, die innerhalb weniger Stunden zu seiner Festnahme führte. Diesmal aber war das Glück auf unserer Seite: Fast zeitgleich mit der Einleitung der polizeiinternen Fahndung bekam eine Funkstreifenbesatzung den Auftrag, zu einer Wohnung in einer Gemeinde im Osten Münchens zu fahren, da dort ein Übernachtungsgast sich weigerte, die Wohnung zu verlassen. Der Anrufer hatte dem Beamten auch den Namen des Hausfriedensbrechers genannt: Es war der von uns Gesuchte. Der Kollege hatte unser Fernschreiben gelesen und verständigte uns sofort. Alle verfügbaren Polizeikräfte in weitem Umkreis um den Einsatzort wurden eiligst zu der bezeichneten Adresse entsandt, um ein Entkommen des Täters um jeden Preis zu verhindern. Unter anderen beteiligten sich auch Beamte unseres Zielfahndungskommissariates an diesem Einsatz, denen letztlich die Festnahme des Gesuchten gelang. Es kam uns endlos lange vor, bis die erlösende Nachricht bei uns eintraf, dass man den Täter widerstandslos festgenommen hatte. Die Jagd nach einem skrupellosen Verbrecher und eine der größten Polizeiaktionen der letzten Jahre in München waren zu Ende.

Bei seiner Vernehmung gestand der Täter rückhaltlos die ihm zur Last gelegten Taten. Zu dem Missbrauch von Anna gab er an, er dachte, sie sei schon tot gewesen, als er sich an ihr verging. Auf die Frage, warum er denn Essigsäure-Ethylester in die Flasche seines Opfers geschüttet habe, folgte eine überraschende Erklärung. Der Täter, der sich gelegentlich in der Stricherszene bewegt hatte, hatte sich in einer vorwiegend von Homosexuellen besuchten Kneipe ein Fläschchen der Droge Poppers gekauft, die nach der Einnahme kurzfristig eine muskelentspannende Wirkung zeigt. Dieses Mittel wollte er seinem Opfer einflößen. Beim Kauf des nicht ganz billigen Präparates war er jedoch einem Betrüger aufgesessen, der ihm anstelle von Poppers die besagte billige und für seine Zwecke völlig wirkungslose Substanz Essigsäure-Ethylester verkauft hatte. Damit hatten unsere äußerst umfangreichen Überprüfungen im Zusammenhang mit dieser chemischen Verbindung von vornherein keine Chance gehabt, zu einem verwertbaren Ergebnis zu führen. Für mich aber zeigte dieser Fall einmal mehr, dass man bei Ermittlungen selbst scheinbar unumstößliche

Fakten stets hinterfragen und mit größter Skepsis bewerten sollte, ehe man sie als gesicherte Erkenntnisse akzeptiert.

Die Festnahme und das Geständnis des Täters erfolgten übrigens am letzten Arbeitstag des langjährigen Leiters des Münchner Mordkommissariates, der bis zuletzt gefürchtet hatte, mit einem ungeklärten Fall in den Ruhestand gehen zu müssen.

Der Täter wurde zu einer langjährigen Jugendstrafe verurteilt, deren Verbüßung er sich kurz nach dem Prozess durch Suizid entzog.

ALS »HÜHNERDIEBSTAHLSACHBEARBEITER« ZUR MORDKOMMISSION

Spätestens nach diesem Fall war mir klar, dass es eine ganz andere Form von Belastung bedeutet, ob man nun Eigentumsdelikte bearbeitet oder es um Menschenleben geht. Den Wechsel zur Mordkommission hatte mir im Sommer 2001 ein ehemaliger Kollege schmackhaft gemacht. Er erzählte von der vakanten Stelle eines Leiters der Mordkommission und schwärmte so lange von der interessanten und spannenden Aufgabe, bis ich mich dazu überreden ließ, der Dienststelle mal einen Besuch abzustatten und mich unverbindlich über die Chancen und Voraussetzungen für eine Bewerbung auf die Stelle als MKL (offizielle Abkürzung für Mordkommissionsleiter) zu informieren. Sowohl der damalige Kommissariatsleiter als auch sein Vertreter empfingen mich reserviert. Man merkte ihnen an, dass ihnen die Vorstellung, einen »Fremden«, also jemanden, der nicht in ihrer eigenen Dienststelle das Laufen gelernt hatte, möglicherweise als MKL akzeptieren zu müssen, überhaupt nicht behagte. Das Gespräch war dementsprechend kurz und höflich-unterkühlt, und ich verließ die Dienststelle in dem Bewusstsein, dass ich mir diese Fahrt hätte sparen können. Diesem unfreundlichen Empfang zum Trotz verfasste ich dennoch eine fünfzeilige Bewerbung und schickte sie weg. Sollten sie ruhig etwas schwitzen, die Kollegen der Mordkommission, denen bei uns »normalen« Kriminalern der Ruf vorauseilte, sie seien arrogant und überheblich. Mir bereitete die Vorstellung ein gewisses Vergnügen, dass die Herren Mordermittler sich mit dem Gedanken auseinandersetzen mussten, einen Kriminaler in ihren Reihen aufzunehmen, der bis dato in ihren Augen allenfalls »einfachst gelagerte Fälle der Bagatellkriminalität« bearbeitet hatte.

Ohne weitere Rückmeldung und überzeugt, meine Bewerbung habe ohnehin keine Aussicht auf Erfolg, saß ich Mitte August mit einer Staatsanwältin und mehreren Vertretern einer Bank in einem Münchner Biergarten. Wir hatten ein größeres Verfahren wegen Bandendiebstahls sehr erfolgreich zu Ende gebracht und waren zu einer Abschlussbesprechung auf neutralem Terrain zusammengekommen. Zufällig saßen zwei Tische weiter die Angehörigen einer Mordkommission beim Umtrunk, darunter auch der damalige stellvertretende Kommissariatsleiter. Als er uns entdeckte, kam er zu uns herüber, begrüßte die Staatsanwältin, die er offensichtlich schon länger kannte, und fragte sie scherzhaft, während er auf mich zeigte:»Woher kennen Sie denn unseren neuen MKL?« Ich hatte die Stelle tatsächlich bekommen.

Am 1. Oktober 2001 trat ich meinen Dienst bei der Mordkommission an. Zwar hatte ich während meiner früheren Tätigkeit beim Kriminaldauerdienst des Öfteren an Tatorten Kontakte mit den Beamten der Mordkommission gehabt, aber damals bestand die Arbeit des Kriminaldauerdienstes vor allem darin, den Tatort abzusperren und keine eigenen Spuren zu hinterlassen, sprich:»zu setzen«. Jetzt, Jahre später, hatte ich nur mehr eine sehr vage Vorstellung von dem, was auf mich zukommen würde. Dementsprechend gespannt betrat ich das Dienstgebäude gegenüber dem Münchner Hauptbahnhof, in dem das Mordkommissariat damals residierte. Bei meiner Vorstellung in der Morgenbesprechung machte einer der etablierten MKL seinem Unmut über die Ernennung eines»Hühnerdiebstahlsachbearbeiters« zum Leiter einer Mordkommission Luft, indem er leise, aber deutlich vernehmbar murmelte, dass man da auch gleich einen Hundeführer als MKL hätte einstellen können – schade nur, dass der Kollege keine Gelegenheit mehr bekam, sich einen Eindruck von meiner Arbeit zu verschaffen, da er bald darauf das Kommissariat verlassen musste.

Mein Vorgänger hatte sein Büro zwar geräumt, aber offenbar nur das mitgenommen, was ihm noch verwertbar erschien. Der zurückgelassene Rest füllte mehrere Müllsäcke. Die PC-Tastatur, die Schreibtischplatte und andere

Einrichtungsgegenstände gaben ihre ursprünglichen Farben erst preis, nachdem ich sie stundenlang mit Wasser und Spülmittelkonzentrat gequält hatte. Der Teppich und die Vorhänge hatten ihr Haltbarkeitsdatum wahrscheinlich schon längst überschritten, was dem Raum eine Duftnote aus vergangenen Jahrzehnten verlieh. Bereits am Morgen war ich beim Betreten des Gebäudes durch die Hofeinfahrt mit gewöhnungsbedürftigen Geruchserlebnissen konfrontiert gewesen. Die zahlreichen Besucher der umliegenden Sexbars, aber auch der Bierhallen und Dönerstände, hatten im Schutze der Dunkelheit Spuren ihrer nächtlichen Bedürfnisse hinterlassen. Der Duft des frisch aufgewärmten alten Fettes einer Gaststätte, die in den unteren Etagen des Hauses Quartier genommen hatte, erfreute zusätzlich die Sinne.

Als kurzfristige Notlösung hatte die Polizei das Gebäude vor mehr als zwanzig Jahren angemietet. Bereits damals stand fest, dass es aufgrund seines maroden Zustandes in Kürze abgerissen werden sollte. Wie es der Eigentümer geschafft hat, die Abrissbirne von seinem Prunkbau fernzuhalten und die Polizei zu fortlaufenden Verlängerungen des Mietvertrages zu veranlassen, bleibt sein Geheimnis. Die Polizei jedenfalls schien die Geschichte mit dem bevorstehenden Abriss für bare Münze genommen zu haben, denn sie vermied es in all den Jahren, nennenswerte Geldbeträge in den Unterhalt der Räume zu investieren. Dies also waren die Eindrücke meines ersten Arbeitstages bei der Mordkommission.

Man ließ mir allerdings nicht allzu viel Zeit, dem schmucken neuen Dienstgebäude und den liebenswerten Kollegen meiner alten Dienststelle nachzutrauern, denn nun galt es, mich innerhalb von zwei Wochen mit allem vertraut zu machen, was ich vielleicht schon in der dritten Woche brauchen würde. Da nämlich hatte meine Mordkommission – war das denn wirklich *meine* MK? – Bereitschaft. Von Montag 7.15 Uhr bis zum darauffolgenden Montag, 7.15 Uhr, würden alle aktuellen Fälle bei uns landen.

Im Handumdrehen verflog die Zeit und dann kam der 15. Oktober 2001, an dem ich die Leitung der Mordbereitschaft übernehmen sollte. Das geschah wesentlich unspektakulärer, als ich es erwartet hatte. Der Leiter der Vorgänger-Bereitschaft drückte mir einfach bei Dienstbeginn die Fahrzeugschlüssel des Bereitschaftsautos und das Diensthandy in die Hand und wünschte mir süffisant »Viel Spaß!«.

Nun war es also so weit: Bei jedem Mord, jedem Totschlag, bei Entführung, erpresserischem Menschenraub, Amoklauf oder Geiselnahme in München und im Landkreis würde mein Handy klingeln, bei Tag und bei Nacht, und ich würde ausrücken und vor Ort die Einsatzleitung für die Ermittlungen übernehmen. Jede meiner Entscheidungen und Maßnahmen würde zu einem späteren Zeitpunkt durch Vorgesetzte und Kollegen, Staatsanwälte, Richter, Verteidiger und womöglich auch durch die Medien geprüft und kommentiert, gutgeheißen oder kritisiert werden. Es waren zwiespältige Gedanken, die mich in diesem Moment beschlichen. War ich dieser verantwortungsvollen Aufgabe tatsächlich gewachsen? Oder würden die Kritiker, die meine direkte Versetzung von einem Kommissariat, in dem ich Eigentums- und Bandendelikte bearbeitet hatte, zur Mordkommission im Vorfeld vehement angeprangert hatten, am Ende Recht behalten? Der Tag verging ohne Einsatz. Nach Dienstschluss lenkte ich meinen zivilen BMW durch den Berufsverkehr nach Hause. Es war ein komisches Gefühl, als ich den Polizeiwagen zum ersten Mal in meiner Garage abstellte. Ab sofort würden also andere bestimmen, ob ich nachts schlafen durfte oder nicht. Die erste Bereitschaftsnacht brach an. Ich überprüfte meine Einsatzunterlagen, bereitete die Kaffeemaschine vor, damit ich im Falle nächtlichen Ausrückens meine Lebensgeister auf Vordermann bringen könnte, und dann ging ich – früher als gewohnt – ins Bett. Sicher ist sicher. Allerdings dauerte es dann doch deutlich länger als gewohnt, bis ich einschlief.

Als mich schließlich der Wecker zur gewohnten Stunde aus den Federn scheuchte, war ich irgendwie erleichtert.

Auch der Tagdienst verlief ohne Besonderheiten, ich war vor allem immer noch damit beschäftigt, die Kollegen und die Abläufe in der Dienststelle kennenzulernen. Dann begann die zweite Nacht. Ich hatte mir vorgenommen, diesmal länger wach zu bleiben, um im Falle eines Einsatzes keine Zeit mit Aufwachen und Anziehen zu vergeuden. Ich hatte eine unbestimmte Vorahnung, dass ich heute zu meinem ersten Einsatz fahren würde. Und ich war überzeugt, dass der Anruf vor Mitternacht erfolgen würde. Doch das Telefon blieb stumm. Gegen ein Uhr legte ich mich schließlich hin und schlief ein. Es war kurz vor drei Uhr, als das Bereitschaftshandy klingelte. Es dauerte lange, ehe ich begriff, was das ungewohnte Geräusch in meinem Schlafzimmer bedeutete.

MEIN ERSTER EINSATZ: EINE ENTFÜHRUNG?

In einer Bäckerei in der Innenstadt hatten zwei Maskierte den Sohn des Besitzers überfallen, als er eben im Begriff war, die Tür zur Backstube aufzusperren. Möglicherweise hatten die Täter beabsichtigt, ihn zu entführen. Aufgrund seines erbitterten Widerstandes ließen die beiden Angreifer schließlich unverrichteter Dinge von ihrem Opfer ab und flüchteten. Beamte des Kriminaldauerdienstes, kurz KDD, waren bereits unterwegs zum Einsatzort, Streifen der Schutzpolizei fahndeten nach den flüchtigen Tätern. Man gehe derzeit, so der Kollege, der mich informierte, von einem versuchten erpresserischen Menschenraub aus, da der Vater des Überfallenen als vermögend gelte.

Die Beamten des KDD verrichten im Polizeipräsidium München Schichtdienst. Außerhalb der regulären Dienstzeiten, also nachts und an Wochenenden und Feiertagen, sind sie im Erstzugriff zuständig für alle Vorgänge, die das Einschalten der Kriminalpolizei erfordern. Also für Raubüberfälle, Einbrüche, Sittenvergehen, Diebstähle, Körperverletzungen, aber auch, wenn ein Leichenschauarzt nicht eindeutig feststellen kann, ob es sich um eine natürliche Todesursache handelt, oder bei tödlichen Betriebs- und häuslichen Unfällen sowie bei Suizid. Bei einem Tötungsdelikt hingegen leisten die Beamten des KDD nur Vorarbeit; bis zum Eintreffen der Mordkommission veranlassen sie unaufschiebbare Maßnahmen wie Absperrungen oder sie ermitteln Zeugen. Diese Vorgehensweise stellt einen unschätzbaren Vorteil bei Mordermittlungen dar, sind doch die Beamten des KDD in der Regel deutlich schneller am Tatort, als die Beamten der Mordkommission es sein können, die oft genug aus dem Tiefschlaf geweckt werden und womöglich weite Anfahrtswege von ihrer Wohnung aus haben. Die schnelle, professionelle Absicherung eines Tatortes und rasche Ermittlung von beteiligten Personen aber sind wichtige Voraussetzungen für eine erfolgreiche Arbeit der

Mordkommission. Da ich aus meiner eigenen Erfahrung beim KDD die Abläufe kannte, konnte ich sicher sein, dass bis zu unserem Eintreffen bereits alles Nötige veranlasst oder zumindest eingeleitet sein würde.

Eine Minute später »genoss« ich meinerseits die verschlafenen Stimmen der beiden Kollegen, die mit mir Bereitschaft hatten. Ich bestellte beide zum Tatort, ebenso die Kollegen des Erkennungsdienstes. Abschließend informierte ich den Bereitschaftsbeamten der Staatsanwaltschaft. Die Kapitalabteilung der Münchner Staatsanwaltschaft unterhält für ihre Beamten ebenfalls eine Rufbereitschaft rund um die Uhr, und es ist üblich, bei Alarm den entsprechenden Kollegen zu verständigen. Der Jourstaatsanwalt – so die inoffizielle Bezeichnung des Staatsanwaltes, der Bereitschaftsdienst hat – entscheidet danach, ob er sofort zum Tatort kommt oder ob er es für ausreichend erachtet, am nächsten Tag über den Fortgang der Ermittlungen informiert zu werden.

Stellt sich ein Sachverhalt als zweifelhaft dar, ist also unklar, ob es sich tatsächlich um ein versuchtes Tötungsdelikt handelt oder »nur« um eine gefährliche Körperverletzung, wofür die Mordkommission nicht zuständig ist, so entscheidet der Jourstaatsanwalt bereits am Telefon, wie das Delikt nach vorläufiger Bewertung einzuordnen ist. Da die Staatsanwaltschaft als »Herrin des Ermittlungsverfahrens« entscheidungsbefugt ist, erspart eine sofortige Kontaktaufnahme mit der Staatsanwaltschaft in vielen Fällen ein unnötiges Ausrücken der Mordkommission.

In diesem Falle zog es der Jourstaatsanwalt vor, im Bett zu bleiben. Er bat mich lediglich darum, ihn am Morgen telefonisch auf den aktuellen Stand zu bringen. Etwa dreißig Minuten später traf ich fast zeitgleich mit meinen beiden Kollegen am Tatort ein. Schon bei der ersten Befragung des Überfallenen stellte sich heraus, dass die Täter versucht hatten, ihr Opfer in die Bäckerei zu drängen, um so an das Wechselgeld in der Registrierkasse zu gelangen. Sie hatten in gebrochenem Deutsch mehrfach Geld gefordert. Anhaltspunkte dafür, dass der Überfallene entführt oder gar getötet werden sollte, fanden sich nicht. Mein erster »Ausrücker« stellte sich damit sehr schnell als sogenannter Abklärungsfall beziehungsweise als »Abklärungsausrücker« dar.

Von einem Abklärungsfall spricht man, wenn nicht von vorneherein klar ist, ob überhaupt eine Straftat verübt wurde, und wenn ja, welche Art von Delikt. Zu derartigen Abklärungsausrückern kommt es im Zusammenhang mit Todesfällen häufig, wenn die Todesursache zunächst nicht eindeutig feststeht, etwa weil der Verstorbene erst nach Wochen aufgefunden wird. Stellen die Kollegen des oftmals zuerst verständigten Kommissariates für allgemeine Todesermittlungen oder bereits im Vorfeld der Leichenbeschauer »verdächtige« Begleitumstände fest, die auf ein Fremdverschulden hindeuten, wird die Mordbereitschaft verständigt und rückt mit aus. Aber auch bei Suiziden oder Unfällen bestehen mitunter Zweifel daran, ob nicht jemand beim Ableben »nachgeholfen« und anschließend den Mord entsprechend getarnt hat. In allen zweifelhaften Fällen wird daher zunächst von einem Tötungsdelikt ausgegangen, um zu gewährleisten, dass mit der größtmöglichen Sorgfalt Spuren gesichert, Vernehmungen durchgeführt und Ermittlungen getätigt werden.

Bei meinem ersten Abklärungsausrücker war der Sachverhalt eindeutig. Die weiteren Ermittlungen übernahmen daher die Beamten des Kriminaldauerdienstes, die den Vorgang später an das Raubkommissariat abgaben. Rechtzeitig zum Dienstbeginn trafen wir auf unserer Dienststelle ein, wo wir die Fahndungsmaßnahmen und Ergebnisse unserer Ermittlungen dokumentierten und weiterleiteten. Zuvor hatte ich bei der täglichen Morgenbesprechung den Sachverhalt kurz vorgetragen. Die Morgenbesprechung bietet regelmäßig Gelegenheit, alle Beamten zeitgleich über Einsätze, aber auch personelle, rechtliche oder organisatorische Neuerungen zu informieren. Insbesondere die detaillierte Schilderung von Vorgängen, die die jeweilige Bereitschafts-MK übernommen hat, ist sehr wichtig, da Hinweise bei jedem Beamten eingehen können.

Ich bekam an diesem Tag einen ersten Vorgeschmack darauf, was es bedeutet, nach nur kurzem Schlaf aus den Federn gescheucht zu werden und dann tagsüber normalen Dienst zu verrichten. Später erhielt ich mehrfach die Gelegenheit, meine persönliche »Ermattungsmarke« auf bis zu maximal zweiundsiebzig Stunden Dauereinsatz zu schrauben. Danach – auch dies sollte eine neue Erfahrung für mich werden – ist einem buchstäblich alles egal. Dann zählt nur noch, irgendwo eine waagrechte Fläche, leidlich gepolstert, zu finden, auf der man, noch ehe man die Unterlage berührt hat, in einen komaähnlichen Tiefschlaf verfällt. Anschließend dauert es dann – je nach Lebensalter – zwei bis vier Tage, bis man seinen Biorhythmus wieder auf MEZ getrimmt hat.

BLUTIGER KNEIPENSTREIT

In der darauffolgenden Nacht musste ich nur bis zwei Uhr warten, bis das Handy hartnäckig meine Nachtruhe beendete. Eine muntere Stimme des KDD erkundigte sich mitfühlend, ob ich schon schlafen würde. Mich durchzuckte der Gedanke, dass es bestimmt eine Dienstvorschrift für das Aufwecken von Bereitschaftsbeamten gibt, die mit den Worten beginnt: »Hast du schon geschlafen?« Heute weiß ich, dass es zwei bevorzugte Formulierungen für diesen Zweck gibt. Die eine – »Hast du schon geschlafen?« – findet bis circa zwei Uhr morgens Anwendung, die andere – »Ich hoffe, ich habe dich nicht geweckt!« – gerne danach. Erfahrene Bereitschaftsbeamte, sagt man, sind in der Lage, allein aufgrund der Anrede festzustellen, ob es vor oder nach zwei Uhr ist. Von dieser wichtigen Erkenntnis war ich in jener Nacht jedoch noch mindestens hundert nächtliche Ausrücker entfernt.

Diesmal, so erfuhr ich, hatte es in einer Bierkneipe in Schwabing Zoff zwischen drei Gästen gegeben, in dessen Verlauf ein unbekannter Gast einem seiner Kontrahenten mit einem zerbrochenen Bierglas eine circa zehn Zentimeter lange Schnittverletzung am Hals zugefügt hatte. Der Verletzte befinde sich bereits in einem Krankenhaus, es bestehe keine akute Lebensgefahr. Ein weiterer Gast habe eine leichte Schnittverletzung am Unterarm und werde im selben Krankenhaus versorgt.

Als ich am Tatort eintraf, hatten Beamte des Kriminaldauerdienstes bereits mit der Vernehmung begonnen. Allerdings erwies sich die Befragung der verbliebenen Gäste als wenig ergiebig, da diese nur deswegen nicht das Weite gesucht hatten, weil sie aufgrund ihrer Volltrunkenheit nicht das Geringste mitbekommen hatten. Erschwerend kam hinzu, dass Angestellte der Gaststätte vor dem Eintreffen der ersten Funkwagen den Tatort bereits gereinigt und Glasscherben und einen mit Blut besudelten Scheuerlappen in den Abfallcontainer entsorgt hatten. Selbstverständlich nicht, um Spuren zu verwischen, sondern weil man diesem »kleinen Zwischenfall« keinerlei Bedeutung zugemessen hatte. So blieb es den Beamten des Erkennungsdienstes nicht erspart, den mit Speiseresten und anderem Unrat prall gefüllten Müllcontainer nach den Glasscherben zu durchsuchen, in der Hoffnung, DNA-Spuren oder Fingerabdrücke des Täters sichern zu können. Ein Kollege war gleich ins Krankenhaus gefahren, um die Art und Schwere der Verletzungen sowie die Personalien der Geschädigten zu ermitteln. Außerdem bat ich, soweit dies aus medizinischer Sicht vertretbar wäre, bei den Geschädigten auf freiwilliger Basis eine Blutprobe zu entnehmen, damit die Blutalkoholkonzentration zur Tatzeit festgestellt werden konnte. Hierbei handelt es sich um eine Routinemaßnahme, um gegebenenfalls später eine Aussage zur Glaubwürdigkeit und zum Verhalten eines Geschädigten treffen zu können. Mein Kollege rief mich bald darauf aus dem Krankenhaus an und teilte mit, dass beide Verletzten nach ambulanter Wundversorgung in Kürze entlassen würden. Ich veranlasste daraufhin, sie zu unserer Dienststelle zu bringen und dort zu vernehmen.

In der kaum beleuchteten, innen schwarz gestrichenen und schmuddeligen Gaststätte, einer echten Spelunke, war es aus nichtigem Anlass – offensichtlich begünstigt durch reichlichen Alkoholgenuss – zunächst zu einer verbalen Auseinandersetzung gekommen. Von wem die Aggression ausgegangen war, ließ sich vor Ort nicht klären. Unversehens hatte der Täter von einem der umstehenden Tische ein Bierglas ergriffen und damit ohne Vorwarnung einen waagrechten, halbkreisförmigen Schlag gegen den Hals des Opfers geführt. Beim Aufprall zerbrach das Glas, und der Getroffene erlitt eine quer verlaufende Schnittverletzung. Ein zweiter Gast, der dem Angegriffenen zu Hilfe eilte, schlug dem Täter die Reste des Glases aus der Hand, ohne dass dieser einen weiteren Versuch unternommen hätte, seinen Angriff fortzusetzen. Dabei zog sich der Helfer eine Schnittverletzung am Unterarm zu. Während sich andere Gäste und das Personal um die Verletzten kümmerten, setzte sich der Angreifer seelenruhig wieder an seinen Tisch und trank in Ruhe aus. Erst nach mehreren Minuten stand er auf und verließ unbehelligt das Lokal.

Nachdem dieser Sachverhalt in Übereinstimmung mit den Aussagen der Angestellten gesichert schien, informierte ich den Jourstaatsanwalt. Dieser gelangte zu dem Schluss, dass die Tat wegen eines sogenannten freiwilligen Rücktritts des Täters vom Tötungsvorsatz als gefährliche Körperverletzung, nicht jedoch als versuchtes Tötungsdelikt zu bewerten sei. Diese vom Gesetzgeber vorgegebene Rechtskonstruktion erscheint nicht immer einleuchtend, ist aber geltendes Recht. Dementsprechend gab ich auch diesen Vorgang am nächsten Morgen ab, diesmal an das Fachkommissariat für gefährliche Körperverletzungen.

EIN FAST PERFEKTES ALIBI

In den vorausgegangenen Monaten hatte ich bei sechs Bereitschaften mehrfach Gelegenheit gehabt, bei – kriminalistisch gesehen – meist relativ einfach gelagerten versuchten Tötungsdelikten Erfahrungen auf diesem für mich doch relativ ungewohnten Gebiet zu sammeln. An diesem Freitag im März stimmte eigentlich alles. Das Wochenende stand bevor, die Wettervorhersage versprach bestes Frühlingswetter und wir waren in unserer Bereitschaft bisher von allem Bösen verschont geblieben. Zumindest bis um 10.20 Uhr. Da meldete sich der Außendienstleiter, kurz ADL, einer der regionalen Polizeidirektionen und teilte mit, dass in einer Einzimmerwohnung in der Innenstadt die Leiche einer Frau gefunden worden war. Der Bewohner des Appartements war sturzbetrunken in einem Zeitungsladen in der Nähe erschienen und hatte der Verkäuferin lallend erzählt, dass seine Freundin tot in seiner Wohnung liege. Sie habe am Abend davor noch seine Wohnung aufgeräumt, und nun sei sie tot. Er könne sich das nicht erklären! Die vom Geschäftsinhaber verständigten Polizeibeamten hatten tatsächlich kurz darauf in der Wohnung die Leiche einer Frau gefunden, die dem ersten Eindruck nach mit brutaler Gewalt erschlagen worden war. Ich rief meine Kollegen zusammen, informierte den Erkennungsdienst und die Staatsanwaltschaft. Dann fuhr ich mit gemischten Gefühlen zum Tatort. Zum ersten Mal musste ich zu einem vollendeten Tötungsdelikt ausrücken.

Der Anblick, der sich uns knapp zwanzig Minuten später bot, war nichts für zartbesaitete Naturen: In einem kleinen Appartement im vierten Stock eines Wohnhauses lag die Leiche einer kleinen, hageren Frau verkrümmt in einer großen Blutlache. Ihr Kopf war durch wuchtige Schläge so deformiert, dass man ihr Alter nicht abschätzen konnte. Der Raum bot einen unbeschreiblich verwahrlosten Anblick: Mehr als einhundertfünfzig leere Branntweinflaschen lagen und standen auf dem Fußboden, der vor klebrigem Schmutz starrte; die Kochnische war überfüllt mit schmutzigem Geschirr, verdreckten Wäschestücken und zum Teil bereits verwesten Essensresten. Die Wände und die Zimmerdecke waren übersät von Blutspritzern. Strom und Wasser – so erfuhren wir – waren seit Langem abgestellt worden, da der Mieter seine Rechnungen nicht mehr bezahlt hatte. Der seiner Wohnung angepasst verwahrloste Mieter, der bei unserer Ankunft unter der Aufsicht von zwei uniformierten Polizisten im Treppenhaus kauerte, war so betrunken, dass er schließlich von den Beamten nach unten getragen werden musste. Wie sich herausstellte, hatte er mehr als vier Promille Alkohol im Blut! Wir ließen ihn unter Bewachung durch eine Streife in eine Klinik einliefern, wo er wegen des Verdachts auf Alkoholvergiftung behandelt wurde.

Ich beneidete die Beamten des Erkennungsdienstes nicht, die sich unterdessen daranmachten, jeden Quadratzentimeter der Wohnung unter die Lupe zu nehmen. Ein Sachverständiger des Institutes für Rechtsmedizin, den ich angefordert hatte, traf ebenfalls am Tatort ein. Er begann mit der Untersuchung der Leiche, erst als er fertig war, durften die Erkennungsdienstbeamten die Position des Opfers verändern. Der erste Eindruck verfestigte sich, demzufolge die Frau erschlagen worden war. Rasch drängte sich der Verdacht auf, dass es zwischen dem Mieter, Siegfried M., und der Frau zu einem tödlichen Streit gekommen sein könnte. Allerdings war Siegfried M. aufgrund seines alkoholisierten Zustandes derzeit nicht fähig, auf Fragen zu antworten.

Wir standen im engen Flur vor der Wohnung, während wir leise unser weiteres Vorgehen besprachen. Der Gang war verstellt mit Metallkoffern und Taschen des Erkennungsdienstes und unseren eigenen Bereitschaftstaschen. Längst hatte sich die Nachricht von der Tat im Haus verbreitet. Immer wieder drückten sich Mitbewohner an uns vorbei und versuchten, einen schnellen Blick in die Wohnung zu erhaschen. Wie ich das von anderen Tatorten bereits kannte, hatten die meisten ungefragt eine Erklärung für uns bereit, warum sie gerade jetzt unterwegs waren. Der eine wollte »nur eben den Müll rausbringen«, der andere »nach der Post schauen« und wieder einer anderen war eingefallen, dass sie »dringend Katzenfutter besorgen« müsse. Wir ließen sie ihrer Wege ziehen, nachdem wir ihre Personalien notiert und eine Befragung angekündigt hatten. Dazu hatte ich über die Einsatzzentrale einen Zug der Einsatzhundertschaft angefordert. Nachdem ich die Kollegen über die Lage informiert hatte, machten sie sich daran, bei den Hausbewohnern Erkundigungen einzuziehen: über den Mieter der Tatwohnung und das Opfer beziehungsweise verdächtige Wahrnehmungen. Tatsächlich fanden sich mehrere Nachbarn, die zwischen 2.30 und 3.30 Uhr Lärm und laute Schläge gehört hatten; ein Nachbar hatte auch eine männliche Stimme vernommen, die »Mach auf, lass mich rein!« gerufen hatte. Einem anderen Bewohner war, als er gegen 3.30 Uhr zur Arbeit ging, aufgefallen, dass eine schwere Gummimatte fehlte, die gewöhnlich als Fußabstreifer innen vor der Hauseingangstür lag; diese Matte fanden wir später auf der Kellertreppe. Diese Beobachtungen sprachen für die Möglichkeit, dass sich ein Fremder im fraglichen Zeitraum Zutritt zum Anwesen und zur Tatwohnung verschafft haben konnte.

Eine Kollegin des Erkennungsdienstes kam in ihrem weißen Schutzanzug zu uns auf den Flur. Sie hielt eine Klarsichttüte in die Höhe, in der ein Personalausweis steckte. Mich beschlich ein mulmiges Gefühl, als ich das fröhliche Gesicht auf dem Bild betrachtete. Den Ausweis hatte die Kollegin aus der Hosentasche des Opfers gezogen. Ich notierte mir die Daten. Damit hatten wir einen konkreten Ansatzpunkt für unsere Nachforschungen. Die Kollegin berichtete, dass in der Wohnung kein Gegenstand zu finden sei, der als Tatwaffe in Betracht käme. Einer ersten Einschätzung nach musste der Täter mit einer Keule oder einem klobigen Gegenstand auf das Opfer eingeschlagen haben. Ein Teil der Einsatzhundertschaft suchte bereits im Gebäude selbst und im Umkreis des Hauses nach verdächtigen Gegenständen. Aber auch sie fanden nichts. Schließlich wurden die Rollcontainer aus dem Müllhäuschen geleert und durchsucht. Aber mit Ausnahme von geschätzten hundert weiteren leeren Kognakflaschen, die vermutlich aus der Tatwohnung stammten, wurde auch hier nichts gefunden, was uns einen Hinweis auf die Tat oder den Täter gegeben hätte.

Nachdem ich einen Kollegen gebeten hatte, am Tatort die weiteren Maßnahmen zu koordinieren, fuhr ich mit zwei Angehörigen meiner Dienststelle und einem Beamten des Erkennungsdienstes zu der im Ausweis vermerkten Adresse. Während der Fahrt rief mich ein anderer Kollege zurück: Die Überprüfung der Personalien der Toten hatte nichts ergeben. Der Name tauchte nirgends auf, die Frau war bislang offenkundig bei der Polizei ein »unbeschriebenes Blatt«. Sie stammte aus einer kleinen Stadt in Norddeutschland und war seit mehreren Jahren in einem größeren Mietsblock am südlichen Stadtrand von München gemeldet.

Wir verschafften uns Zugang zum Anwesen und verharrten dann eine Weile lauschend vor ihrer Wohnungstür im zweiten Stock. Alles war ruhig. Nachdem auf Klopfen, Klingeln und lautes Rufen niemand öffnete, bestellten wir einen Schlüsseldienst, der das Türschloss aufbohrte. Die kleine Wohnung war einfach eingerichtet, aber sauber. Verschiedene Kleidungsstücke im Wäscheschrank und Kosmetikartikel im Bad deuteten darauf hin, dass sie auch von einem Mann bewohnt wurde. Wir durchsuchten alle Ecken und Winkel und alle Behältnisse nach Hinweisen auf die Personalien des Mitbewohners, ohne jedoch fündig zu werden. Dafür fanden wir die Adresse der Eltern der Mieterin. Der Erkennungsdienstbeamte sicherte DNA-fähiges Material, um zu überprüfen, ob die Tote und die im Ausweis genannte Christa B. tatsächlich identisch waren. Dieses wurde per Boten zur Auswertung in das Institut für Rechtsmedizin geschickt, wohin auch die DNA-Abriebe von der Toten unterwegs waren.

Als wir mit der Durchsuchung fertig waren, ließen wir einen neuen Schließzylinder einsetzen und befestigten außen an der Wohnungstür eine in einem Kuvert verschlossene Nachricht für den Mitbewohner. Wir teilten ihm mit, dass die Polizei die Wohnung durchsucht hatte und die Schlüssel bei der zuständigen Polizeiinspektion hinterlegt waren. Wir baten den uns namentlich unbekannten Untermieter darum, sich bei dieser Polizeidienststelle zu melden. Am nächsten Vormittag erhielten wir schließlich die Gewissheit, dass der Personalausweis der Toten gehörte. Das Institut für Rechtsmedizin hatte eine völlige Übereinstimmung der DNA-Spuren aus der Wohnung mit denen der Leiche festgestellt. Wir veranlassten daraufhin sofort, dass die Eltern der Getöteten durch die Kollegen vor Ort verständigt wurden.

Über Nacht hatte Siegfried M. seinen Alkoholspiegel wieder so weit reduziert, dass er aus dem Krankenhaus entlassen werden konnte. Die Beamten, die zu seiner Bewachung eingeteilt waren, brachten uns den Mann am Samstagvormittag ins Büro. Seine Bekleidung hatte der Erkennungsdienst bereits unmittelbar nach seiner Einlieferung in die Klinik sichergestellt. Ich wollte mir gar nicht näher ausmalen, welche Spuren an dieser seit Menschengedenken nicht mehr gewaschenen Kleidung wohl vorhanden sein würden. Optisch zumindest war an den Textilien kein Blut festzustellen. Der Mann trug seit seiner Entlassung aus der Klinik blaue Anstaltskleidung, die wir ihm besorgt hatten. Leider hatte Siegfried M. nicht zugleich mit der Kleidung auch seinen Geruch gewechselt. Der Aufenthalt mit ihm im selben Büroraum erforderte trotz des weit geöffneten Fensters und des großzügig bemessenen Einsatzes von Raumspray einen robusten Magen und viel Überwindung. Immerhin gelang es uns während dieser ersten kurzen Vernehmung, einiges über die Tote zu erfahren.

Christa B. war seit Jahren die einzige Bezugsperson, die der Mann überhaupt noch hatte; ab und zu besuchte sie ihn und versuchte – wie am Vorabend der Tat –, das Chaos in seiner Wohnung wenigstens ein bisschen zu mildern. Der Mann vor uns schilderte schleppend und von unappetitlichen Geräuschen unterbrochen, dass die Frau mit einem Kerl zusammenlebte. Er konnte uns sogar den Namen dieses Mannes nennen. Und er glaubte, dass dieser Mann in der Nacht von Donnerstag auf Freitag zusammen mit Christa B. in seiner Wohnung, also am Tatort, gewesen war. Sicher könne er dies aber nicht sagen, dazu sei er zu betrunken gewesen. Nachdem Christa B. am Abend überraschend bei ihm aufgetaucht war, hatte sie damit begonnen, leere Flaschen aus der Wohnung zum Müllcontainer zu bringen. Irgendwann hatte ihn das genervt und so war er in seine Schlafnische geflüchtet und dort eingeschlafen. Am Morgen habe er dann Christa B. tot am Boden liegend vorgefunden. Er habe keine Ahnung, was da in seiner Wohnung passiert sei.

Meine Kollegen und ich werteten die bisherigen Erkenntnisse aus. Sorgfältig wogen wir gegeneinander ab, was für beziehungsweise gegen seine Täterschaft sprach. Aufgrund seines offenkundigen Alkoholkonsums und seines desolaten Gesamtzustandes hätte er schwerlich die Kondition besessen, Dutzende Male mit großer Wucht auf das Opfer einzuschlagen. Es fehlte das Tatwerkzeug – aber vor allem war keinerlei Motiv ersichtlich. Wir kamen zu dem Ergebnis, dass gegen Siegfried M. beim aktuellen Stand der Ermittlungen kein dringender Tatverdacht begründet werden könne. Daher veranlassten wir, dass der Mann bis auf Weiteres in einem Männerwohnheim untergebracht wurde, da seine Wohnung beschlagnahmt und versiegelt worden war. Als Nächstes beschlossen wir, uns den Untermieter der Toten einmal genauer anzuschauen. Wir hatten das kaum ausgesprochen, als ein Beamter der Inspektion anrief, bei der wir den Wohnungsschlüssel hinterlegt hatten. Dort war ein Mann aufgetaucht, der sich als Lebensgefährte von Christa B. ausgab und wissen wollte, wo seine Freundin sei und warum die Wohnung durchsucht worden sei. Ich bat den Kollegen, den Mann ohne weitere Erklärung zur Vernehmung zu uns zu bringen.

Während wir uns mit Siegfried M. beschäftigt hatten, waren die Kollegen anderer Kommissionen nicht untätig gewesen und hatten im Umfeld des Mordopfers interessante Erkenntnisse gewonnen. Die mit Hochdruck geführten

Ermittlungen zeigten schon bald, dass der Freund des Opfers, Ingo Z., auf Kosten seiner Freundin in den Tag hineingelebt und ein bescheidenes Erbe seiner Freundin nach und nach in Alkohol umgesetzt hatte. Immer wieder war es deshalb zu Streitereien zwischen den beiden gekommen. Am Vorabend der Tat hatte die Frau ihrem Freund unmissverständlich die Beziehung aufgekündigt und ihn aufgefordert, ihre Wohnung zu verlassen. Als Ingo Z. daraufhin aggressiv reagierte, war sie aus ihrer Wohnung geflüchtet und zu Siegfried M. gefahren. Ein Rauswurf bedeutete für Ingo Z., von einer Minute auf die andere ohne Bleibe dazustehen, zudem drohte seine Geldquelle zu versiegen. Hinzu kam, dass Christa B. zu einem anderen Mann geflüchtet war. Selbst wenn dieser nicht unbedingt dem Prototyp eines Traummannes entsprach, so war doch auch Eifersucht als denkbares Motiv nicht von der Hand zu weisen.

Nachdem eine Streifenbesatzung Ingo Z. bei uns abgeliefert hatte, eröffnete ich ihm die Hintergründe der polizeilichen Aktivitäten und drückte ihm mein Beileid aus. Obwohl der Mann geschockt und tief betroffen wirkte, fiel auf, dass er sehr schnell und ohne Aufforderung erklärte, für die Tatnacht ein Alibi zu haben. Auf die Frage, ob er denn glaube, ein solches zu benötigen, wirkte er plötzlich unsicher. Schließlich sagte er, er sähe viele Krimis im Fernsehen und da würde jeder nach einem Alibi gefragt. Im nächsten Schritt war also abzuklären, ob Ingo Z. für die mutmaßliche Tatzeit zwischen 2.30 Uhr und 3.30 Uhr tatsächlich eines besaß. Das von ihm angebotene Alibi erschien unwiderlegbar: Er habe in der Zeit von etwa zwei Uhr bis etwa vier Uhr von der Wohnung seiner Freundin aus eine Sex-Hotline angerufen. Wir könnten ja, falls wir das für erforderlich hielten, die entsprechenden Telefonverbindungsdaten anfordern und überprüfen, schlug Ingo Z. vor. Natürlich hielten wir das für erforderlich, da es mehr als nur auffällig war, dass er genau während des Tatzeitraums zwei Stunden lang telefoniert hatte. Irgendetwas war mit dem Alibi faul, das stand für uns fest. Das allerdings sagten wir ihm nicht. Seine Aussage wurde protokolliert und dann entließen wir ihn. Da er mit der Toten nicht verheiratet war und auch keinen Mietvertrag für die Wohnung hatte, konnten wir ihm das Betreten der Wohnung nicht mehr gestatten. Das Nachlassgericht musste entscheiden, welche Gegenstände er aus der Wohnung holen durfte. So lange aber würde die Wohnung zur Eigentumssicherung für die Erben versiegelt werden. Ingo Z. konnte schließlich einige Tage lang bei einem Bekannten unterkommen.

Die Überprüfung ergab, dass tatsächlich vom Festnetz aus der Wohnung der Getöteten eine entsprechende Telefonnummer angerufen worden war. Die Verbindung dauerte 59 Minuten und 59 Sekunden und wurde danach getrennt. 27 Minuten später war die gleiche Nummer nochmals angewählt worden, wobei die Verbindung diesmal 36 Minuten lang aufrechterhalten wurde. Die Dauer des ersten Gespräches weckte unser Interesse: War es Zufall, dass die Verbindung eine Sekunde vor der vollen Stunde abgebrochen worden war? Wie sich bei den Nachforschungen alsbald herausstellte, werden die sogenannten 0190er-Nummern automatisch nach 59 Minuten und 59 Sekunden getrennt. Die Vorschrift ist zum Schutz der Telefonkunden erlassen worden, sollten diese nach dem Anruf bei einer der teuren Nummern vergessen, die Verbindung zu trennen.

Konnte dies wiederum bedeuten, dass Ingo Z. in der fraglichen Zeit womöglich gar nicht am Telefon war, während die Verbindung fortbestand? Dass er, um sich ein Alibi zu verschaffen, die Nummer angerufen und den Hörer danach neben das Telefon gelegt hatte, während er – rasend vor Zorn oder Eifersucht – zur gut dreizehn Kilometer entfernt liegenden Wohnung seines Nebenbuhlers fuhr und dort seine Freundin erschlug? Und dass er nach seiner Rückkehr, als er bemerkte, dass die Verbindung nicht mehr bestand, die Nummer erneut anwählte, in der Hoffnung, die Unterbrechung würde niemandem auffallen? Eine Hoffnung, die sich allerdings als trügerisch erweisen sollte.

Es galt also festzustellen, ob sich eine der Damen an den Anruf erinnern konnte. Bei unserer Vermittlung ließ ich meinen Anschluss für die im Behördennetz gesperrte Nummer freischalten. Ich geriet an eine automatische Bandansage, die mir allerlei schöne Erlebnisse versprach, wenn ich die für meine persönlichen Vorlieben zutreffende Ziffer an der Tastatur meines Telefons wählen würde. Nach etwa zehn Minuten, in denen ich – geführt von zahlreichen weiteren Bandansagen – alle Ziffern von eins bis neun mindestens einmal gedrückt hatte, legte ich auf. Vermutlich hätte ich nicht mit der Ziffer eins beginnen sollen. Also erneuter Anruf bei der freundlichen Kollegin in unserer Vermittlung und erneute Freigabe der »verbotenen« Nummer. Um es kurz zu machen: Nach dem fünften Anruf bei der Dame (bei dem sie sich mitfühlend erkundigte: »Mei, können Sie noch?«) war es mir immer noch nicht gelungen, mit einem Menschen aus Fleisch und Blut Kontakt aufzunehmen. Fazit: Es war durchaus denkbar, diese Sex-Hotline anzuwählen und den Hörer einfach liegen zu lassen – niemand am anderen Ende der Leitung hätte dies bemerkt. Aus dieser Erkenntnis ergab sich der zweite Ermittlungsansatz für uns: War es möglich, nachts innerhalb von einer Stunde und 27 Minuten von der Wohnung der Ermordeten am Stadtrand zur Tatwohnung zu gelangen, dort die Tat zu verüben und anschließend zurückzukehren, wenn man – wie Ingo Z. – angeblich weder über ein motorisiertes Fahrzeug noch über ein Fahrrad verfügte?

Das Fahrrad von Christa B. stand versperrt, verrostet und mit platten Reifen vor ihrem Wohnhaus, Unkraut war durch die Speichen gewachsen. Dieses Rad schied als Transportmittel definitiv aus. Ihr abgemeldeter Pkw parkte vor dem Anwesen. Spinnweben zwischen Stoßstange und Gebüsch sowie die vom Staub der letzten Monate bedeckten Scheiben ließen unschwer erkennen, dass dieses Fahrzeug ebenfalls seit Langem nicht mehr bewegt worden war. Denkbar war die Benutzung eines Taxis. Die entsprechenden Nachforschungen liefen jedoch allesamt ins Leere. Blieben die öffentlichen Verkehrsmittel: War es möglich, innerhalb eines Zeitfensters von 87 Minuten mit dem Nachtbus, dem sogenannten Lumpensammler, und der S-Bahn an den Tatort zu gelangen, den Mord zu verüben und den gleichen Weg retour zurückzulegen? In der folgenden Woche testeten wir das. Ein Kollege machte sich auf den Weg, legte am Tatort eine Pause von zehn Minuten ein – eine Zeitspanne, die dem Täter ausgereicht haben müsste, die Tat zu verüben – und blieb tatsächlich innerhalb der Zeit. Mit den Ergebnissen dieser Ermittlungen konfrontierten wir Ingo Z., der nach anfänglichem Leugnen schließlich die Tat gestand. Er hatte geargwöhnt, dass seine Freundin zu dem ihm verhassten »Nebenbuhler« gegangen sein könnte. Als sich sein Verdacht bei einem Besuch dort am Nachmittag bestätigte, beschloss er, die Frau zu töten. Eiskalt bezog er in seinen Plan den Umstand mit ein, dass Siegfried M. zur geplanten Tatzeit wie üblich sinnlos betrunken sein und von dem Geschehen nichts mitbekommen würde. Sicher käme er für die Polizei als Täter in Frage. Letztlich wurde Ingo Z. zum Verhängnis, dass er es versäumt hatte, vor der Tat das Durchhaltevermögen des Telefonsexautomaten zu testen.

Zur Tatwaffe selbst verweigerte der Täter jegliche Angabe. Intensive Suchaktionen auf dem vermutlichen Fluchtweg verliefen erfolglos. Letztlich blieb dieser Umstand aber für die Verurteilung und das Strafmaß ohne Belang.

EIN FRAGWÜRDIGER EHRBEGRIFF

Um genau 3.33 Uhr weckte mich das Bereitschaftshandy. Knapp und sachlich informierte mich der Kollege vom Kriminaldauerdienst darüber, dass vor einem Wohnhaus am südlichen Stadtrand von München ein türkischer Lagerarbeiter mit mehreren Schüssen lebensgefährlich verletzt worden war. Das Opfer werde derzeit in einer Klinik notoperiert, der oder die Täter sei(en) flüchtig. Es bestehe akute Lebensgefahr für den Angeschossenen. Der Tatort sei abgesperrt, eine groß angelegte Fahndung laufe, wenngleich man nicht genau wisse, nach wem man überhaupt suche. Unmittelbare Zeugen der Tat gebe es nach derzeitigem Erkenntnisstand wohl nicht.

Am Einsatzort wurde ich von mehreren Funkwagenbesatzungen erwartet, die den engeren Tatort schon bestens gesichert hatten. Der Außendienstleiter der zuständigen Polizeidirektion gab mir einen Überblick über die bisher erfolgten Maßnahmen und die bereits bekannten Fakten. Demnach wohnte das Opfer mit seiner Frau und ihrem gemeinsamen Kleinkind in dem Wohnblock, vor dem die Schüsse abgefeuert worden waren. Dieser gehörte zur parkartigen, von einer Mauer umschlossenen Anlage eines Alten- und Pflegezentrums und beherbergte überwiegend Heimpersonal. Gegenüber dem Hauseingang war ein lichtes Wäldchen, aus dem heraus vermutlich die Schüsse abgegeben worden waren. Der Verletzte hatte zur Tatzeit wie üblich das Haus verlassen, um zu seiner Arbeitsstelle in den Großmarkthallen zu fahren. Die Ehefrau hörte von der Wohnung aus die Schüsse und fand gleich darauf ihren schwerverletzten Mann vor dem Haus. Bevor er das Bewusstsein verlor, sagte er noch zu seiner Frau, dass er niemanden gesehen habe.

Zur systematischen Absuche des unübersichtlichen und weitläufigen Geländes nach möglichen Spuren und nach der Tatwaffe forderte ich einen Zug der Einsatzhundertschaft an. Andere Beamte führten unterdessen eine Befragung aller Bewohner der Wohnhäuser und des Altenheimes sowie des Pflegepersonals durch, wobei sich Zeugen fanden, die nach den in rascher Folge abgefeuerten Schüssen schnelle Schritte eines einzelnen Menschen auf einem angrenzenden Kiesweg vernommen hatten. Ein weiterer Zeuge hatte aus der Richtung, in der sich die Schritte entfernt hatten, das Geräusch eines startenden Automotors und das Quietschen durchdrehender Reifen gehört.

Die Heimleitung unterstützte die Bemühungen der Polizei in äußerst entgegenkommender Weise. Besonders angenehm empfanden die rund siebzig Beamten aber wohl den Umstand, dass sie zum Frühstück heißen Kaffee und reichlich dick belegte Wurstsemmeln und -brote bekamen, was angesichts der frostigen Temperaturen die Lebensgeister spürbar belebte.

Am Tatort lagen mehrere Patronenhülsen. Zur Bestimmung der Schussrichtung beziehungsweise des Standortes des Schützen forderte ich Spezialisten des Landeskriminalamtes an, die gegen neun Uhr eintrafen und ihre Ermittlungen aufnahmen. Während auf unserer Dienststelle mit den ersten Vernehmungen der Angehörigen des Opfers begonnen wurde, kam aus dem Krankenhaus die Meldung, dass alle Schüsse den Unterleib des Mannes getroffen hatten. Der Zustand des Opfers sei kritisch, die Ärzte hofften jedoch, dass er den Anschlag überleben werde. Den ersten vorläufigen Einschätzungen der Schusswaffensachverständigen zufolge hatte der Schütze wohl nur wenige Schritte vor seinem arglosen Opfer gestanden. Dieser Umstand und das Verletzungsbild ließen einen Verdacht in uns aufkeimen: dass der Schütze eine »Entmannung« beabsichtigt hatte. Diese erste Arbeitshypothese gab eine denkbare Ermittlungsrichtung vor, nämlich im Umfeld des Opfers nach Männern zu forschen, deren Frauen möglicherweise mit ihm eine Beziehung unterhielten, oder aber nach Frauen, die mit dem Verletzten vielleicht noch eine Rechnung offen hatten. Die umfangreichen Ermittlungen, die sich im Verlauf der nächsten Tage anschlossen, bestärkten bald schon den Verdacht, dass es sich bei dem Anschlag um eine Racheaktion gehandelt haben dürfte. Allerdings verhielt sich die türkische Großfamilie des Opfers zunächst ausgesprochen zurückhaltend, was Hinweise auf mögliche Hintergründe zu der Tat betraf.

Da kam uns – wie dies hin und wieder ja zum Glück der Fall ist – der Kommissar Zufall zu Hilfe. Diesmal in Gestalt eines Autofahrers, der kurz nach dem Mordanschlag auf der angrenzenden Bundesstraße stadteinwärts gefahren war. Lange nach Feierabend saßen wir noch zu viert im Büro des Sachbearbeiters und besprachen die letzten Ermittlungsergebnisse, als das Telefon an seinem Schreibtisch klingelte. Er meldete sich, lauschte kurz und dann merkten wir an seiner Reaktion, dass der Anrufer offensichtlich eine sehr interessante Mitteilung machte. Der Kollege blickte uns siegessicher an und hob den Daumen in die Höhe. Gleich darauf notierte er die Personalien des Anrufers. Da dem Kollegen unsere Neugier nicht entgangen war, fragte er seinen Gesprächspartner, ob er auf laut stellen dürfe, und ließ uns am Gespräch teilhaben. Wir vernahmen die ruhige, sonore Stimme eines Mannes, dessen Alter ich auf circa fünfzig Jahre schätzte. Der Mann wiederholte nochmals für uns, dass er eigentlich gar nicht vorgehabt hatte, die Polizei zu verständigen. Doch nachdem er in der Zeitung von dem Mordversuch gelesen hatte, beschloss er, eine Beobachtung mitzuteilen, die er offenbar kurz nach der Tat gemacht hatte.

An besagtem Tag war er sehr früh unterwegs und kam gegen drei Uhr an dem Altenheim vorbei. Er hatte die zur Straße liegende Front des Areals fast passiert, als unvermittelt hinter einer Ecke der Mauer eine Gestalt im Scheinwerferlicht auftauchte und quer über die Fahrbahn rannte, ohne auch nur im Geringsten auf sein Auto zu achten. Durch ein gewagtes Lenkmanöver sei es ihm in letzter Sekunde gelungen, einen Zusammenstoß zu vermeiden. Es habe sich um einen Mann gehandelt, circa zwanzig Jahre alt, sportliche Figur, schwarze Haare, etwa 1,70 bis 1,80 Meter groß. Er habe eine olivgrüne, lange Jacke getragen. Unbeeindruckt von dem Beinahezusammenstoß sei der Mann auf einen kleinen geteerten Platz mit Wertstoffcontainern gelaufen. Unser Mitteiler war von dem plötzlichen Auftauchen des Mannes zwar geschockt, aber dennoch geistesgegenwärtig genug, seine Fahrt zu verlangsamen und im Rückspiegel das weitere Geschehen zu verfolgen. Er habe nicht lange warten müssen, da hätten die Scheinwerfer eines Fahrzeuges aufgeleuchtet, das offensichtlich auf dem Platz abgestellt gewesen war. Mein Kollege, der bis dahin ebenso gespannt gelauscht hatte wie wir anderen auch, fragte den Anrufer, ob er denn gesehen habe, wohin das Auto gefahren sei, oder vielleicht sogar die Automarke erkannt habe? Der Anrufer schien zu spüren, welche Wirkung seine Mitteilung auf uns hatte, und er genoss es sichtlich, uns ein wenig zappeln zu lassen.»Keine Angst, ich erzähle Ihnen alles der Reihe nach, was ich gesehen habe.« Dieses Auto sei auf seine Spur eingebogen und mit sehr hoher Geschwindigkeit gleichfalls in Richtung Innenstadt gefahren, weshalb er selbst sich weit rechts gehalten habe, um dem »Verrückten« das Überholen zu erleichtern. Aufgrund der Dunkelheit konnte er nicht erkennen, wie viele Personen in dem Fahrzeug saßen.

Wir blickten uns an. Es gab keinen Zweifel, der Anrufer hatte den Schützen gesehen. Ein Zeuge hatte ja gehört, dass jemand über einen Kiesweg gerannt war, und ein anderer hatte aus Richtung der Straße mitbekommen, dass ein Auto mit quietschenden Reifen losgefahren war. Die geschilderte Örtlichkeit und die Uhrzeit stimmten exakt mit den bisherigen Erkenntnissen überein. Man merkte es meinem Kollegen an, dass er sich vor einer negativen Antwort fürchtete, als er fast scherzhaft nachhakte:»Wenn Sie mir jetzt noch verraten könnten, was das für ein Auto war, dann wäre ich wunschlos glücklich!« Der Mann am anderen Ende lachte.»Wenn Sie so leicht glücklich zu machen sind, dann bitte: Es war ein blauer Mercedes, älteres Baujahr.«

Bingo! So ein Auto gab es im weiteren Umfeld des Opfers! Das war tatsächlich ein ausgesprochen wichtiger

Zeuge und aufgrund seines umsichtigen und besonnenen Verhaltens ein unglaublicher Glücksfall für uns. Der Kollege bat den Anrufer, nach Möglichkeit sofort zu unserer Dienststelle zu kommen, um seine Aussage protokollieren zu lassen. Doch da legte der Anrufer noch mal nach, und zwar ordentlich: »Möchten Sie denn gar nicht wissen, was das Auto für ein Kennzeichen hatte?« Wir hielten die Luft an. So was gab es doch sonst nur in Vorabendserien. »Jetzt sagen Sie bloß, Sie haben das Kennzeichen erkennen können!« »Ich hab's nicht nur erkannt, sondern ich hab's auch gleich notiert – auf der Rückseite der Parkscheibe!« Und dann nannte er das Kennzeichen des Wagens, als ob dies die selbstverständlichste Sache der Welt sei.

Wie sich herausstellte, war das Fahrzeug auf den Onkel des Opfers, Orhan F., zugelassen, der zwei Söhne hatte. Beides ordentliche Jungs, der ältere stand kurz vor dem Abitur. War es wirklich nur Zufall, dass dieser Sohn der Beschreibung des jungen Mannes entsprach, den unser Zeuge fast überfahren hätte? Das interessierte uns natürlich brennend. Da das Fahrzeug nicht als gestohlen gemeldet war, wurde gegen den Fahrzeughalter ein Ermittlungsverfahren wegen des Verdachts der Beihilfe zu einem versuchten Tötungsdelikt eingeleitet. Knapp zwei Stunden später standen wir vor seiner Wohnungstür. Mit der gebotenen Eigensicherung erlangten wir Zutritt zu der Wohnung und trafen Orhan F. und seine Frau an. Wir erklärten dem Beschuldigten zunächst den Grund unserer Anwesenheit und sodann die vorläufige Festnahme. Auf Nachfrage erfuhren wir, dass die beiden Söhne unterwegs waren, sie kämen und gingen, wann sie wollten, und manchmal übernachteten sie auch tagelang bei irgendwelchen Mädchen. Die gründliche Durchsuchung der Wohnung erbrachte nichts, was Rückschlüsse auf den Mordanschlag zugelassen hätte. Lediglich ein leeres und scheinbar lange nicht mehr benütztes Pistolenmagazin fand sich versteckt in einem der Räume. Ohne sichtbare Regung begleitete uns Orhan F. zur Dienststelle. Erwartungsgemäß verweigerte er bei der anschließenden Vernehmung jegliche Angaben.

Schließlich wurde er in die Haftanstalt verbracht, wo er die restliche Nacht blieb.

Für die Kollegen von der Bereitschaft und mich war die Nacht kurz. Gegen drei Uhr hatten wir unsere Büros verlassen, um zu Hause eine Mütze voll Schlaf zu ergattern, und um sieben Uhr versammelten wir uns schon wieder. Gegen neun Uhr meldete sich der ältere Sohn des Beschuldigten, Ercan F., telefonisch bei uns und erklärte ohne lange Vorrede und ohne Umschweife, dass er auf seinen Cousin geschossen habe. Sein Vater habe mit der Sache nichts zu tun, er habe das Auto seines Vaters heimlich und ohne dessen Wissen benützt und es nach der Tat zurückgestellt. Zunächst habe er sich bei einer Freundin versteckt und sei dann Richtung Türkei unterwegs gewesen, als er auf der Fahrt durch Österreich von der Verhaftung seines Vaters erfahren habe. Und deswegen sei er jetzt auf dem Rückweg nach München, weil er nicht wolle, dass sein alter Vater unschuldig im Gefängnis sitze. Schließlich kündigte er an, sich nach seiner Ankunft in München sofort bei uns zu stellen. Ohne Fragen zuzulassen, legte er auf. Wir blickten uns an. Vielleicht war der junge Mann bei der Tat ja wirklich allein gewesen. Denkbar wäre aber auch, dass ihn sein Vater zum Tatort gebracht hatte und der Sohn die ganze Schuld auf sich lud, um seinen Vater zu schützen.

Es dauerte tatsächlich nicht allzu lange, bis Ercan F. vor uns saß. Wir erfuhren, dass der Angeschossene sich einem Mädchen aus dem Familienverband in unehrenhafter Weise genähert hatte. Das Mädchen, dessen geistige Fähigkeiten man als eher gering bezeichnen müsse, sei jedoch kurz danach mit einem entfernten Cousin in der Türkei verheiratet worden und damit war die Angelegenheit zunächst einmal in Vergessenheit geraten. Durch einen dummen Zufall war der Ehemann aber eines Tages hinter die »ehrlose« Vergangenheit seiner Frau gekommen und hatte sie zur Rede gestellt. Sie gestand, dass ihr Cousin sich an ihr vergangen hatte. Nun informierte der erzürnte Ehemann, der sich durch die

Heirat mit einer »entehrten Frau« betrogen fühlte, die Familie des Mädchens. Man beschloss im Familienrat, zunächst zu prüfen, ob die Angaben des Mädchens glaubhaft seien. Mit Zustimmung der Eltern des Mädchens (!) wurde dieses unter einem Vorwand von einem Onkel und ihren Brüdern in einen Wald vor den Toren Münchens gebracht und »befragt«. Dabei wurde das Opfer stundenlang gefoltert und schwer misshandelt. Zuletzt wurde an ihr eine Scheinhinrichtung vollzogen. Dies alles geschah, um zu prüfen, ob sie die Wahrheit gesagt hatte. Schwer verletzt und blutend wurde die Frau anschließend wieder ihren Eltern übergeben, die sie sofort in die Notaufnahme eines Krankenhauses brachten. Längere Zeit musste sie stationär behandelt werden. Die Kosten für die Behandlung übernahm ihr Vater, der sich schriftlich beim Peiniger seiner Tochter dafür bedankte, dass er so erfolgreich zur Wiederherstellung der Ehre seiner Tochter beigetragen hatte.

Aufgrund der Standhaftigkeit der jungen Frau während ihrer Folter war die Familie von ihren Worten überzeugt. So beschloss der Familienrat, die Ehre der Familie durch die Entmannung des Cousins wiederherzustellen. Seinen etwaigen Tod nahm man dabei billigend in Kauf. Als Vollstrecker wurde der älteste männliche Nachkomme der Großfamilie bestimmt, der sich – obgleich hier aufgewachsen und kurz vor dem Abitur stehend – nicht getraute abzulehnen. Man besorgte in der Türkei eine Pistole und ließ sie dem Großvater des »Auserwählten« in München zukommen. Tatsächlich war Ercan F. allein bei der Tatausführung, inwieweit er jedoch durch andere Familienmitglieder beziehungsweise seinen Vater beeinflusst oder in strafrechtlich relevanter Weise unterstützt wurde, ließ sich trotz aller Mühen nicht nachweisen. Alle Beteiligten waren miteinander verwandt und machten von ihrem Zeugnisverweigerungsrecht Gebrauch. Nach vollbrachter Tat lieferte Ercan F. die Waffe wieder beim Großvater ab. Nach dem Geständnis des Schützen gelang es uns buchstäblich in allerletzter Minute, in einem Müllcontainer im Nachbarhaus die Tatwaffe aufzufinden. Der Container

wurde bereits über den Hof in Richtung Müllwagen geschoben, als die Kollegen mit quietschenden Reifen vor
dem Anwesen stoppten.

Das war – in Kurzform – die Geschichte eines fast vollendeten Ehrenmordes, bei dem ein hier völlig integrierter, bei
allen beliebter junger türkischer Schüler mit hervorragen-
der Schulbildung und besten Berufschancen sich dennoch
dem langen Arm seiner Vorfahren beziehungsweise deren
antiquierten Moral- und Ehrvorstellungen nicht entziehen
konnte. Da Ercan F. zum Zeitpunkt der Tat noch Heran-
wachsender im Sinne des Strafrechts war, wurde er nach
den Bestimmungen des Jugendstrafrechtes verurteilt. Er
erhielt eine Jugendstrafe von acht Jahren wegen versuchten
Mordes. Und unvorstellbar: Seinen Vater erfüllte das Urteil
mit Stolz, beweise es doch für jedermann ersichtlich, dass
sein Sohn ein guter Sohn sei, dem die Familienehre wichtiger war als sein Abitur und eine gesicherte Zukunft. Ich
gestehe, ich war versucht hinzuzufügen, dass auch das ent-
ehrte Mädchen ein gutes Kind ist, hat es doch seiner Familie
so tapfer unter den Schmerzen der Folter bewiesen, dass es
die Wahrheit gesagt hat …

Ob es auch im folgenden Fall um verletzte Ehre ging oder
ob Rache und Eifersucht eine zentrale Rolle spielten, ließ
sich aufgrund der Verschwiegenheit des Täters nie klären. Wie so oft war es im Büro mal wieder etwas später geworden. Kurz bevor ich mich auf den Heimweg machen
wollte, schaute ich routinemäßig noch mal in den Computer. Dabei blieb mein Blick an einem Einsatz hängen, der
gerade anlief: Tötungsdelikt! Der Gedanke an den nahen
Feierabend entschwand im Nirwana. Rasch las ich die bis
dato bekannten Fakten im Einsatzprotokoll durch. Demnach hatten mehrere Passanten sowohl bei der Einsatzzentrale der Polizei als auch bei der Rettungsleitstelle der
Feuerwehr aufgeregt mitgeteilt, ein Mann habe in einer
U-Bahn eine Frau mit einem Schwert skalpiert und dann
niedergestochen. Die Frau sei vermutlich tot, der Täter
sitze neben ihr.

Während zahlreiche Streifen und eine Notarztbesatzung
zum Einsatzort, einer oberirdisch gelegenen Endhaltestelle
im Süden Münchens, rasten, informierte ich meine Kollegen
und alarmierte die Bereitschaftsbeamten von Erkennungsdienst und Staatsanwaltschaft. Wenige Minuten später
rückten wir mit drei Fahrzeugen aus. Doch schon nach etwa
dreihundert Metern versagten Martinshorn und Blaulicht
am ersten unserer damaligen hochbetagten Bereitschafts-
wagen; beim zweiten Fahrzeug hielten die Sondersignale
immerhin drei Kreuzungen länger durch. So übernahm ich
die Spitze des Konvois und lotste die Kollegen durch den
dichten Feierabendverkehr. Dennoch erreichten wir unser
Ziel in rekordverdächtiger Zeit ohne Unfall. Die Treppen-
aufgänge der U-Bahn-Station waren mit rot-weißen Flatterleinen gesichert, Angehörige der U-Bahn-Wache unterstützten die Polizeibeamten bei der Absperrung. In einer
Ecke des Zwischengeschosses wurden mehrere Fahrgäste,

denen der Schock über das Erlebte deutlich anzusehen war, von Angehörigen des Kriseninterventionsteams und uniformierten Polizeibeamten betreut. Einer meiner Kollegen organisierte die Vernehmung dieser Zeugen auf unserer Dienststelle.

Am Bahnsteig stand ein einsamer Waggon. Der Fahrdienstleiter hatte ihn abkoppeln lassen und den restlichen Zugteil wieder in Bewegung gesetzt. Die nachfolgenden Züge wurden im Wechsel auf dem Nachbargleis abgefertigt. Wie wir erfuhren, handelte es sich bei dem Täter vermutlich um den Exmann des Opfers, der es auf dem Heimweg von der Arbeit abgepasst hatte. Gleich nach der Attacke zog ein Fahrgast geistesgegenwärtig – noch bevor sich der Zug in Bewegung setzte – die Notbremse, woraufhin der Zugführer, der von den grausigen Vorfällen nichts mitbekommen hatte, die Druckluftsperren der Zugtüren löste, die sich zischend öffneten. Die Fahrgäste flüchteten schreiend ins Freie. Zufällig auf dem Bahnsteig anwesende Angehörige der U-Bahn-Wache, die durch die Hilferufe der Fahrgäste schon aufmerksam geworden waren, stürmten mit gezogenen Revolvern das Abteil.

Der Täter saß – wie es schien, völlig ungerührt – auf der Sitzbank neben der inzwischen bewusstlosen Frau und starrte wie gebannt auf sein blutüberströmtes Opfer. Die Männer überwältigten und fesselten ihn. Der Täter leistete keinerlei Widerstand. Er lächelte nur still vor sich hin (auch später bei der Vernehmung auf unserer Dienststelle zeigte der Mann keinerlei Reue). Kurz darauf traf die Besatzung eines Notarztwagens ein und übernahm die Erstversorgung der Schwerstverletzten. Mit dem immer noch in ihrem Unterleib steckenden Schwert wurde die Frau, eine Afrikanerin, per Hubschrauber in ein Krankenhaus transportiert.

Zum Zeitpunkt der Tatortaufnahme musste man davon ausgehen, dass die Überfallene ihre schweren Verletzungen nicht überleben würde. In jedem Fall aber wäre die Frau ohne den Notstopp auf der Fahrt bis zur nächsten Haltestelle verblutet. Wie sich beim Röntgen im Krankenhaus später zeigte, war die Spitze des Schwertes in der Wirbelsäule des Opfers steckengeblieben.

Von einem der Zeugen erfuhren wir, dass die Verletzte vor ihrem Zusammenbruch in Todesangst geschrien hatte: »Helft meinen Kindern!« Rasch fanden wir heraus, dass die Frau das alleinige Erziehungsrecht für die zwei Kinder aus ihrer geschiedenen Ehe mit dem Täter hatte. Ihnen galt jetzt unsere Sorge. Hatte der Mann in seinem offenbar unversöhnlichen Hass erst seinen beiden Kindern etwas angetan, bevor er seine Frau angriff? Hektische Aktivitäten begannen, Streifenwagen rasten zur ermittelten Adresse des Opfers. Da nicht geöffnet wurde, brachen die Beamten die Tür auf. Wir durften es nicht riskieren, wertvolle Zeit zu verlieren, womöglich lagen die Kinder verletzt in der Wohnung. Es stellte sich aber heraus, dass die durchsuchte Wohnung dem Täter gehörte. Seine Frau war vor längerer Zeit ausgezogen und hatte sich aus Angst vor ihrem Mann nicht umgemeldet. Noch während Kollegen in der Wohnung des Beschuldigten nach einem Hinweis auf den Aufenthaltsort der Kinder suchten, konnte der Arbeitsplatz der Frau ermittelt werden. Eine Arbeitskollegin kannte die neue Adresse der Verletzten und wusste, dass diese ihre Kinder vor einigen Wochen ins Ausland geschickt hatte. Sie hatte wohl geahnt, dass ihr Exmann zu allem fähig war, und sich deshalb zu diesem Schritt entschlossen. Vermutlich hat sie ihnen damit das Leben gerettet. Der Täter war jedenfalls nicht bereit, dazu eine Aussage zu machen.

Kurz darauf fanden wir in der Wohnung der Geschädigten einen Hinweis auf den Aufenthaltsort der beiden Kinder. Schließlich schafften wir es mit Hilfe eines Dolmetschers, die dortige Polizeidienststelle telefonisch um Unterstützung zu bitten. Bereits etwa eine Stunde später erfolgte der Rückruf. Man hatte Vertrauenspersonen über die Tat und die lebensgefährlichen Verletzungen des Opfers informiert und diese ließen uns ausrichten, dass am nächsten Tag ein Angehöriger der Frau nach München kommen und sich um alles Weitere kümmern werde. Die Kinder befanden sich in der Obhut einer Vertrauten ihrer Mutter. Erleichterung machte sich bei uns breit. Wenigstens war den Kindern nichts passiert.

Die Beamten der Spurensicherung arbeiteten unterdessen mit Hochdruck am Bahnsteig und in dem Bereich des Treppenaufgangs, in dem der Täter seinem Opfer nach Zeugenaussagen aufgelauert hatte. Nach mehr als einer Stunde wurde der Waggon in ein Ausbesserungswerk gezogen, wo die Spurensicherung in aller Ruhe im Inneren des Waggons ihre Arbeit fortsetzen konnte. Dem Fahrdienstleiter war anzumerken, wie froh er war, den planmäßigen U-Bahn-Betrieb wieder aufnehmen zu können. Nachdem verschiedene Rundfunksender bereits in den Abendstunden über die Tat berichtet hatten, meldete sich gegen 20 Uhr ein Zeuge, der die Tat aus unmittelbarer Nähe beobachtet hatte. Wie die anderen Fahrgäste auch, war er zunächst voller Panik aus dem Waggon geflüchtet, da alle annahmen, es handle sich um einen Amokläufer, der wahllos zustechen würde. Dieser Zeuge war geistesgegenwärtig genug gewesen, sich außerhalb der Gefahrenzone die Personalien anderer Fahrgäste zu notieren. Diese Personen wurden noch am selben Abend von Streifenbesatzungen abgeholt und zur Vernehmung in unsere Dienststelle gebracht.

Allmählich rundete sich so das Bild des Tatgeschehens ab. Demnach war die Frau nach ihrer Arbeit wie gewöhnlich zu Fuß zur U-Bahn gegangen. Der Täter, der ihre Gewohnheiten offensichtlich kannte, hatte von einem Treppenaufgang aus etwa eine Viertelstunde lang den Bahnsteig beobachtet. Nachdem seine Frau den Waggon betreten hatte, eilte er über den Bahnsteig und hielt dabei mit einer Hand seinen langen Mantel vorne geschlossen. Darunter hatte er die Tatwaffe, ein sogenanntes Samuraischwert mit einer Klingenlänge von fast fünfzig Zentimetern, verborgen. Er stieg in den Waggon und ging ruhigen Schrittes auf seine am Mittelgang sitzende arglose Exfrau zu. In diesem Moment blickte sie nach oben, sah ihn auf sich zukommen und ahnte wohl sofort, dass ihr äußerst gewalttätiger Exmann nichts Gutes im Schilde führte. Noch ehe sie jedoch zu irgendeiner Reaktion fähig war, riss der Mann das Schwert unter seinem Mantel hervor und hieb es der Frau gegen den Kopf. In diesem Augenblick schlossen sich die Türen. Bei der Zeugenvernehmung konnte man deutlich spüren, welche Todesängste die Menschen in dem Waggon angesichts dieser grauenvollen Tat durchlitten hatten. Die U-Bahn würde sich jede Sekunde in Bewegung setzen und dann wäre man auf der langen Fahrt durch die Tunnelröhre einem irren Mörder ausgeliefert. Bei dem ersten, wuchtigen Schlag war dem Täter das Schwert aus der Hand gefallen. Er bückte sich, hob es auf und holte wortlos erneut aus. Mit einem weiteren Hieb trennte er der Frau nahezu vollständig einen Arm ab, den sie mit letzter Kraft zum Schutz vor ihr Gesicht gehalten hatte. Die Frau stürzte blutüberströmt zu Boden. Da beugte sich der Mann über sie, packte mit beiden Händen das Schwert und stieß es seinem Opfer mit Wucht in die Brust, wo er es stecken ließ. Dann setzte er sich ruhig auf den Sitz neben die Verletzte und beobachtete ihren Todeskampf.

Spätabends kamen aus dem Krankenhaus, in dem die Verletzte seit Stunden operiert wurde, beunruhigende Nachrichten. Ihr Gesundheitszustand sei äußerst kritisch. Falls sie die Verletzungen überlebe, müsse man davon ausgehen, dass sie querschnittsgelähmt bleibe. Um es vorwegzunehmen: Durch den ersten Schlag des Täters war ein großes Stück des knöchernen Schädeldachs abgetrennt worden – und doch schafften die Ärzte das schier Unglaubliche: Die Schädeldecke wurde tiefgefroren, gelagert und dem Opfer nach mehreren Monaten, nachdem die Hirnschwellung zurückgegangen war, wieder eingesetzt. Es gelang, den fast vollständig abgetrennten Arm anzunähen, die Frau kann ihn heute wieder benutzen, und die Verletzung der Wirbelsäule konnte so weit geheilt werden, dass die Frau wieder laufen kann, wenn auch mit Bewegungseinschränkungen. Allerdings war es ein sehr langer und schwerer Leidensweg, den die Geschädigte in Krankenhäusern und Reha-Kliniken zurücklegen musste. Ob die vierzehn Jahre Freiheitsstrafe, die das Schwurgericht später entsprechend den rechtlichen Möglichkeiten wegen versuchten Mordes gegen den Täter verhängte, in Relation zu dem Grauen und dem Leid stehen, das die Frau ertragen musste, vermag ich nicht zu beurteilen. Sicher ist, dass ich niemandem wünsche, je auch nur als Zeuge in eine solche Horrorsituation zu geraten. Vor allem aber steht fest, dass es nicht das Verdienst des Täters war, dass seine Exfrau diesen Angriff überlebt hat. Nur dank der außergewöhnlich schnellen und umsichtigen ärztlichen Hilfe, dem raschen Transport und den Errungenschaften modernster Unfallchirurgie sowie dem Können aller beteiligten Ärzte hat diese Frau überlebt.

FATALE ZUFÄLLE

Wie jeden Tag besuchte die junge Kinderkrankenschwester Christine M. auch an diesem schönen Sommernachmittag einen behinderten Jungen in München-Schwabing. Normalerweise fuhr sie mit ihrem Dienstfahrzeug in den Innenhof des Anwesens, in dem ihr kleiner Patient wohnte. Da der Hof aber gerade geteert wurde, stellte sie ihr Auto in einer Seitenstraße ab, wo sie zufällig eine freie Parklücke entdeckt hatte. Christine M. achtete nicht weiter auf ihre Umgebung und betrat das Haus, wo sie den Jungen versorgte. Sie konnte nicht ahnen, dass sie bereits eine halbe Stunde später ein Fall für die Mordkommission sein sollte.

Als das Telefon läutete, meldete sich am anderen Ende der Außendienstleiter der für den Münchner Norden zuständigen Polizeidirektion. Mit knappen Worten informierte er mich, dass eine junge Krankenschwester auf offener Straße von einem unbekannten Mann niedergestochen worden war. Als die Frau sich gerade über den Kofferraum ihres Wagens beugte, trat der Täter hinter sie und versetzte ihr mit einem Messer einen wuchtigen Stich in den Rücken. Die junge Frau war offensichtlich vollkommen arglos. Der Täter flüchtete in ein Wohngebäude unmittelbar neben dem Tatort, das Einsatzkräfte der Polizei bereits umstellt hatten. Das Opfer wurde schwer verletzt in ein Krankenhaus in der Nähe eingeliefert.

Ich rief die Mitglieder meiner Kommission zusammen. Ein Kollege sollte im Krankenhaus versuchen, mit der Verletzten zu reden und – soweit dies ihr Gesundheitszustand erlaubte – eine Beschreibung des Täters zu erfragen. Außerdem sollte er die üblichen Spurensicherungsmaßnahmen am Opfer veranlassen. Während ich mit den übrigen Angehörigen meiner Kommission zum Tatort aufbrach, hielten sich die Kollegen der anderen Kommissionen bereit, um uns in jeder erforderlichen Form zu unterstützen.

Dies ist nicht nur während der regulären Dienstzeiten eine Selbstverständlichkeit, bei Bedarf kann man jederzeit auf die Hilfe und Unterstützung aller übrigen Kollegen des Kommissariates zurückgreifen. Jeder von uns ist stets über Handy erreichbar.

Am Tatort erwartete uns der Außendienstleiter und versorgte uns mit den neuesten Erkenntnissen. Eine Zeugin hatte kurz vor der Tat beobachtet, wie ein circa dreißig- bis vierzigjähriger Mann, 1,70 bis 1,80 Meter groß, aus dem mittlerweile umstellten Haus kam und die Straße überquerte. Er sei zielstrebig in Richtung der Geschädigten gegangen, die sich gerade über den geöffneten Kofferraum ihres dunkelblauen VW Golf beugte. Die Zeugin hatte nicht weiter auf den Mann geachtet und den geparkten Wagen passiert. Kurz darauf vernahm sie einen Schmerzensruf. Als sie sich umblickte, lag die Frau am Boden; der Mann stand über sie gebeugt und richtete sich eben wieder auf. Er sei danach dicht an ihr vorbei zurück in das Anwesen gelaufen. Sie selbst sei OP-Schwester und habe sofort gesehen, dass die Frau verletzt war, und habe deshalb einen Anwohner, der auf einem Balkon stand, gebeten, den Notarzt und die Polizei zu alarmieren.

Da die ersten Einsatzkräfte sehr rasch eingetroffen waren, war davon auszugehen, dass sich der Täter noch im Anwesen befand. Die Zeugin, die am Tatort auf die Polizei gewartet hatte, hatte ihn nicht wieder aus dem Haus kommen sehen. Dementsprechend waren zahlreiche Streifenbesatzungen zum Tatort beordert worden, die die Anlage immer dichter umstellten. Das Haus, in dem der Täter verschwunden war, gehörte zu einem aus drei sechsstöckigen Wohnhäusern bestehenden Komplex. Die einzelnen Gebäude waren durch Keller- und Tiefgaragenzugänge miteinander verbunden, sodass sich der Täter in insgesamt mehr als 60 Wohnungen verborgen halten konnte.

Die Einsatzkräfte wurden so verteilt, dass kein Bewohner ungesehen und unkontrolliert eine Wohnung betreten oder verlassen konnte. Dank der Zeugin, einer Dame mittleren Alters, hatten wir eine präzise Beschreibung des Täters, die wir sofort an alle Beteiligten weitergaben. Mittlerweile waren fast einhundert Beamte vor Ort, die Straßen waren vollgestellt mit uniformierten und zivilen Einsatzfahrzeugen, und wir warteten nur noch das Eintreffen des Staatsanwaltes ab, um mit der Durchsuchung der Häuser beginnen zu können. Bei »Gefahr im Verzug«, wie es im Verfahrensrecht heißt, ist es der Polizei nämlich nur gestattet, die Durchsuchung einzelner Wohnungen oder Geschäfte anzuordnen, nicht jedoch die von ganzen Wohnhäusern. Diese Anordnungsbefugnis haben lediglich Richter und bei Gefahr im Verzug Beamte der Staatsanwaltschaft.

Aufgrund des polizeilichen Großaufgebotes blieb es nicht aus, dass sich immer mehr Schaulustige vor den Absperrbändern drängten, und es dauerte wieder einmal nicht lange, bis die ersten Vertreter der Presse mit ihren Fotografen erschienen. Bald darauf kam ein Kollege unserer Pressestelle ebenfalls zum Tatort und übernahm die Betreuung der Journalisten.

Telefonisch informierte mich kurz darauf ein Kollege unserer Dienststelle über einen anonymen Anruf. Zur Tatzeit habe der Mitteiler einen schrillen Schrei gehört und sei daraufhin auf seinen Balkon geeilt. Er habe gesehen, wie ein Mann in das umstellte Wohnhaus gelaufen sei. Mit Ausnahme einer Frau – er sprach offenbar von unserer Zeugin – sei sonst weit und breit niemand zu sehen gewesen. Aufgrund des zeitlichen und örtlichen Zusammenhangs musste es sich um den Täter gehandelt haben. Der Anrufer habe erklärt, diesen Mann zu kennen; es handle sich um den Mieter einer Erdgeschosswohnung. Seine Beschreibung des Täters wich allerdings völlig von derjenigen der Augenzeugin ab. Vor allem fiel der erhebliche Altersunterschied auf. Während die Frau einen Mann mittleren Alters beschrieben hatte, gab der Anonymus das Alter des Täters mit circa zwanzig Jahren an.

Nachdem der Staatsanwalt eingetroffen und über den letzten Stand der Dinge informiert worden war, begann die Durchsuchungsaktion. Dabei wurde aus naheliegenden Gründen zunächst die von dem anonymen Anrufer bezeichnete Wohnung einer genaueren Kontrolle unterzogen. Auf das

Klingeln hin öffnete der Mieter und erkundigte sich verwundert, was denn los sei, warum überall Polizei sei. Auf die Frage, ob er denn nicht mitbekommen habe, dass unmittelbar vor seinem Wohnzimmerfenster eine Frau schwer verletzt worden war und anschließend minutenlang Einsatzfahrzeuge mit Sirenengeheul vorfuhren, gab er an, geschlafen zu haben. Im Bad fiel den Kollegen ein Handtuch mit einer rötlichen Anhaftung auf, welches sie mit Einverständnis des Mieters zur Überprüfung sicherstellten. In der Küche lagen im Spülbecken drei größere Küchenmesser, die offenbar gerade abgewaschen worden waren, da noch Wasser an ihnen haftete. Eines wies eine leicht verbogene Klinge auf. Der Bewohner war sofort damit einverstanden, dass die Kollegen auch die Messer mitnahmen. Für weitere Überprüfungen baten wir ihn, mit nach draußen zu kommen. Wir hatten eine Zeugensammelstelle bestimmt, bei der alle Bewohner identifiziert und registriert wurden. So konnten wir gewährleisten, dass niemand übersehen wurde.

Mittlerweile hatten sich dort in Begleitung von Polizeibeamten mehrere Personen eingefunden. Darunter war auch unsere Tatzeugin, die zufällig mitbekommen hatte, dass der Täter möglicherweise in einer Erdgeschosswohnung wohnte. Als sie nun sah, wie mein Kollege mit dem gerade befragten Mieter das Haus verließ, erklärte sie ungefragt, dass dieser Mann mit Sicherheit nicht der Täter sei. Der Täter sei wesentlich älter und kräftiger gewesen. Er habe eine entfernte Ähnlichkeit mit dem Schauspieler Heiner Lauterbach aufgewiesen, was man vom Mieter dieser Erdgeschosswohnung nun beim besten Willen nicht behaupten konnte. Wir ließen die Zeugin zur Vernehmung auf unsere Dienststelle bringen.

Im Laufe der nächsten beiden Stunden wurden sämtliche Wohnungen und alle Nebenräume der Häuser komplett durchsucht. Wo niemand angetroffen beziehungsweise nicht aufgeschlossen wurde, öffnete der Angestellte eines Schlüsseldienstes die Türen. Dies gelang allerdings nicht immer, denn einige Mieter hatten spezielle Schließanlagen mit starken Querriegeln montiert, die man nicht öffnen konnte, ohne die Tür massiv zu beschädigen. Deshalb bat ich die Feuerwehr um Unterstützung. Mit zwei Drehleitern wurden ein Schlosser der Feuerwehr und zwei Polizisten in Rettungskörben von außen an die Wohnungsfenster gehievt. Nachdem der Feuerwehrmann die Fenster von außen entriegelt hatte, stiegen die Polizeibeamten in die Wohnungen ein, um sie nach dem flüchtigen Täter zu durchsuchen. Dies war eine heikle Mission, denn mit jeder Wohnung mehr, die ergebnislos nach dem Messerstecher durchsucht worden war, stieg die Wahrscheinlichkeit, dass er sich in einer der noch nicht überprüften Wohnungen aufhielt. Dementsprechend vorsichtig gingen die Beamten vor und achteten sorgfältig auf ihre Eigensicherung.

Gleichzeitig zu dieser Aktion wurden die Autos in der gemeinsamen Tiefgarage und die Keller- und sonstigen Betriebsräume durchsucht, wobei auch mehrere Polizeihunde zum Einsatz kamen. Selbst die Außenflächen der Dächer mit den Aufbauten der Fahrstühle wurden überprüft; schließlich hätte sich der Täter ja über einen Speicher und eine Dachluke dorthin flüchten können. Und natürlich musste auch in den Müllcontainern nach der Tatwaffe gesucht werden. Wie üblich blieb es an mir hängen, den jungen Beamten der Einsatzhundertschaft diese Aufgabe schmackhaft zu machen. Sollten Sie, verehrte Leser, jemals in die Verlegenheit kommen, einen Großraumcontainer nach einem Gegenstand in der Größe eines Messers durchsuchen zu müssen, so werden Sie bestätigen können, dass es vermutlich ein Grundbedürfnis der einen Hälfte unserer Gesellschaft darstellt, kleinere, feste Gegenstände in undurchsichtige Plastiktüten zu stecken und im Müll zu versenken. Die andere Hälfte der Gesellschaft findet offenbar ihre Erfüllung darin, in ebensolche undurchsichtige Plastiktüten volle Windeln, Katzenstreu oder in Verwesung übergegangene Speisereste zu verpacken. Angesichts dieser verlockenden Aussichten bedeutet es jedes Mal eine besondere Herausforderung, die jungen Kollegen zu motivieren, auf der Suche nach einer Tatwaffe auch wirklich in jede einzelne Tüte und in jeden Karton zu blicken. Mein Angebot, alles Essbare behalten zu dürfen, schien keinen der Kollegen so recht zu begeistern. Dennoch gaben sie sich sichtlich Mühe, nichts zu übersehen, während sie in dem stinkenden Unrat stocherten, ohne dass sie jedoch etwas Tatrelevantes entdecken konnten. Nachdem schließlich die Durchsuchungsaktion ergebnislos beendet worden war, machte sich Enttäuschung breit. Durch einen regulären Eingang konnte der Täter das Anwesen nicht verlassen haben, dann hätte ihn die Zeugin bemerken müssen. Auch hatten wir kein offenstehendes Fenster bemerkt, durch das er hätte fliehen können. Hatte er womöglich einen Komplizen, der ihm die Flucht durch seine Wohnung und ein Fenster zur Rückseite des Anwesens ermöglicht hatte? Hatte der anonyme Anrufer vielleicht diesen Mittäter beobachtet? Was hatte es zu bedeuten, dass in der besagten Erdgeschosswohnung offenbar frisch gewaschene Messer in der Spüle lagen, obwohl der Mieter angab, bis zum Klingeln der Polizei geschlafen zu haben? Wenn aber dieser Mieter etwas mit der Sache zu tun hatte, warum hatte ihn unsere Tatzeugin dann nicht gesehen? Die Sache wurde immer undurchsichtiger.

Ich beratschlagte mich wieder einmal mit meinen Kollegen und dem Staatsanwalt. Konnte es sich bei dem Angriff um einen gezielten Mordanschlag handeln? Nachdem wir mittlerweile aus dem Krankenhaus erfahren hatten, dass die Verletzte nur rein zufällig in dieser Straße geparkt hatte, in der sie nie zuvor gewesen war, schied die Möglichkeit aus, dass ihr der Täter gezielt aufgelauert hatte. Die Verletzte befand sich zwar außer Lebensgefahr, aber es bestand die Befürchtung, dass sie womöglich für immer querschnittsgelähmt bleiben würde. Was sie als ambitionierte Marathonläuferin besonders hart traf. Die Frage, ob es irgendjemanden gebe, der ihr nach dem Leben trachten könnte, hatte sie überzeugend verneint.

Wir entwickelten die verschiedensten Theorien, wie wir dies bei ungeklärten Fällen immer wieder machen, so lange, bis im Idealfall nur noch eine Möglichkeit übrigbleibt. Eine dieser Hypothesen etwa lautete, dass das hübsche Mädchen dem Täter zufällig in dem Haus, in dem es den Jungen betreut hatte, begegnet war und er ihm dann gefolgt war. Wir erleben immer wieder, dass Psychopathen scheinbar völlig unmotiviert Taten begehen, nur weil ihnen zum Beispiel »eine Stimme plötzlich befohlen hat zu töten«.

Also machte ich mich mit einem Kollegen zu der Adresse auf, wo das behinderte Kind lebte. Das Haus erwies sich als mehrgeschossiges Asylbewerberheim. Das Verwaltungsbüro war aufgrund der mittlerweile fortgeschrittenen Stunde bereits geschlossen. Es gab ein Klingelbrett am Hauseingang mit Appartementnummern, Namen standen nicht dran. Auch an den meisten Wohnungstüren fanden sich keine Namensschilder; lediglich an einigen hingen Zettel oder Klebestreifen mit kaum leserlicher Beschriftung. Wir klingelten an etlichen Türen. Jedes Mal, wenn wir unsere Dienstausweise vorzeigten, veränderte sich das Verhalten der Bewohner schlagartig. Tiefes Misstrauen war zu verspüren, niemand sprach oder verstand plötzlich mehr Deutsch oder eine der uns geläufigen Fremdsprachen. Wir sahen ein, dass ohne Hausverwaltung und ohne die Hilfe von Dolmetschern jede weitere Ermittlung in diesem Heim im Moment sinnlos war.

Bis wir die zahlreichen Berichte im Zusammenhang mit den bisherigen Ermittlungen und der Durchsuchung zu Papier gebracht hatten, war es weit nach Mitternacht geworden. Doch bereits frühmorgens versammelten wir uns wieder im Büro, während die Stadt ringsum erst langsam erwachte. Wieder und wieder stellten wir die unterschiedlichsten Theorien auf, um sie ebenso oft wieder zu verwerfen. Da meldete sich ein Kollege zu Wort, der gerade die Vernehmung der Augenzeugin vom Vorabend gelesen hatte. »Komisch«, brummelte er, »die Zeugin hat ausgesagt, dass sie einen Nachbarn gebeten hat, ihr ein Glas Wasser für die Verletzte zu geben, weil diese Durst habe. Dabei weiß doch jedes Kind, dass man Verletzten mit einer Bauchraumverletzung nichts zu trinken geben darf!« Spontan ergänzte ein weiterer Kollege den Gedanken: »Und das, obwohl die

Zeugin doch sagte, dass sie OP-Schwester sei – da muss sie das doch auf jeden Fall wissen!« Mit einem Mal kam Bewegung in die Truppe. Kaum zehn Minuten später stand fest, dass die Zeugin wegen massiver psychischer Probleme seit vielen Jahren arbeitsunfähig war und unter Pflegschaft stand. Ein besonderes Problem schien dabei für sie zu sein, dass sie in jedem Mann, der ihr begegnete, ihr Idol Heiner Lauterbach, den Filmschauspieler, zu sehen glaubte! Nur deshalb wohl hatte sie auch den Täter vom Aussehen her entsprechend beschrieben.

Fast zeitgleich teilte ein anderer Kollege das Ergebnis der Überprüfung des Mieters in der Erdgeschosswohnung mit – auch er war wegen psychischer Auffälligkeiten aktenkundig und in Behandlung. Nun passten plötzlich die Dinge wie Puzzlesteine zusammen.

Sofort wurde der Staatsanwalt über die neueste Entwicklung unterrichtet und die Untersuchung der sichergestellten Messer in die Wege geleitet. Nachdem der anonyme Anrufer ermittelt war, suchten wir ihn gleich auf. Erstaunt erkundigte er sich, wie wir denn auf ihn gekommen seien, war dann aber durchaus kooperationsbereit. Er schilderte ausführlich die Situation so, wie er sie erlebt hatte, und beschrieb den Tatverdächtigen: Und das passte eindeutig auf den Mieter der Erdgeschosswohnung! Zudem versicherte der Zeuge glaubhaft, dass er diesen Mann vom Sehen her kenne und auch am Tatnachmittag eindeutig erkannt habe. Als bald darauf das Ergebnis der DNA-Untersuchung der Messer vorlag, gab es keinen Zweifel mehr: An einem der Messer wurde sowohl die DNA des Beschuldigten als auch die DNA des Opfers nachgewiesen. Der Rest war Routine. Der Täter, Johannes V., wurde festgenommen und zur Dienststelle gebracht.

Bei der Vernehmung stellte sich heraus, dass die junge Frau wohl nur aufgrund einer Reihe unglücklicher Zufälle zum Opfer geworden war. Jeder Regisseur würde ein Drehbuch mit einer derartigen Verkettung von Umständen als »völlig unglaubwürdig« ablehnen. Wenige Tage vor der Tat hatte

Johannes V. seine Schwester wiedergesehen, die lange Zeit im Ausland gelebt hatte. Er hing geradezu abgöttisch an ihr. Am Tattag hatten die beiden sich zum Kaffeetrinken getroffen und dabei hatte die Schwester erzählt, dass sie ein paar Tage später mit ihrem neuen Freund ins Ausland ziehen und dort vermutlich für immer bleiben werde. Für Johannes V., der sich so sehr auf die Rückkehr seiner Schwester gefreut hatte, war diese Mitteilung ein Schock.

Nach dieser Hiobsbotschaft saß der junge Mann allein in seinem Appartement, das er aufgrund seiner Erkrankung nur selten verließ, und starrte betrübt aus dem Fenster. Als besonders tragisch sollte sich erweisen, dass er seine Tabletten, die er auf ärztliche Verordnung hin unbedingt einnehmen musste, seit längerer Zeit abgesetzt hatte. Während Johannes V. also trübsinnig auf die Straße schaute, kam die Krankenschwester unbeschwert des Weges und stieg vor seinen Augen in ihren Wagen. Wenn sie jetzt gleich weggefahren wäre, wäre sie ihrem Schicksal entronnen. Doch bereits im Fahrzeug sitzend, fiel ihr ein, dass sie einen Besuchsbericht über einen ihrer kleinen Patienten noch ergänzen musste. Da sie gut in ihrem Zeitplan lag, stieg sie wieder aus, ging zum Kofferraum, wo sie die Berichte verwahrte, und beugte sich über die Mappe.

Als weiterer tragischer Zufall erwies es sich, dass die junge Frau von hinten in Größe, Gestalt, Frisur und Haarfarbe verblüffend der Schwester von Johannes V. ähnelte, was wohl letztlich eine Kurzschlusshandlung bei diesem auslöste. Er nahm ein Messer aus seiner Besteckschublade, verließ die Wohnung, überquerte die Fahrbahn und rammte dem vollkommen arglosen Opfer das Messer in den Rücken. Seelenruhig und ohne von der Zeugin in seiner unmittelbaren Nähe Notiz zu nehmen, kehrte er in seine Wohnung zurück, wo wir ihn kurze Zeit später antrafen.

Ein Gutachter bescheinigte ihm Schuldunfähigkeit, und so wurde Johannes V. in einer psychiatrischen Einrichtung untergebracht, was das Gericht in dem folgenden Prozess bestätigte. Die Geschädigte aber schmiedete mit bewundernswerter Zuversicht und eiserner Willenskraft erstaunliche Zukunftspläne: zwar würde die außerordentlich sportliche junge Frau nie wieder Marathon laufen können. Doch schon kurz nachdem sie die niederschmetternde Diagnose erhalten hatte, erklärte sie meinen Kollegen im Krankenbett, dass sie auch weiterhin Leistungssport betreiben werde – und zwar als Radrennfahrerin! In ihrer Stimme lag nicht der geringste Zweifel, dass sie dieses Ziel erreichen würde. Mit unglaublicher Disziplin begann sie zu trainieren. Bald darauf heiratete sie ihren langjährigen Freund, wozu sie zwei unserer Kollegen, die sie aufmunternd in den Monaten nach der Tat betreut hatten, einlud. Bei der Hochzeitsfeier – zu der sie die Kollegen mit dem legendären Funkwagen »Isar 12« für die Fahrt zum Standesamt überraschten – erklärte sie ihnen dann fast beiläufig, dass sie 2008 bei den Paralympics in China teilnehmen werde.

Sie hielt ihr Versprechen und stellte sogar einen Weltrekord auf. Außerdem gewann sie zwei Silbermedaillen.

Allen, die in diesem Fall tätig waren, ist das schwere und tragische Schicksal dieser tapferen Frau sehr nahe gegangen – über ihren Erfolg haben wir uns deshalb sehr gefreut.

OHNE ERBARMEN

Es gibt immer wieder Fälle, die selbst bei »alten Hasen« das Gefühl erzeugen, man sei in einen schlechten Film geraten. So einer nahm in unserer Dienststelle an einem wunderschönen Sommersonntag im Jahr 2005 seinen Lauf. Während einer Radtour erreichte mich in einem ausgedehnten Waldgebiet in der Nähe von Starnberg der Anruf des Leiters der Bereitschaftskommission.

Bereits am Freitag hatte eine Fußgängerin im Bereich Traunstein an einer Staatsstraße einen Müllsack gefunden, dessen grausiger Inhalt sich als eine abgetrennte menschliche (linke) Hand entpuppte. Den ersten Erkenntnissen der Rechtsmedizin zufolge schien es sich um die Hand einer jüngeren Frau zu handeln. Bei einer groß angelegten Suchaktion mit starken Kräften der regionalen Polizeidienststellen, der Bereitschaftspolizei, Hundestaffeln und der Bergrettung waren am Samstag rund um einen Kurort im Voralpenland weitere Müllsäcke mit Leichenteilen entdeckt worden. Zur Bestürzung aller befand sich in einem dieser Müllsäcke eine zweite, ebenfalls abgetrennte linke Hand einer offensichtlich jüngeren Frau. Die Leichenteile stammten also von mindestens zwei Frauen.

Einen gleichfalls aufgefundenen Frauentorso überführte man am Tag darauf zur gerichtsmedizinischen Untersuchung in das Münchner Institut für Rechtsmedizin. Während der Obduktion war zufällig ein Beamter des KDD im Saal anwesend, der kurz zuvor ein Fahndungsfernschreiben der Kripo Fürstenfeldbruck nach einer jungen Türkin gelesen hatte. Darin war von einer auffälligen Tätowierung die Rede gewesen, und so eine wies auch der Frauentorso auf. So lag die Vermutung nahe, dass es sich bei einigen der Leichenteile um die sterblichen Überreste der jungen Türkin, der Kosmetikschülerin Aylin F., handelte. Die Vermisstenstelle beim Polizeipräsidium München wurde daraufhin in die Ermittlungen der Kripo Fürstenfeldbruck eingebunden. Nachdem die Identität der jungen Frau anhand der Tätowierung und eines DNA-Abgleichs eindeutig hatte festgestellt werden können, wurde bekannt, dass seit dem Vortag eine weitere zwanzigjährige Frau von ihrem Freund in München vermisst wurde. Da sie dieselbe Kosmetikschule besuchte, stand zu befürchten, dass die zweite Hand zu der vermissten Frau aus München gehörte. Dies wurde nach der Überprüfung der Fingerabdrücke beim Landeskriminalamt zur traurigen Gewissheit. Die zweite Hand stammte zweifellos von der seit Samstag in München vermissten Senta H., beide Frauen waren ermordet worden. Da auch die junge Frau aus München einem Kapitalverbrechen zum Opfer gefallen war, war die Münchner Mordkommission nun ebenfalls zuständig. Ich bat den Kollegen unseres Bereitschaftsdienstes, alle verfügbaren Beamten des K 111 sowie die Kapitalbereitschaft des Erkennungsdienstes zu alarmieren und zu einer Einsatzbesprechung zusammenzurufen.

Eine knappe Stunde später erreichte ich die Dienststelle. Hier waren mittlerweile auch zwei Beamte der für den Fundort der Leichenteile zuständigen oberbayerischen Kriminalpolizeiinspektion eingetroffen sowie Beamte aus Fürstenfeldbruck, der Vermisstenstelle und ein Beamter der Staatsanwaltschaft München. Seitens der verschiedenen örtlich zuständigen Staatsanwaltschaften wurde vereinbart, die Gesamtermittlungen unter der Leitung der Staatsanwaltschaft München zu führen; parallel dazu wurden die polizeilichen Ermittlungen dementsprechend dem K 111 übertragen.

Eiligst wurden per Boten alle Unterlagen zusammengetragen. Am Mittwoch, also zwei Tage, bevor die erste Hand gefunden worden war, hatte Aylin F. in den frühen Morgenstunden von ihrer Freundin Senta einen Anruf bekommen. Senta flehte ihre Freundin an, sofort in ein Taxi zu steigen und zu ihr nach München zu kommen, da sie Ärger mit einem Typen habe. Tatsächlich konnte der Taxifahrer ausfindig gemacht werden, der die Frau nach München gefahren hatte. Er hatte noch beobachtet, dass sein weiblicher Fahrgast sich mit einer jungen Frau an einer Straßenkreuzung traf; beide gingen zu Fuß stadteinwärts weiter. Es stellte sich heraus, dass es sich bei dem »Typen« um einen zweiundzwanzigjährigen gebürtigen Jugoslawen, Milan B., handelte, der mit der ermordeten Münchnerin zusammengelebt hatte. Senta H. wollte sich von ihm trennen und hatte ihre Freundin um Unterstützung gebeten.

Sofort machte sich ein Ermittlerteam auf den Weg. Die Wohnung war leer, allerdings fiel auf, dass der Fernseher eingeschaltet war und die Balkontür offenstand. Die Wände waren offensichtlich frisch gestrichen worden. Die Befragung von Anwohnern ergab, dass der Exfreund der Getöteten in den letzten beiden Tagen auffällige Aktivitäten entwickelt hatte. Zusammen mit einem unbekannten Mann hatte er diverse Möbel aus der Wohnung zerlegt und in einem Container in der Nähe entsorgt, ebenso einen Teppich. Dazu hatten die beiden einen kleinen Transportwagen benutzt, den die Anwohner im Keller zeigen konnten. Wie die Ermittlungen ergaben, war dieser Wagen kurz nach der Tat in der Nähe in einem Baumarkt gekauft worden – ein wichtiges Indiz für die weiteren Ermittlungen. Anschließend hatten die beiden Männer die Wohnung neu gestrichen.

Bei der genauen Absuche fanden sich an verschiedenen Stellen in der Wohnung, im Treppenhaus und im Keller Blutantragungen. Ein Blutspurengutachter des Instituts für Rechtsmedizin wurde zugezogen und schließlich gelangten die Spurensicherungsexperten zu der Überzeugung, dass die Wohnung als Tatort in Betracht kam.

Bei der Befragung weiterer Anwohner wurde bekannt, dass sie am Donnerstag im Treppenhaus große Blutlachen gesehen hatten, die kurz darauf beseitigt wurden. Die Ursache für all das Blut war den Anwohnern nicht ersichtlich. Bei den späteren Vernehmungen gaben die Nachbarn an, dass sie angenommen hatten, jemand habe sich verletzt und sei dann blutend zum Arzt gegangen. Auf die Idee, die Polizei zu informieren, kam – wie so oft – keiner. Aufgefallen war ihnen auch, dass Sentas Freund, Milan B., seit dem

Donnerstag nicht mehr – wie sonst üblich – mit seinem teuren Mercedes fuhr, sondern mit einem dunklen Audi.

Ein weiteres Ermittlerteam spürte unterdessen Münchner Bekannte von Senta auf, die mit Milan B. zusammen eine Suchaktion nach der vermissten Frau organisiert hatten. Dabei habe er sich sehr auffällig geäußert. Alles in allem verdichteten sich die Anhaltspunkte für eine Täterschaft so stark, dass am Montagabend ein Ermittlungsverfahren gegen Milan B. wegen zweifachen Mordverdachts eingeleitet wurde. Beamte der Zielfahndung wurden alarmiert und mit der Suche nach den Beschuldigten beauftragt. Die Angehörigen dieser Polizeieinheit verfolgen mit Haftbefehl gesuchte Schwerverbrecher rund um den Globus und bleiben ihnen nötigenfalls jahrelang auf den Fersen, bis sich eine Möglichkeit ergibt, die Gesuchten in einem Land zu verhaften, von dem aus eine Auslieferung nach Deutschland möglich ist. Noch am selben Abend ergab sich der Verdacht, dass sich Milan B. mittlerweile zusammen mit seinem Vater im Ausland aufhielt.

Die Zusammenstellung und Auswertung aller Informationen, die über den Tatverdächtigen bislang vorlagen, beschäftigte eine Reihe von Beamten bis in die frühen Morgenstunden. Parallel dazu bereiteten Beamte des Erkennungsdienstes die Wohnung der Getöteten als Tatort mit größter Sorgfalt spurentechnisch auf. Zu diesem Zeitpunkt hatte keiner von uns mehr Zweifel an der Täterschaft von Milan B. Gegen vier Uhr morgens am Montag schien festzustehen, dass sowohl Milan B. als auch sein Vater, auf den die Beschreibung des Mannes zutraf, der bei der Reinigung der Wohnung geholfen hatte, sich derzeit in Kroatien befanden. Da die Autos der beiden nicht aufzufinden waren, veranlasste ich gleich darauf, auch ihre Fahrzeuge zur Fahndung auszuschreiben.

Knapp drei Stunden später, kurz vor sieben Uhr morgens, rüsteten sich zwei Beamte einer Fahndungseinheit im Bereich Rosenheim für ihren bevorstehenden Streifendienst entlang der Autobahn München – Salzburg. Wie immer studierten sie vor Dienstantritt sorgfältig alle Fahndungsfernschreiben, die sich im Laufe der Nacht von den verschiedensten Dienststellen angesammelt hatten. Darunter befand sich auch unsere Fahndung nach den beiden Tatverdächtigen und ihren Fahrzeugen. Da der Fall im gesamten oberbayerischen Raum großes Aufsehen erregt hatte und die Nachrichtensender fast stündlich darüber berichteten, lasen die Beamten das Fernschreiben mit besonderem Interesse. Schließlich traten sie ihre Streifenfahrt an. Es herrschte nur geringes Verkehrsaufkommen, das Wetter war schön und der Montag versprach, ein ruhiger Tag zu werden. Routinemäßig steuerten die Beamten ihren zivilen Wagen in die Abfahrt des ersten Parkplatzes entlang ihres Streifenweges, um dort wie üblich nach dem Rechten zu sehen. Doch schon im nächsten Moment sollte es schlagartig mit dem ruhigen Morgen vorbei sein, denn das erste Fahrzeug, das sie auf dem fast menschenleeren Parkplatz sahen, war der gesuchte Mercedes. Und im Fahrzeug saß ein Mann. Die Beamten fuhren unauffällig an dem Wagen vorbei, um zu besprechen, wie sie weiter vorgehen sollten. In diesem Augenblick sahen sie auch das zweite gesuchte Fahrzeug in einer Parkbucht, den Audi mit dem Münchner Kennzeichen. Und auch darin befand sich ein Mann! Saßen die beiden Mörder der jungen Frauen vor ihnen, in den zur Fahndung ausgeschriebenen Fahrzeugen?

Die Beamten reagierten trotz ihrer inneren Anspannung sehr besonnen. Sie parkten in der Nähe der Ausfahrt, entschlossen, diese im Falle einer Weiterfahrt der gesuchten Fahrzeuge zu blockieren. Über Funk forderten sie dringend Unterstützung bei ihrer Einsatzzentrale an. Man kann sich unschwer vorstellen, welche Aktivitäten dieser Funkspruch auslöste. Jede Streife im Umkreis, die irgendwie abkömmlich war, nahm unter Sirenengeheul Kurs auf den Parkplatz. Dort wurde die Verstärkung sehnsüchtig von den Beamten der Zivilstreife erwartet. Minute um Minute verrann. Plötzlich wurden die beiden Fahrzeuge gestartet, doch gerade als sie sich in Bewegung setzten, erreichten die ersten Streifenbesatzungen zur großen Erleichterung der Zivilfahnder den Parkplatz. Der Zugriff kam für die beiden Männer so überraschend, dass sie sich ohne Widerstand zu leisten festnehmen ließen. Rasch stand fest, dass es sich tatsächlich um Milan B. und seinen Vater handelte. Sofort reisten zwei Vernehmungsteams der Münchner Mordkommission zur Polizeidienststelle nach Rosenheim, wohin die beiden Festgenommenen – natürlich getrennt voneinander – zunächst gebracht worden waren. Die beiden Fahrzeuge wurden abgeschleppt, um sie spurentechnisch zu untersuchen.

Im Laufe der Vernehmungen – insbesondere auch aufgrund der unumwundenen Geständnisse des Täters und seines Vaters – und anhand der weiteren Ermittlungen kristallisierte sich nach und nach ein Sachverhalt heraus, der selbst den altgedienten Beamten der Mordkommission das Blut in den Adern gefrieren ließ. Die zwanzigjährige Senta H. hatte nach zahlreichen Streitigkeiten beschlossen, sich von ihrem Freund zu trennen. Letzter Anlass für ihre Entscheidung war, dass sie ihrem Freund Geld gegeben hatte, um für sie ein Auto zu kaufen. Milan B. aber hatte das Geld verwendet, um sich selbst ein Motorrad zu kaufen. Aus Angst vor seinen Aggressionen wollte sie an dem Tag ausziehen, an dem Milan B. die Prüfung für seinen Motorradführerschein absolvierte. Kaum hatte er die Wohnung verlassen, rief sie ihre Freundin und Mitschülerin Aylin F. in Fürstenfeldbruck an und bat sie, ihr beizustehen und beim Auszug behilflich zu sein. Damit besiegelte sie ihrer beider Todesurteil. Aylin F. stieg hilfsbereit sofort in ein Taxi. Während die beiden Sachen zusammenpackten, ging plötzlich die Tür auf und Milan B. betrat die Wohnung – viel früher, als seine Freundin erwartet hatte.

Er hatte die theoretische Fahrprüfung fehlerfrei bestanden, die im Anschluss anberaumte praktische Prüfung war jedoch abgesagt worden, sodass er früher als angekündigt wieder zu Hause eintraf. Mit einem Blick erfasste er die Situation. In diesem Moment klingelte sein Handy, und eine junge Frau, die er erst vor Kurzem kennengelernt hatte, rief ihn an. Das Telefonat wollte Senta H. ausnützen, sie versuchte, an ihm vorbei aus der Wohnung zu flüchten. Hasserfüllt stach der Täter in diesem Augenblick mit einem Messer mehrfach auf sie ein, Senta H. fiel blutend zu Boden. Aylin F. rannte daraufhin schreiend ins Treppenhaus. Doch Milan B. folgte ihr, stach sie im Treppenhaus ebenfalls nieder und zog die tödlich verletzte Frau in die Wohnung zurück. Die Schreie und den Lärm hatte das Mädchen am Telefon mitgehört, ohne zu ahnen, dass sie Zeugin eines Doppelmordes geworden war. Allerdings ängstigte sie das Schreien so sehr, dass sie die Verbindung beendete.

Der Täter zog die Körper der beiden sterbenden Frauen ins Badezimmer. In diesem Moment klingelte das Handy erneut. Die Fahrschule meldete sich und teilte mit, dass nun doch noch kurzfristig eine Möglichkeit für die praktische Fahrprüfung bestand. Der Täter wischte die Blutlache im Treppenhaus auf und verließ danach die Wohnung, ohne sich weiter um seine sterbenden Opfer im Badezimmer zu kümmern. Er nahm an der praktischen Fahrprüfung teil, die er fehlerfrei bestand. Während der Prüfung war dem Täter durch nichts anzumerken, dass er eben zwei Menschen auf so grausame Art ermordet hatte.

Mit dem neu erworbenen Motorradführerschein kehrte er nach Hause zurück und rief bei der jungen Frau an, die am Telefon unwissentlich Zeugin des Verbrechens geworden war. Unter dem Vorwand, mit ihr und seinem neuen Motorrad den frisch erworbenen Führerschein einweihen zu wollen, verabredete er sich mit ihr. Er holte sie ab, wobei er herausfinden wollte, was sie am Telefon mitbekommen hatte. Er war entschlossen, auch dieses Mädchen zu töten, sollte es etwas von der Tat bemerkt haben, und steckte ein feststehendes Messer ein. Anschließend fuhr er fast vier Stunden lang mit ihr durch abgelegene Waldgebiete in Oberbayern. Immer wieder brachte er das Gespräch beiläufig auf den Anruf. Die junge Frau hatte wohl mehr als einen Schutzengel, denn sie konnte den Täter davon überzeugen, nichts Ungewöhnliches bemerkt zu haben. Die Verbindung sei nach den ersten Worten unterbrochen gewesen und es sei ihr trotz wiederholter Versuche nicht gelungen, sie wiederherzustellen. Das rettete ihr das Leben.

Als die Frau bei einer späteren Vernehmung erfuhr, an welch hauchdünnem Faden ihr Leben während der Motorradfahrt gehangen hatte, brach sie mit einem Weinkrampf zusammen.

Wieder zu Hause, rief Milan B. seinen Vater an und erzählte ihm von der Tat. Der Vater führte einen Handwerksbetrieb in einem Vorort von München. Er beschloss sofort, seinem Sohn zu helfen. Mit seinem Audi fuhr er zur Wohnung des Sohnes, und gemeinsam luden sie die Leichen in den Kofferraum. Dazu hatte sich der Täter in einem Baumarkt einen kleinen Rollwagen und Plastikplanen besorgt. Sie transportierten die Leichen zur Firma des Vaters. Milan B. zerstückelte die Körper seiner Opfer mit einem Samuraischwert und reichte die Teile seinem Vater, der sie in Müllsäcke verpackte. Nachdem sie ihr grauenhaftes Werk vollbracht hatten, verteilten sie die Säcke mit beiden Fahrzeugen in der Gegend rund um Rosenheim, sie warfen sie wahllos einfach in die Landschaft oder legten sie im Bereich von Autobahnparkplätzen ab. Nach der Vernehmung führten die Männer die Beamten an die noch nicht bekannten Ablagestellen, insgesamt mussten mehr als ein Dutzend Säcke mit Leichenteilen sichergestellt werden.

Am Tag nach dieser Aktion beseitigten die beiden nach besten Kräften die Spuren der Tat in der Wohnung. Möbel, die Blutspritzer aufwiesen, zerlegten und entsorgten sie. Zuletzt strichen sie die ganze Wohnung. Um den Anschein zu erwecken, seine Freundin sei nur kurz aus dem Haus gegangen, ließ Milan B. die Balkontür offen und den Fernseher laufen, als er endgültig die Wohnung verließ. Anschließend fuhren die beiden in ihre Heimat Kroatien, wo sich Milan B. dem Zugriff der deutschen Polizei entziehen wollte. Dort angekommen, fiel Milan B. jedoch ein, dass er seinen großen Mercedes in Deutschland besser verkaufen könne als in Kroatien. Überzeugt, dass noch niemand das Fehlen der Frauen bemerkt hatte, kehrten sie nochmals nach Deutschland zurück. Ihr Pech war, dass das Fahndungsfernschreiben noch in der Nacht rausgegangen war und die aufmerksamen Zivilfahnder in Rosenheim es vor Dienstantritt gelesen hatten. Die schwere Last, den Eltern der beiden jungen Frauen die schreckliche Wahrheit mitteilen zu müssen, traf Beamte der Polizeidirektionen in Fürstenfeldbruck und Schwabach. Für die Angehörigen ist der Umstand, dass der Täter zu lebenslanger Haft und anschließender Sicherungsverwahrung verurteilt wurde, kein Trost. Der Vater des Täters blieb straflos, da die von ihm erbrachte »Hilfeleistung« zu Gunsten seines Sohnes nach deutschem Strafrecht nicht strafbar ist. Mit dieser Regelung hat der Gesetzgeber einen sogenannten Schuldausschließungsgrund geschaffen, um Angehörige von Tätern nicht zu kriminalisieren, wenn sie in extremen seelischen Notlagen zum Schutz ihrer Familienangehörigen »tatbestandsmäßige Handlungen« begehen.

IN DER GEWALT DES EXFREUNDES

Geiselnahme! Auch dieses Delikt gehört in den Zuständigkeitsbereich einer Mordkommission. Angestellte einer Gaststätte im Münchner Süden hatten aufgeregt beim Notruf der Polizei angerufen, wie uns die Einsatzzentrale mitteilte. Der Geschäftsführer halte seine Exgeliebte, Irena Z., in einer Wohnung oberhalb des Lokals gefangen. Man habe laute Hilferufe aus der Wohnung gehört, auf Klopfen und Rufen sei jedoch nicht reagiert worden. Irgendwann habe es in der Wohnung laut geknallt und dann seien die Hilferufe immer leiser geworden. Momentan sei aus der Wohnung nur noch leises Wimmern zu hören. Der Geschäftsführer sei im Besitz einer scharfen Schusswaffe, laut seiner Ehefrau habe er schon vor längerer Zeit Selbstmordabsichten geäußert. Diese schätze die Situation als außerordentlich ernst ein und befürchte, dass ihr Mann seine Geliebte und anschließend sich selbst töten könnte.

Zur Befreiung einer Geisel ist kein Mittel zu aufwändig und kein Personaleinsatz zu hoch. Die unversehrte Rettung der Geisel hat oberste Priorität, gegenüber dieser Verpflichtung müssen alle anderen Maßnahmen zurückstehen. Die besondere Schwierigkeit bei der Lösung einer Geisellage besteht darin, dass man die Verfassung des Geiselnehmers nur schwer beurteilen kann, da man ja seine Persönlichkeit in der Regel nicht kennt. Außerordentlich wichtig ist es daher, möglichst bald Kontakt mit dem Geiselnehmer herzustellen, ihn zu beruhigen und die Lage nicht eskalieren zu lassen. Um auf alle denkbaren Entwicklungen vorbereitet zu sein, werden die verschiedensten Spezialisten alarmiert. Psychologisch besonders geschulte Beamte können bei Gesprächen mit dem Täter beruhigenden Einfluss auf diesen ausüben und zugleich versuchen, ihn von der Fortsetzung seiner Tat abzuhalten. Fernmelde- oder Kommunikationstechniker können ihr Fachwissen einbringen und Angehörige von Spezialeinsatzkommandos sind darauf gedrillt, im Falle eines erforderlich werdenden Zugriffs das Leben der Opfer zu retten und dabei trotzdem das Leben der Täter – wenn irgend möglich – zu schonen. Starke Polizeikräfte werden für weiträumige Absperrungen benötigt, da mit Schusswaffen ausgerüstete Täter in der Vergangenheit immer wieder unbeteiligte Personen verletzt oder weitere Geiseln in ihre Gewalt gebracht haben. Aber auch die Gefahr, dass im Falle eines Schusswaffengebrauchs Passanten oder Einsatzkräfte zu Schaden kommen könnten, macht entsprechende Absperrmaßnahmen erforderlich.

Der Beamte der Zentrale gab mir einen schnellen Überblick über die Polizeieinheiten, die er bereits alarmiert hatte und die nun unterwegs zum Einsatzort waren. Ich unterrichtete die Jourdienstbeamtin der Staatsanwaltschaft; sie bat darum, sie auf dem Laufenden zu halten, begab sich jedoch zunächst nicht zum Tatort. Zusammen mit zwei Teams meiner Dienststelle fuhr ich zum angegebenen Treffpunkt, dem Besucherparkplatz eines großen Friedhofs in der Nähe des Tatortes. Unser kleiner Konvoi bahnte sich mühsam mit Blaulicht und Sirengeheul einen Weg durch den Berufsverkehr. Uniformierte Polizeibeamte riegelten den Parkplatz ab und sorgten dafür, dass nur Einsatzkräfte Zufahrt erhielten. Die unterschiedlichsten Einheiten waren aufgeboten, um für alle Eventualitäten gerüstet zu sein, selbst Rettungsfahrzeuge und zwei Notarztwagen standen bereit. Der Einsatzleiter hatte sich mit seinem Stab und den Führern der einzelnen Abschnitte im Hinterhof der Gaststätte zu einer Einsatzbesprechung zusammengefunden. Schwer bewaffnete Angehörige des Spezialeinsatzkommandos bezogen eilig die ihnen zugewiesenen Positionen. Zwischen den Männern bedurfte es keiner umständlichen Absprachen. Mit traumwandlerischer Sicherheit wusste jeder, was er wie zu tun hatte. Ich hatte schon oft erlebt, mit welch unglaublicher Präzision Einsätze der Sondereinheiten vonstattengehen; eine Präzision, die nur durch unentwegtes Training zu erreichen ist und höchste Anforderungen an die Männer des SEK stellt. Würde es ihnen auch diesmal gelingen, die Geisel unversehrt zu befreien? Wir befürchteten jedoch, dass die Frau bereits verletzt war, da die Zeugen von einem Knall und Wimmern berichtet hatten.

Aus der Wohnung kam kein Lebenszeichen, sämtliche Kontaktversuche durch die geschlossene Wohnungstür waren gescheitert. Warum antwortete niemand? Hatte der Mann seine Ankündigung tatsächlich wahr gemacht und erst seine Exfreundin und danach sich selbst erschossen? Obwohl das Risiko bestand, dass der Täter sich den eindringenden Einsatzkräften bewaffnet widersetzen könnte, blieb den Beamten keine andere Wahl, als die Wohnung zu erstürmen. Ich beneidete die Männer unter ihren Masken und Helmen nicht um ihre riskante Aufgabe. Die geringe finanzielle Zulage für ihren gefährlichen Job ist mit Sicherheit für keinen der Angehörigen der Spezialeinsatzkräfte die Motivation. Es ist der Wunsch, Menschen in aussichtslos erscheinenden Situationen doch noch Hoffnung und vielleicht eine Chance geben zu können, und bestimmt auch ein wenig der Stolz darauf, einem Team des SEK anzugehören.

Bereits wenige Minuten, nachdem der Einsatzbefehl ergangen war, hörten wir über Funk, dass beide Personen mit Kopfschüssen aufgefunden worden waren. Eiligst wurden die Notarztbesatzungen an den Tatort gerufen. Während der Mann offenkundig bereits tot war, lebte sein Opfer noch. Die junge Frau lehnte an der Wand, direkt neben ihr lag der Täter. Seine Waffe, ein Revolver, war ihm aus den Fingern geglitten. Doch obwohl das Notarztteam sofort zur Stelle war und die Frau noch in ein Krankenhaus eingeliefert wurde, starb sie am darauffolgenden Tag an den Folgen ihrer schweren Kopfverletzung.

Die Ermittlungen ergaben, dass die junge, hübsche und lebenslustige Frau aus Slowenien sich vor einiger Zeit von ihrem Freund getrennt hatte, da er ihr gegenüber immer wieder gewalttätig geworden war. Wie uns erst jetzt ein Freund der Toten erzählte, hatte der Täter einige Zeit vor dem Mord bereits einmal auf die Frau geschossen; der Schuss hatte Irena Z. jedoch knapp verfehlt. Dieser Vorfall war wohl mit entscheidend für ihren Entschluss gewesen, sich von dem Mann endgültig zu lösen, der zudem verheiratet und offensichtlich nicht gewillt war, seine Frau zu verlassen.

Am Tag ihres Todes hatte sich die junge Frau mit ihrem Exfreund vor dessen Gaststätte verabredet. Sie wollte von ihm Geld zurückverlangen, das er ihr noch schuldete. Obwohl ein Freund sie davor gewarnt hatte, ihren gewalttätigen und jähzornigen Exliebhaber aufzusuchen, nahm sie ihn nicht ernst und erwiderte unbekümmert: »Meine Fehler mache ich selbst!« Dass dieser Fehler ihr letzter sein würde, konnte sie nicht vorhersehen.

Vorsichtshalber ließ sich Irena Z. jedoch von einer Freundin begleiten, die während der Aussprache in ihrem Wagen vor der Gaststätte wartete. Die junge Slowenierin betrat die Gaststätte und ging mit ihrem Exfreund in seine Wohnung im ersten Stock. Als sich die Freundin nach geraumer Zeit Sorgen machte, weil Irena nicht zurückkehrte, bat sie einen Kellner, nach dem Rechten zu sehen. Der Kellner ging nach oben, klopfte, niemand öffnete. Stattdessen vernahm er laute Schreie und einen Knall. Er lief die Treppe zur Gaststätte hinunter, wo er auf die Ehefrau des Täters traf, die mit diesem zusammen das Lokal führte. Nachdem die Frau gehört hatte, was vorgefallen war, war sie tief beunruhigt. Sie wusste, dass ihr Mann zu allem fähig war. Und sie wusste auch, dass er einen scharfen Revolver in der Wohnung verwahrte. Das gab den Ausschlag, die Polizei zu alarmieren.

In den Zeitungen war später zu lesen, dass es unverhältnismäßig lange gedauert habe, bis die Polizei sich zur Erstürmung der Wohnung entschloss. In einer derartigen Situation eine Entscheidung zu treffen, ist mit das Schwerste, was einem in unserem Beruf auferlegt wird. Wie kann man sicher sein, ob nicht gerade das Aufbrechen einer Wohnungstür einen Geiselnehmer zu einer Kurzschlusshandlung veranlasst, wohingegen mit der Aufnahme von Verhandlungen vielleicht eine Geisel gerettet werden kann?

Unter dem Opfer lag ein geöffneter Abschiedsbrief des Täters. Es war nicht auszuschließen, dass der Täter Irena Z.

mit vorgehaltener Waffe dazu gezwungen hatte, den Brief zu lesen, ehe er abdrückte. Bei der Obduktion ergab sich, dass die Frau auch bei sofortigem Einsatz des Notarztes ihre Verletzung nicht überlebt hätte. Trotzdem blieb bei uns wie jedes Mal, wenn ein Mensch durch eine Gewalttat ums Leben kommt, ein schaler Nachgeschmack zurück.

EINE VERHÄNGNISVOLLE FREUNDSCHAFT

An einem kühlen und trüben Vormittag im Februar bat uns der Leiter der Vermisstenstelle um Unterstützung. Seit dem Vortag, genau seit 13 Uhr, wurde ein neunjähriger Junge aus einer Münchner Trabantenstadt vermisst. Der kleine Peter – so wurde er später in den Medien genannt – war ein sehr stiller und schüchterner Junge, der aufgrund seiner Lernbehinderung in eine Förderschule ging. Von dort war er wie jeden Tag nach dem Unterricht mit dem Schulbus nach Hause gebracht worden. Der Busfahrer erinnerte sich später an jedes Detail der Bekleidung seines kleinen Fahrgastes, und er blickte dem Jungen sogar noch nach, als er in Richtung der Eingangstür des Wohnblocks ging, in dem er mit seinen Eltern und drei Geschwistern lebte.

Doch zu Hause warteten seine Eltern vergeblich auf ihren Jungen. Bald schon machten sie sich Sorgen, weil sie keine Erklärung für sein Ausbleiben fanden. Ihr Sohn hatte so gut wie keine Freunde und war aufgrund seiner Behinderung sehr auf die Familie fixiert. Die Nachfrage in der Schule erbrachte, dass Peter wie jeden Tag mit dem Bus nach Hause gefahren war. Der Unterricht war ohne jegliche Besonderheit verlaufen. Wo konnte Peter bloß sein? Bis in den Abend hinein suchten die Eltern mit Unterstützung von Freunden und Nachbarn die Umgebung der Wohnung ab. Schließlich alarmierten sie in ihrer Verzweiflung die Polizei.

Der Notruf ging gegen 20 Uhr bei der Einsatzzentrale des Polizeipräsidiums ein. Ein Kind wird vermisst! Der Einsatz, der daraufhin binnen Minuten anlief, bekam sofort oberste Priorität. Werden Kinder vermisst, gibt es für die Polizei kein Zaudern und Abwarten. Sofort nach dem Anruf der Eltern wurden die Einsatzhundertschaft und etliche Inspektionsstreifen in Marsch gesetzt. Auch ein Polizeihubschrauber mit einer Wärmebildkamera wurde angefordert, der lange Zeit im Tiefflug über dem Stadtteil kreiste, in dem der Junge verschwunden war. Die Beamten kontrollierten aus luftiger Höhe jeden Hinterhof, jeden Park und jede sonstige Freifläche. Hundeführer ließen ihre vierbeinigen Begleiter die Nasen in jeden Winkel stecken und durchstöberten Dickichte, Schuppen und Garagen im weiten Umkreis. Nachbarn und Anwohner wurden befragt und die Beschreibung des Kindes im Rundfunk durchgegeben. Doch allen Bemühungen zum Trotz blieb Peter verschwunden.

Die Ermittlungen im Umfeld der Familie des Jungen ergaben schließlich Hinweise darauf, dass Peters Vater Kontakte zu Männern hatte, die er während eines Haftaufenthaltes kennengelernt hatte. Einige dieser ehemaligen Mithäftlinge – überwiegend Sexualstraftäter – verkehrten seit Längerem bei der Familie von Peter. Nach und nach hatte der Junge zu ihnen Zutrauen gefasst.

Als wir nun in die Ermittlungen eingebunden wurden, bestand bereits die Befürchtung, dass der Junge sich nicht einfach verlaufen oder einen Unfall erlitten hatte, sondern dass Peter möglicherweise einem Verbrecher in die Hände gefallen war. Da auch in meiner Dienststelle alle verfügbaren Beamten sofort in die Ermittlungen eingebunden wurden, dauerte es nicht allzu lange, bis die genauere Überprüfung der Freunde von Peters Eltern eine beunruhigende Erkenntnis erbrachte: Einer der engeren Freunde der Familie war bereits einmal wegen eines Sexualmordes an einem elfjährigen Jungen zu neun Jahren Jugendstrafe verurteilt worden. Der Täter – damals gerade 18 Jahre alt – hatte den Jungen hinter einen Schuppen gezerrt, um sich an ihm zu vergehen. Als sich der Junge wehrte, tötete er ihn mit über siebzig Messerstichen. Nun hatte er die Strafe verbüßt und war seit Kurzem auf freiem Fuß. Dieser Mann hatte Peters Eltern am Vortag besonders hilfsbereit und emsig bei der Suche nach dem Jungen geholfen.

Wir beratschlagten, wie wir am besten weiter vorgehen sollten. Es war allen Kollegen deutlich anzumerken, dass sie die gleichen schlimmen Befürchtungen hegten: nämlich dass dieser einschlägig Vorbestrafte mit dem Verschwinden des Jungen etwas zu tun hatte.

Mehrere Beamte unserer Dienststelle fuhren zur Wohnadresse dieses Mannes, um ihn zu einer Vernehmung abzuholen und sich in seinem Umfeld umzuhören und umzusehen. Auch sollten Nachbarn und Anwohner befragt werden, ob sie etwas Verdächtiges beobachtet hatten. »Unser« Mann hatte über das Sozialamt einen Raum in einer Gemeinschaftsunterkunft im Münchner Osten zugeteilt bekommen. Diese eigentlich als Familienunterkunft konzipierte Einrichtung bestand aus einer Reihe ordentlicher Holzbaracken, die im Karree um eine Grünfläche mit einem Kinderspielplatz angeordnet waren.

Mein Dezernatsleiter bat mich, ebenfalls zu der Gemeinschaftsunterkunft zu fahren, um die weiteren Fahndungsmaßnahmen zu koordinieren. Nur mühsam verschafften uns Sirenen und Blaulichter im dichten Verkehr und bei den winterlichen Straßenverhältnissen eine schmale Gasse aus der Innenstadt heraus.

Als wir endlich unser Ziel erreichten, hatten die Kollegen vor Ort bereits gute Vorarbeit geleistet. Die Heimleitung war informiert und stellte alle erforderlichen Informationen zur Verfügung, eine Anwohnerbefragung war bereits eingeleitet. Der Mann wurde in seinem Zimmer angetroffen und erklärte sich damit einverstanden, zwei Kollegen zur Vernehmung in die Dienststelle zu begleiten. Er wirkte ruhig und gelassen und vermittelte den Anschein, er habe nichts zu befürchten. Während der Mann im Dienstfahrzeug der Kollegen Platz nahm, turnten ein paar Jungen im Schnee auf dem Spielplatz herum. Ich fragte mich, ob es eine glückliche Lösung war, einen Knabenmörder in einer Einrichtung einzuquartieren, wo auch kleine Jungen mit ihren Familien wohnen.

In dem Heim lebten etwa hundert Personen, viele davon ausländische Mitbürger. Die tendenziell ablehnende Haltung gegenüber der Polizei verwandelte sich aber rasch in bedingungslose Hilfsbereitschaft, sobald wir erklärt hatten, dass wir ein vermisstes Kind suchten. Bereits die Befragung des vierten oder fünften Heimbewohners sollte sich als Volltreffer erweisen. Der Mann, der allein in einem

Zimmer wohnte, erklärte uns, dass er seinen Zimmernachbarn erst seit Kurzem kenne. Er wisse nicht viel von ihm, nur, dass er geschieden sei. Erst gestern hätten sie sowohl am Nachmittag als auch nochmals am späteren Abend zusammen etwas getrunken und sich dabei natürlich auch unterhalten. Bei dieser Gelegenheit habe ihm der Mann das mit der Scheidung erzählt – vermutlich nur deshalb, weil sein Sohn da gewesen sei.

Dieser völlig beiläufig geäußerte Satz ließ mich innerlich zusammenzucken. Was hatte der Zeuge da eben gesagt – »sein Sohn«? Wir wussten inzwischen, dass der Mann keine Kinder hatte. Mit trockenem Mund hakte ich nach: »Wollen Sie sagen, dass Ihr Nachbar gestern Nachmittag in Begleitung eines Jungen gewesen ist?«»Ja, klar, die sind in sein Zimmer gegangen und später hat er mir erzählt, dass das sein Sohn ist.«

Angespannt baten wir den Mann, den »Sohn« seines Nachbarn zu beschreiben. Bereits als der Zeuge eine gelbe Winterjacke und einen rot-schwarzen Rucksack erwähnte, war uns klar, dass er Peter gesehen hatte. Peter in Begleitung eines rechtskräftig verurteilten Kindermörders, der ihn offenbar vor dem Elternhaus abgepasst und hierher verschleppt hatte. Und der sich anschließend so besorgt an der Suche nach dem spurlos verschwundenen Jungen beteiligt hatte.

Mein Partner und ich sahen uns an. Eine düstere Vorahnung beschlich mich, dass wir vielleicht zu spät gekommen waren und den Jungen nicht mehr lebend finden würden. Ich sah den Zorn und zugleich die wilde Entschlossenheit in den Augen meines Partners und Freundes und erkannte, dass ihn die gleichen Gedanken quälten wie mich. Der Befragte spürte, dass irgendetwas nicht in Ordnung war. »Sie schauen so komisch – glauben Sie mir etwa nicht? Es war genau so, wie ich es Ihnen erzählt habe, das kann ich notfalls beschwören!«»Doch, doch, wir glauben Ihnen jedes Wort. Unser Problem ist nur – Ihr Nachbar hat keinen Sohn!« Jetzt war es an unserem Gesprächspartner, verdutzt zu schauen. »Der hat gar keinen Sohn? Aber warum hat er das dann behauptet? Und wer war dann der Junge wirklich?« Und plötzlich fiel es ihm wie Schuppen von den Augen. »Sie meinen ..., nein, so was gibt's nur im Fernsehen ... Sie meinen wirklich ...?« »Doch, wir befürchten, dass dem Jungen etwas zugestoßen ist. Jetzt kommt es auf jede Minute an. Ich möchte Sie bitten, meinen Kollegen jeden Winkel, jeden Schacht und jede Versteckmöglichkeit zu zeigen, wo wir den Jungen finden könnten.« Ich rief zwei Kollegen herbei und übergab ihnen unseren Zeugen, nachdem ich sie in knappen Worten informiert hatte. Sodann teilte ich unserem Kommissariatsleiter mit, was wir herausgefunden hatten, und bat ihn, die Kollegen, die gerade mit dem Verdächtigen ins Präsidium fuhren, per Handy zu informieren. Versiert wie die beiden waren, sollte es ihnen nicht allzu schwer fallen, den Mann dazu zu bringen, uns das Versteck des kleinen Peter zu verraten.

Unabhängig davon galt es jetzt, alle irgendwie abkömmlichen Einsatzkräfte zu mobilisieren, um das Areal und die Gebäude nach dem Jungen zu durchsuchen. Die Vorstellung, dass der kleine Kerl vielleicht irgendwo in unserer Nähe hilflos gefesselt und geknebelt in einem dunklen Versteck kauern könnte, trieb uns an. Ich telefonierte mit dem Leiter der Einsatzzentrale, der uns jede mögliche Unterstützung zusagte. Die Einheiten sollten mit Sondersignalen anfahren. Irgendwie hoffte ich, dass wir es schaffen könnten, den Jungen rechtzeitig zu finden. Dann aber nagten wieder die Zweifel an mir, und die Erfahrung eines langen Berufslebens ließ die Hoffnung zusehends schwinden.

Ich versammelte die Kollegen, die bereits mit der Anwohnerbefragung befasst waren, am Eingangstor zu der Wohnanlage. Dort, zwischen dem Abfallsammelplatz mit mehreren Großraumcontainern und dem Verwaltungsgebäude, war es einigermaßen windstill. Ich teilte ihnen mit, was wir herausgefunden hatten. Auch ohne viele Worte konnte man erkennen, dass diese Informationen bei allen die gleichen Befürchtungen auslösten. Jetzt waren in der Ferne bereits die Sirenen mehrerer Einsatzfahrzeuge zu hören, die sich rasch näherten und dann neben uns ausrollten. In diesem

Moment klingelte mein Handy. Ich hatte Mühe, in all dem Lärm die Stimme meines Kollegen zu verstehen. Das aber, was er mir gleich darauf mitteilte, schnürte mir die Kehle zu: »Der Täter hat gerade gestanden – er hat den Jungen sexuell missbraucht und umgebracht. Peter ist tot!« Und nach einer Pause: »In der Wohnanlage gibt es einen Müllplatz mit Containern – in einen dieser Container hat er den Jungen geworfen. In einem blauen Müllsack!«

Die Beamten der Einsatzhundertschaft stiegen aus ihren Fahrzeugen, gespannt blickten sie zu mir. Sie wussten nur, dass sie ein Kind suchen sollten. Verdammt! Es ist nicht leicht, die Fassung zu behalten, wenn man gerade erfahren hat, dass man nur einige Meter neben der Leiche eines Kindes steht, das jemand getötet und wie Abfall in den Müll geworfen hat. Irgendwie schaffte ich es, den Kolleginnen und Kollegen die schreckliche Wahrheit weiterzugeben. Tiefe Betroffenheit und Fassungslosigkeit machten sich breit, nicht nur die jungen Kollegen fuhren sich verstohlen über die Augen.

Jetzt galt es, dafür Sorge zu tragen, die unfassbare Tat in all ihren schrecklichen Einzelheiten so präzise zu dokumentieren, dass das Gericht später genügend Beweise für die Schuld des Täters hatte. Wir alle wollten dafür sorgen, dass dieser Mensch nie wieder ein Kind peinigen konnte.

Als Erstes wurde das Zimmer des Täters als Tatort beschlagnahmt und von Beamten bis zum Eintreffen des Erkennungsdienstes bewacht. Um den Müllplatz herum wurden Absperrleinen gezogen, nur die Kollegen der Spurensicherung durften das abgesperrte Terrain betreten. Ich hatte bewusst darauf verzichtet, vorab die Angaben des Täters zu überprüfen und etwa in den Müllcontainern nach dem Müllsack mit der Leiche zu suchen. Denn ich hatte leider nicht mehr den geringsten Zweifel daran, dass das Geständnis des Täters der Wahrheit entsprach, und wollte vermeiden, Spuren zu vernichten oder eigene Spuren zu setzen.

Währenddessen hatte ein Kollege die Mordbereitschaft des Erkennungsdienstes alarmiert, die sich mit ihrem großen Tatortbus und einem starken Aufgebot an Spezialisten auf den Weg zu uns machte. Auch ein Gutachter der Rechtsmedizin wurde von einem Funkwagen in aller Eile zum Einsatzort gebracht. Er sollte die Bergung des kleinen Leichnams beaufsichtigen und noch vor Ort erste Untersuchungen vornehmen.

Und dann kam schließlich der Moment, in dem die Kollegen der Spurensicherung in ihren weißen Schutzanzügen in einem der Container auf den Sack mit der Leiche stießen. Ich erspare Ihnen und mir die Schilderung all dessen, was in so einem Fall nun einmal zwingend zu geschehen hat, sowie eine Beschreibung, was der Täter mit seinem Opfer gemacht hat. Auch von der anschließenden Obduktion werden Sie nichts von mir hören.

Wie sich aus der Vernehmung des Täters ergab, hatte er den Jungen unter dem Vorwand, dass die Eltern kurzfristig wegen eines Krankheitsfalls weggemusst und ihn gebeten hatten, solange auf Peter aufzupassen, vor dem Eingang abgepasst und zu sich nach Hause gelockt. Sie waren mit dem Linienbus gefahren. Unterwegs hatte er für Peter noch ein paar Süßigkeiten gekauft. So hatte der Täter geschickt dafür gesorgt, dass ihm der Junge völlig arglos gefolgt war. Der Mörder wurde zu einer lebenslangen Freiheitsstrafe und anschließender Sicherungsverwahrung verurteilt. Aber auch die Eltern und ganz speziell die Mutter des kleinen Peter haben »lebenslang« bekommen: den lebenslangen Schmerz und die lebenslange Trauer wegen des Verlustes ihres kleinen Sohnes.

»WUNDERWAFFE« DNA

An einem Dienstag im August 1991, einem strahlend schönen Hochsommermorgen, betrat der Vorarbeiter eines Bauunternehmens gegen 7.30 Uhr eine Brücke über der Isar, die seine Firma gerade renovierte. Etwa zweihundert Meter flussaufwärts, unterhalb des Ufergestrüpps, erblickte er etwas Rotes im Wasser. Bei näherem Hinsehen stellte er fest, dass da offensichtlich ein Mensch halb im Wasser lag. In diesem Bereich verläuft parallel zum Flussbett der Isar ein Kanal, zwischen den beiden Gewässerarmen erstreckt sich ein dicht bewaldeter, etwa fünfzig Meter breiter und mehrere Kilometer langer Damm. Der Mann lief den Damm entlang und zwängte sich durch das Gebüsch, bis er die Stelle erreichte. Dort fand er eine junge Frau, halbnackt und kaum noch ansprechbar, die sich mit letzter Kraft an den Zweigen eines Strauches festklammerte. Mit dem Unterkörper lag sie im Wasser der Isar, die rund hundert Kilometer entfernt in den Alpen entspringt und sich deshalb selbst im August nicht richtig erwärmt. Während der Zeuge die Frau an den Armen ans Ufer zog, bemerkte er, dass sie blaugefroren war und am Oberkörper mehrere Verletzungen aufwies. Über sein Funkgerät verständigte der Helfer sofort seine Bauleitung und forderte einen Notarzt und die Polizei an. Bis zum Eintreffen der Retter versuchte er, die Frau mit seiner Jacke zu wärmen. Seine Versuche, mit ihr zu reden, schlugen fehl. Die Frau wimmerte nur leise und war offenbar nicht mehr in der Lage, etwas zu sagen.

Eine Notarztbesatzung übernahm kurz darauf die Versorgung der schwerstverletzten Frau und transportierte sie in eine nahe gelegene Klinik. Auf dem Weg dorthin kam die Frau nochmals kurz zu Bewusstsein und sagte zu der Ärztin vier Worte, die – wie sich erst viele Jahre später nach langen und aufwendigen Ermittlungen herausstellen sollte – offenbar bereits in der beginnenden Agonie gesprochen wurden; denn als der Täter mehr als ein Jahrzehnt später ermittelt wurde, erwies sich, dass diese letzten Worte keinerlei Bezug zu ihm hatten. Die Worte lauteten »Scott – Jane – Tennessee – USA«. Am Tag nach ihrer Einlieferung starb die junge Frau. Wie die gerichtsmedizinische Untersuchung ergab, war die Frau vergewaltigt und dann mit mehr als einem halben Dutzend tief gehender Messerstiche in Brust und Rücken tödlich verletzt worden. Wie lange sie sich in ihrer Todesangst an die Zweige des Busches geklammert hatte, ließ sich nicht mehr klären.

In ihrer Hosentasche fand die Polizei noch am Tatort eine Monatskarte für den Münchner Verkehrsverbund, in dem ihr Name, Sinead O., und eine Adresse vermerkt waren. Obwohl die angegebene Münchner Adresse nicht mehr stimmte, ließ sich darüber sehr rasch ermitteln, dass Sinead, eine irische Studentin, während der Sommerferien in einem großen Biergarten im Englischen Garten jobbte und in einem kleinen Zelt in der Nähe des Tatortes auf einem Campingplatz wohnte. Am Abend vor der Tat hatte Sinead einen irischen Pub im Stadtteil Schwabing besucht. Auf ihre Landsleute wirkte sie vergnügt und fröhlich wie immer, nichts deutete auf irgendwelche Probleme hin. Sinead verließ gegen Mitternacht das Pub, um zum Zeltplatz zurückzufahren. Vor dem Lokal verabschiedete sie sich von ihren Bekannten. Einige Iren sahen sie dann nochmals in der U-Bahn, sie saß allein in einem Abteil. Eine Station vor der Endhaltestelle stiegen die Zeugen aus. Sinead blieb allein im Waggon. Wenige Minuten später sollte sie ihrem Mörder begegnen.

Monatelang wurden umfangreiche Ermittlungen im Umfeld des Campingplatzes und der Arbeitsstelle der Getöteten geführt, Dutzende Gaststättenbesucher, Arbeitskollegen, Bekannte und Freunde wurden vernommen. Doch nirgends boten die Überprüfungen den geringsten Ansatzpunkt zur Ermittlung des Täters. Schließlich wurde der Fall ungeklärt zu den Akten gelegt, die Leitzordner mit den Ermittlungsunterlagen verstaubten in den Archiven.

Mehr als zehn Jahre vergingen. Mittlerweile hatte die DNA-Technik ihren Einzug in viele Kriminallabore Deutschlands gehalten. Im Münchner Polizeipräsidium verschrieb sich ein Beamter des Erkennungsdienstes in ganz besonderer Weise dieser Thematik und setzte maßgebliche Akzente bei der Entwicklung einer neuen Methode zur Gewinnung feinster DNA-Spuren. Damit ist es möglich, geringste Reste von DNA selbst aus jahrzehntealten Asservaten zu extrahieren, zu vermehren und schließlich aussagekräftige DNA-Muster zu gewinnen. Diese werden – wie die mit herkömmlichen Sicherungsmethoden gewonnenen – mit den in der Datenbank des Bundeskriminalamts gespeicherten Tatspuren- und Personenmustern von Straftätern verglichen.

Schon bald nach meinem Wechsel zur Mordkommission beschloss meine Dienststelle, in unserem Kommissariat eine »Arbeitsgruppe Altfälle« zu installieren, die alle ungeklärten Mordfälle neu aufrollen sollte. Schwerpunkt dabei sollte – unter Zuhilfenahme der neu entwickelten DNA-Auswertungstechniken – die Überprüfung der Asservate sein, die (wie die Akten auch) in diversen Archiven und Kellern aufbewahrt werden, da Mord in Deutschland bekanntlich niemals verjährt.

Mehr als siebzig ungeklärte Mordfälle seit dem Ende der Sechzigerjahre wurden erfasst und aufgelistet. Jeder Beamte der Mordkommission erhielt – gewissermaßen als »Pate« – einige der Akten zur Überprüfung zugewiesen. Parallel dazu wurde auch beim Erkennungsdienst eine Arbeitsgruppe gegründet, die sich zeitgleich um die Aufspürung und Auswertung der Asservate kümmerte.

Im Mai 2002 fiel mir die Akte zum Mordfall an Sinead O. erstmals in die Hände. Das Schicksal des Mädchens, das nachts in einer fremden Stadt, in einer dunklen, menschenleeren Flussaue auf so schreckliche Art und Weise überfallen und niedergestochen worden war, in seiner Todesangst wahrscheinlich stundenlang verzweifelt im kalten Wasser trieb und vergeblich auf Rettung hoffte, ging nicht nur mir nahe.

Für mich stand fest, dass dieser Fall einer der ersten sein würde, den wir zu klären versuchten. Bereits bei den früheren Ermittlungen war ein großer Personenkreis überprüft worden, der nun nochmals intensiv durchleuchtet werden musste. Daher erschien es angebracht, gleich zwei erfahrene Kollegen als »Paten« zu beauftragen, und ich selbst arbeitete auch mit.

Aus den Unterlagen von damals ergab sich, dass seinerzeit eine »große Menge Sperma« hatte gesichert werden können. Das Material war zur Auswertung in ein Labor nach England geschickt worden, das laut den Akten zu jener Zeit führend auf dem Gebiet der DNA-Untersuchungen war. Als Ergebnis war lediglich dokumentiert, dass die Menge der DNA für eine genauere Bestimmung nicht ausgereicht hatte. Für uns war es von größtem Interesse, an die Unterlagen zu gelangen und nach Möglichkeit Reste des untersuchten Spermas aufzuspüren. Doch alle Bemühungen, das Labor ausfindig zu machen, schlugen fehl, in den Akten fehlte jeder Hinweis darauf. Trotz monatelangen intensiven Anstrengungen unter Einbindung von Interpol verlor sich die so verheißungsvolle Spur im Nichts.

Im Juli 2002 sendete ein Kollege den Slip des Opfers, der all die Jahre in einer unscheinbaren Schachtel in einem Keller aufbewahrt worden war, zur Untersuchung ans Münchner Institut für Rechtsmedizin. Die Hoffnung, dabei noch tatrelevantes DNA-Material aufzufinden, war zugegebenermaßen nicht besonders groß.

Der Slip hing damals an den Fußgelenken des Mädchens, wie lange der Stoff im Wasser gewesen war, konnte niemand sagen. Es konnten wenige Minuten gewesen sein, aber vielleicht auch mehrere Stunden. Fraglich war zudem, ob am Slip überhaupt jemals DNA-Material des Täters gehaftet hatte. Und niemand konnte verlässliche Angaben dazu machen, ob das DNA-Material die lange Lagerung im Asservatenkeller unbeschadet hatte überstehen können.

Zu unserer großen Überraschung gelang es im Institut für Rechtsmedizin dann tatsächlich, molekulargenetische Spuren und daraus eine DNA-Merkmalmischung zu sichern. Naturgemäß ließ sich aus der Spur selbst nicht ableiten, ob es sich um Sperma des Täters handelte oder um das Sperma eines anderen Mannes, mit dem das Mädchen einvernehmlich Geschlechtsverkehr gehabt hatte. Aufgrund der Erkenntnisse aus den damaligen Ermittlungen war jedoch davon auszugehen, dass die Spur vom Täter stammte, da Sinead einen Freund hatte, dem sie allen Aussagen zufolge sehr treu war. Dieser Freund befand sich zu jener Zeit nachweislich in Irland. Das DNA-Merkmalmuster wurde daher in die Datenbank des BKA eingestellt, allerdings fand sich zu unser aller Enttäuschung kein identisches Muster.

Mehr als ein Jahr lang wurden nun die damaligen Aussagen von mehreren hundert Personen – darunter eine Vielzahl irischer Studenten, die wie das Opfer damals am Campingplatz wohnten und längst wieder in Irland waren – gegeneinander auf Widersprüche oder Abweichungen abgeglichen. Schon nach kurzer Zeit überstieg die Zahl der Aktenordner, die wir für die neuerlichen Überprüfungen anlegten, die Zahl der eigentlichen Ermittlungsordner. Personen aus dem Umfeld des Opfers wurden erneut vernommen und gaben freiwillig Speichelproben ab, doch auch diese Überprüfungen führten zu keiner Übereinstimmung der DNA-Merkmalmuster.

So vergingen die Monate, die Akten im Mordfall an der irischen Studentin wurden im gleichen Umfang größer, wie die Hoffnung kleiner wurde, den Täter doch noch zu ermitteln.

Da klingelte am 11.11.2003 das Telefon auf meinem Schreibtisch. Ein Kollege des Landeskriminalamtes Bayern teilte mir mit, dass das Landeskriminalamt in Schleswig-Holstein einen Datenbanktreffer gemeldet hatte. Das neu eingestellte DNA-Muster eines erkennungsdienstlich behandelten Straftäters in Bremerhaven wies eine Übereinstimmung mit einer Wahrscheinlichkeit von eins zu mehreren Milliarden mit dem Muster einer von der Mordkommission München eingestellten Tatortspur auf. Der Treffer wurde – wie üblich – als Zahlencode gemeldet, sodass uns zunächst nicht bekannt war, zu welcher Tat er gehörte.

Die Kollegen wurden zusammengerufen. Fieberhaft durchsuchten wir alle in Frage kommenden Meldebögen, die aus Datenschutzgründen sämtlich anonymisiert sind, nach der mitgeteilten Schlüsselzahl. Endlich fand einer von uns den passenden Meldebogen:»Ich hab's – es ist ...«, spürbare Spannung lag in der Luft,»der Mord an der Studentin aus Irland, die in den Isarauen vergewaltigt und erstochen wurde!«

Wir konnten es kaum fassen. Niemand, der es nicht selbst einmal erlebt hat, kann nachvollziehen, was uns Kriminaler in solch einem Moment bewegt. Das monatelange verbissene Suchen nach einer Spur, die Rückschläge, die vermeintliche Aussichtslosigkeit – all das war von einer Sekunde auf die andere wie weggeblasen: Es gab endlich einen Namen zu diesem grauenvollen Verbrechen, all die Arbeit der letzten achtzehn Monate schien nicht umsonst gewesen zu sein. Man sah es den Gesichtern der versammelten Kollegen deutlich an, wie jeden Einzelnen das Jagdfieber ergriff. Wer war der Mann, der nun so überraschend in den Fokus der Ermittlungen gerückt war? Tauchte der Name in den bisherigen Ermittlungsunterlagen irgendwo auf? War er irgendwie durch das Fahndungsraster geschlüpft und hätte man die Person womöglich schon viel früher finden können? Fragen über Fragen beschäftigten uns an diesem Tag, währenddessen anderenorts der Fasching begann ...

Sofort nach dem Bekanntwerden des Datenbanktreffers wurde das Institut für Rechtsmedizin beauftragt, zur Sicherheit nochmals einen Individualabgleich der beiden Spurenmuster zu machen, wenngleich niemand von uns an dem Ergebnis ernsthaft zweifelte. Aber in einem Fall von solcher Brisanz mussten wir vor der Einleitung weiterer Maßnahmen natürlich absolute Sicherheit haben. Am nächsten Tag erfolgte die Bestätigung, die Spuren am Slip des Opfers stammten ohne jeglichen Zweifel von dem Tatverdächtigen aus Bremerhaven.

Bis spät in die Nacht saßen wir im Büro zusammen. Die Kaffeemaschine hatte keine Chance zu erkalten, Zigarettenqualm zog durch die Gänge. Innerhalb weniger Stunden gelang es uns, umfangreiche Informationen zu dem Mann zu erhalten. Nichts deutete darauf hin, dass er zum Bekanntenkreis des Opfers gehört haben könnte. Vielmehr bestärkten die über ihn vorliegenden Erkenntnisse den Verdacht, dass es nichts als ein schrecklicher Zufall war, warum gerade Sinead sein Opfer wurde. Der Name dieses Mannes, Otto D., war nirgends in den Akten erwähnt. Doch wurde uns schnell klar: Mit größter Wahrscheinlichkeit hatte dieser Mann Sinead vergewaltigt und tödlich verwundet.

Die Staatsanwaltschaft in München wurde über den Treffer und den daraus resultierenden Verdacht informiert. Auch dort gelangte man zu der Überzeugung, dass es sich um den Täter handelte, und so erwirkte sie einen Haftbefehl.

Von den zuständigen Dienststellen in Bremerhaven, dem Wohnort des Verdächtigen, wurde uns jede Unterstützung zuteil, die wir benötigten. Schon am folgenden Tag nahm das Bild des mutmaßlichen Täters Konturen an. Aus einem zerrütteten Elternhaus stammend, fand er selbst keinen Halt in seinem Leben, er hatte weder feste Beziehungen noch regelmäßige Arbeit. Nach seiner Wehrdienstzeit übte er verschiedene Tätigkeiten aus, in denen es ihn jedoch nie lange hielt. Schließlich begann Otto D., Drogen zu nehmen, er suchte und fand Zuflucht im Alkohol. Er fiel wegen kleinerer Delikte auf und verletzte eines Tages in betrunkenem Zustand einen Mann mit einem Messer.

Wegen dieser Tat sollte sein DNA-Muster in die Datenbank eingestellt werden. Doch dem Mann gelang es, dies mit Hilfe eines Rechtsanwaltes fast ein Jahr lang hinauszuzögern, ehe ein Gericht in letzter Instanz entschied, dass die Aufnahme rechtmäßig war. Sie erfolgte schließlich im November 2003 und führte zu dem Treffer. Wie sich später zeigte, war Otto D. aufgrund der Medienberichterstattung durchaus bewusst, dass er Spuren am Tatort hinterlassen hatte, die zu seiner Identifizierung führen würden, sobald die Polizei sein DNA-Muster kannte. Deshalb hatte er sich gegen seine Erfassung so verbissen gewehrt.

Die Kollegen aus Bremerhaven ermittelten weiterhin, dass es sich bei dem Tatverdächtigen um einen Einzelgänger handelte, der mehrere größere Kampfhunde hielt. Meinen beiden Kollegen und mir war durchaus bewusst, dass trotz der schwerwiegenden Verdachtsmomente die DNA im Slip des Opfers allein keinen Beweis für die Täterschaft darstellte. Jeder Anwalt würde die Spur mit der Behauptung, sein Mandant habe Stunden oder selbst Tage vor der Tat einvernehmlich Sex mit dem Opfer gehabt, relativieren und damit wertlos machen können. Es würde also ganz entscheidend auf die ersten Kontakte mit dem Beschuldigten ankommen, ob der Tatnachweis gelingen oder ob dieses grausame Verbrechen womöglich für immer ungesühnt bleiben würde.

Ich beschloss daher, mit den beiden Kollegen nach Bremerhaven zu fahren, die Verhaftung des Beschuldigten vorzubereiten und ihn anschließend sofort selbst zu vernehmen. Dieses Vorhaben stieß bei einigen Kollegen auf Skepsis. Und selbst mein Chef, als erfahrener Vernehmer bekannt, glaubte nicht an den Erfolg dieser Mission. Da ich aber überzeugt war, dass die Fahrt nach Bremerhaven die einzige Chance war, den Fall überhaupt noch klären zu können, beharrte ich auf meiner Entscheidung.

Am 18. November 2003 reisten wir zu dritt in einem zivilen Dienstwagen nach Bremerhaven. Noch am selben Abend führten wir eine Einsatzbesprechung mit den Kollegen der örtlichen Kriminalpolizei und Beamten eines Sondereinsatzkommandos durch, die in den Morgenstunden des folgenden Tages zugreifen wollten. Nach meiner Schilderung der Tat war deutlich zu spüren, dass allen Kollegen im Raum das Schicksal des Mädchens sehr nahe ging. Niemand achtete auf die Uhrzeit, die reguläre Dienstzeit war seit Stunden beendet. Das Sondereinsatzkommando wurde ausdrücklich gebeten, bei der Festnahme so weit irgend möglich das Leben der Kampfhunde zu schonen, da uns bekannt war, wie sehr der Beschuldigte an seinen Tieren hing.

Nachdem alle Einzelheiten für den bevorstehenden Einsatz am kommenden Morgen besprochen waren, verabschiedeten wir uns und begaben uns ins Hotel. Obwohl die Fahrt bei Nebel, Regen, Sturmböen und hohem Verkehrsaufkommen quer durch Deutschland anstrengend gewesen war, zog es keinen von uns ins Bett. Die Gedanken und die Gespräche kreisten um den kommenden Tag. Würde es uns gelingen, das Verbrechen an Sinead O. nach all den Jahren restlos zu klären? Und wie würde Otto D. reagieren, wenn ihn nach so langer Zeit – quasi von einer Sekunde zur anderen – die Vergangenheit einholte? Weit nach Mitternacht trennten wir uns schließlich, um uns wenige Stunden später, um fünf Uhr, an der Rezeption wieder zu sehen. Wenig später trafen wir bei der Dienststelle der Kripo in Bremerhaven ein.

Nun begann das Warten auf die erhoffte Erfolgsmeldung des Spezialeinsatzkommandos, das den Zugriff in Eigenregie durchführte. Die innere Anspannung war allen deutlich anzumerken. Wir tranken Kaffee, ein Gespräch kam kaum in Gang. Endlich klingelte das Telefon der Einsatzleiterin. Sie lauschte kurz, blickte dann in unsere Richtung und hielt den Daumen nach oben – der Beschuldigte war festgenommen. Er hatte keinen Widerstand geleistet, erfuhren wir anschließend, es gab also keine Verletzten und auch die Hunde waren wohlauf. Einem Beamten gegenüber machte Otto D. während des Transportes zur Dienststelle dann eine bemerkenswerte Äußerung: »Sie müssen ja verdammt tief in meiner Vergangenheit gewühlt haben, wenn Sie so einen Aufwand wegen mir betreiben!«

Als Nächstes fuhren wir zur Wohnung des Beschuldigten und durchsuchten sie. Es war uns klar, dass die Wahrscheinlichkeit, nach so langer Zeit Beweismittel zu finden, nicht besonders groß war. Jedoch wussten wir aus anderen Fällen, dass gerade Sexualstraftäter nicht selten Gegenstände oder Zeitungsberichte aufbewahren, gewissermaßen als eine Art Trophäe, die sie an ihr Opfer beziehungsweise die Tat erinnern soll. Die Wohnung des Beschuldigten war übersichtlich und eher karg möbliert, die richterlich angeordnete Durchsuchung förderte nichts Relevantes zu Tage. Bald darauf waren wir zurück in der Dienststelle, wo wir erstmals persönlich Kontakt zu Otto D. aufnahmen. Aus seiner Arrestzelle wurde er in ein Büro gebracht, das man uns für die Vernehmung zur Verfügung gestellt hatte. Als der Beschuldigte hörte, dass wir der Mordkommission München angehören, schien es fast so, als verliere sich sein gespannt wachsamer Blick, mit dem er uns bislang argwöhnisch beäugt hatte, für einen kurzen Augenblick in der Ferne. Zu diesem Zeitpunkt wussten wir bereits von seiner Bemerkung, die uns in der Überzeugung bestärkte, den richtigen Mann vor uns zu haben. Otto D. wurde über seine Rechte belehrt und erhielt eine Abschrift des Haftbefehls und des richterlichen Durchsuchungsbeschlusses. Er las beides lange und aufmerksam durch. Dann erklärte er, kein Mädchen mit Namen Sinead zu kennen, ebenso wenig sei ihm die junge Frau auf dem Foto, welches wir ihm nun vorlegten, bekannt. Im Übrigen mache er keinerlei Angaben mehr und wolle mit einem Rechtsanwalt sprechen.

Dazu erhielt er natürlich Gelegenheit. Als Information für den Rechtsanwalt seiner Wahl teilte ich ihm mit, dass wir in Kürze mit ihm die Fahrt nach München antreten würden, um ihn dort am Tag darauf dem Ermittlungsrichter zur Eröffnung des Haftbefehls vorzuführen. Als Otto D. hörte, dass er in Bayern in Untersuchungshaft kommen würde, entschloss er sich, erst in München einen dort ansässigen Anwalt mit seiner Vertretung zu beauftragen.

Bereits dreißig Minuten später waren wir startbereit. Für die lange Rückfahrt hatten wir für Otto D. Wurstbrote, Würstchen, Obst und Getränke organisiert. Auf seinen Wunsch hin besorgten wir ihm auch Tabak und Zigarettenpapier. Wie es für den Transport von Gefangenen in Polizeifahrzeugen vorgeschrieben ist, nahm der Beschuldigte hinten rechts in unserem Dienstwagen Platz. Er trug Hand- und Fußfesseln, wobei wir sorgfältig darauf achteten, dass die Fesselung nicht zu eng war und ihn nicht mehr als unvermeidbar in seiner Bewegungsfreiheit behinderte. Die Handfesseln wurden an einem breiten Lederriemen vor seinem Körper so fixiert, dass es ihm unmöglich war, während der Fahrt überraschend den Fahrer zu attackieren. Dies war eine reine Vorsichtsmaßnahme, sollte der Beschuldigte zu der Überzeugung gelangen, ohnehin nichts mehr zu verlieren zu haben, und durch einen Angriff einen Unfall provozieren wollen.

Wir verabschiedeten uns von unseren Kollegen aus Bremerhaven, die uns so kollegial unterstützt hatten, und traten die Rückreise nach München an. Der Himmel war mit tiefhängenden, dunkelgrauen Wolken bedeckt, ein unangenehmer, feuchtkalter Herbstwind pfiff über die flache Dünenlandschaft, rüttelte immer wieder an unserem Fahrzeug und trieb verwelkte Blätter und Gräser vor sich her. Im Radio lief leise Musik, die Gespräche drehten sich um Belanglosigkeiten.

Wir waren erst wenige Minuten auf der Autobahn unterwegs, als Otto D. sich erkundigte, was nun aus seinen Hunden würde. Als er erfuhr, dass wir für eine Unterbringung im Tierheim gesorgt hatten, bedankte er sich mit bewegter Stimme. Offensichtlich wusste er von den Kollegen, dass wir uns auch dafür eingesetzt hatten, seine Hunde bei dem Zugriff des SEK zu schonen. Schließlich könnten die Hunde nichts dafür, dass er Probleme mit der Polizei habe, und er könnte es nicht verwinden, wenn den Hunden ein Leid geschähe. Dann bat er darum, die Hunde in seinem Namen einem Bekannten anzubieten, dort hätten sie es besser als in einem Tierheim. Wir versprachen, seine Bitte an die Kollegen aus Bremerhaven weiterzuleiten. Nach kurzem Schweigen fing der Täter an, uns von seinem Leben zu erzählen. Ich machte ihn vorsorglich nochmals auf die bereits vor Beginn seiner Vernehmung erteilte Belehrung aufmerksam.

Er sei sich dessen bewusst, erwiderte Otto D., er wolle aber mit uns jetzt und ohne Anwalt sprechen. Mit leiser Stimme, immer wieder von minutenlangem Schweigen unterbrochen, begann er zu erzählen. Wir erfuhren von einer unglücklichen Kindheit, unerfüllten Träumen und Sehnsüchten. Der Beschuldigte erklärte ausdrücklich nach einem entsprechenden Hinweis, dass wir alles, was er berichtete, verwenden dürften. Ich schrieb daraufhin seine Angaben stichpunktartig mit. Als er bemerkte, dass ich mit meinen Notizen nicht nachkam, war er einverstanden, das Gespräch mit einem Diktiergerät aufzunehmen. Auf unsere Fragen antwortete er direkt ins Mikrofon des kleinen Tonbandgerätes.

Nach etwa einer halben Stunde Fahrt brachten wir das Gespräch auf den Mord an Sinead. Otto D. räumte ein, dass er zur Tatzeit im Rahmen eines kurzen Beschäftigungsverhältnisses in München gewesen sei, dort habe er aber mit keinem Mädchen eine wie auch immer geartete Beziehung gehabt. Ein sexuelles Verhältnis in dieser Zeit könne er mit absoluter Sicherheit ausschließen. Unauffällig sah ich zu meinem Kollegen hinüber, der sich auf das Fahren konzentrieren musste. Er erwiderte meinen Blick kurz, und uns war beiden klar, dass es für den Beschuldigten jetzt kein Zurück mehr gab. Ich wartete noch einen kurzen Moment, ehe ich mich nach hinten umdrehte und Otto D. mit ruhiger, aber überzeugter Stimme erklärte, dass wir seiner im Büro gemachten Aussage, das Mädchen nicht zu kennen, keinen Glauben schenken könnten. Ich erklärte ihm, dass seine DNA am Opfer gefunden worden war und sich daraus eindeutig ergab, dass es zwischen ihm und Sinead zu einem sexuellen Kontakt gekommen war. Minutenlang herrschte nach dieser Erklärung völliges Schweigen im Auto. Dann folgte – kaum verständlich – das Eingeständnis: »Ja, ich war's.«

Es schien so, als wäre eine Zentnerlast von seinen Schultern gefallen. Aber nicht nur von seinen. Auch für uns bedeuteten diese Worte eine unbeschreibliche Erleichterung. Nun erst konnten wir sicher sein, niemanden zu Unrecht in eine so belastende Situation gebracht zu haben. Immer wieder hatte ich mir in den vergangenen Monaten vorgestellt, was es wohl für ein Gefühl wäre, dieses unsägliche Verbrechen aufzuklären und den Täter zu überführen. Nun, wo wir am Ziel waren, blieb nur noch Beklommenheit. Hinter mir im Auto saß ein gebrochener Mensch, der das Leben eines anderen Menschen in grausamster Art zerstört und den Angehörigen seines Opfers unbeschreibliches Leid zugefügt hatte. Aber hatte ich das Recht, mich darüber zu freuen, mit dazu beigetragen zu haben, den Täter nun für sehr lange Zeit, vielleicht sogar für immer, ins Gefängnis zu bringen? Nein, Freude konnte ich nicht empfinden, allenfalls Erleichterung darüber, dass es gelungen war, diesen Fall zu klären. Ich musste an die Eltern des Opfers denken, die gerade irgendwo in Irland ihrer täglichen Beschäftigung nachgingen, ohne zu ahnen, dass in diesem Augenblick der Mensch, der ihr Leben von einem Tag auf den anderen zerstört hatte, für seine Tat zur Rechenschaft gezogen wurde.

Ich maße mir nicht an, ein Urteil über den Täter zu fällen. Das ist zum Glück nicht meine Aufgabe, ist nicht die Aufgabe der Polizei. Wir haben Sachverhalte aufzuklären, be- wie entlastendes Material zu sammeln und zur Bewertung an die Justiz weiterzuleiten. Nicht mehr und nicht weniger. Um dieser hohen Anforderung gerecht zu werden, bleibt kein Raum für private Gefühle. Sich hierbei von Emotionen beeinflussen zu lassen, hieße schlicht, unprofessionell zu arbeiten. Die Opfer in unserem blutigen Geschäft beziehungsweise deren Angehörige aber haben einen Anspruch darauf, dass ihr Wunsch nach Sühne mit höchster Professionalität verfolgt wird. Ich spürte in diesem Augenblick aber auch ein tiefes Gefühl der Dankbarkeit dafür, dass mein Leben, meine Kindheit, meine Jugend so ganz anders verlaufen waren als das Leben des Mannes hinter mir. Die Anspannung und das Jagdfieber, der unbedingte Wille, den Täter zu fassen – alles war von einer Sekunde auf die andere wie weggeblasen. *Ja, ich war's.*

Im nächsten Moment verdrängte die Vernunft alle Gefühlsregungen. Jetzt galt es, das Geständnis aufzunehmen. Dazu steuerten wir den nächstgelegenen Parkplatz an. Wenig später unterbrach das Klacken des Blinkers das Schweigen, das seit dem Eingeständnis des Täters wie Blei über uns lastete. Ich merkte, dass auch die Kollegen versuchten, die Situation zu realisieren. Der Dienstwagen rollte auf einem menschenleeren kleinen Autobahnparkplatz inmitten einer Marschlandschaft aus. Mittlerweile hatte es wieder zu regnen begonnen, von Böen getriebene Regenschleier peitschten gegen die Scheiben, der Sturm heulte über die flache Ebene und rüttelte unser Fahrzeug durch. Dann begann der Beschuldigte, ohne von uns unterbrochen zu werden, mit der Schilderung des Grauens der Todesnacht von Sinead O. Wort für Wort wurde auf dem kleinen Tonband festgehalten. Er sprach von dem Moment, als er tief frustriert von seinem Leben und dem erneuten Verlust seines Arbeitsplatzes um Mitternacht an der einsamen Isarbrücke im Schatten eines längst geschlossenen Kiosks auf eine Frau wartete. Auf irgendeine Frau. Die Nächste, die kam, sollte sein Opfer sein. Und das war Sinead. Als Einzige war sie an der Endhaltestelle ausgestiegen und musste nun noch den weiten Weg am dunklen, dicht bewaldeten Isarufer entlang zu ihrem Zeltplatz zurücklegen.

Als Otto D. lange Zeit später zu reden aufhörte, stand das Bild der Geschehnisse klar vor unseren Augen. Otto D. gestand auch eine zweite Tat, die er Jahre später in Bremen verübt hatte. Das Opfer, ebenfalls eine junge Frau, diesmal eine Französin, war ebenfalls zur falschen Zeit am falschen Ort, ebenfalls ein Zufallsopfer. Sie hatte jedoch insofern Glück, als es ihr nach der Vergewaltigung gelang, Otto D. das Messer aus der Hand zu schlagen. Das Messer rutschte unter die Zweige eines dornigen Gebüsches, sodass er es nicht mehr zu fassen bekam und schließlich flüchtete.

Sein Geständnis machte er mit leiser, monotoner Stimme. Er sagte, dass er die schrecklichen Geräusche von Sineads Todeskampf seit der Tat jede Nacht höre. Es sei ihm seither nicht mehr gelungen, das entsetzliche Bild aus seinem Kopf zu verdrängen oder zu einem Menschen eine feste Beziehung aufzubauen. Sein einziger Halt waren seine Hunde. Und jedes Mal – zwölf Jahre lang – zuckte er zusammen, wenn er irgendwo die Sirene eines Krankenwagens oder einer Polizeistreife hörte oder wenn ihm irgendwo in der Stadt ein langsam fahrendes Polizeiauto entgegenkam. Dann war er überzeugt, dass die Beamten im nächsten Moment aus ihrem Fahrzeug springen und ihn überwältigen würden.

Schließlich setzten wir unsere Fahrt fort, unterbrochen von mehreren Pausen. Wir suchten auf den Rastplätzen stets die entferntesten Abstellplätze auf, wo Otto D. sich mit seiner Fesselung die Beine vertreten konnte, ohne den Blicken von Neugierigen ausgesetzt zu sein. Er bekam zu essen, immer wieder Kaffee und konnte bei jeder Pause rauchen. Viele Stunden später – es war längst schon wieder dunkel – sagte Otto D. bei einer erneuten Pause zu mir, dass er nicht verstehe, warum wir ihn weder anspucken noch anschreien noch misshandeln würden, warum wir uns ihm gegenüber so menschlich verhielten, obwohl wir doch aus seinem eigenen Mund gehört hätten, was für ein Monster er sei. Ich weiß nicht, ob er es wirklich verstand, als ich erwiderte, dass es nicht unsere Aufgabe sei, Menschen zu verurteilen oder gar zu verdammen. Unsere Aufgabe bestehe nur darin, Straftaten zu klären und dabei so objektiv wie möglich zu ermitteln.

Der Mordfall an Sinead ist ein Paradefall für die Problematik, die sich in Deutschland immer wieder aus der besonderen rechtlichen Stellung von Tatverdächtigen beziehungsweise Beschuldigten ergibt: Hätte der Beschuldigte von seinem grundgesetzlich garantierten Recht, noch in Bremerhaven und damit vor Beginn seiner Vernehmung einen Rechtsanwalt hinzuzuziehen, Gebrauch gemacht, so wäre der Mord an Sinead O. mit absoluter Sicherheit niemals geklärt und niemals gesühnt worden. Der Rechtsanwalt hätte ihm – das ist die stereotype Vorgehensweise von Anwälten zumindest im Bereich von Tötungsdelikten – mit allergrößter Wahrscheinlichkeit empfohlen, ohne vorherige Akteneinsicht keinerlei Angaben zur Sache zu machen. Beim Studium der Ermittlungsakten hätte der Anwalt sofort erkannt, dass das im Slip des Opfers nachgewiesene Sperma des Beschuldigten keinerlei zwingenden Beweis gegen seinen Mandanten darstellte. Niemand hätte die Behauptung, dass es bereits einige Zeit vor der Tat zu einvernehmlichem Geschlechtsverkehr gekommen sei, widerlegen können. Ohne das Geständnis, bei dem der Täter letztlich Täterwissen preisgegeben hat, wäre eine Verurteilung mangels weiterer Beweismittel nicht möglich gewesen.

Trotz solch scheinbarer »Unwägbarkeiten« wird dieses Recht eines Beschuldigten selbstverständlich von jedem Polizeibeamten in Deutschland ohne Wenn und Aber respektiert. Auch dass ein Beschuldigter in gewissen Grenzen und für ihn völlig folgenlos lügen darf, entspricht dem Willen unseres Gesetzgebers, wenngleich dieser Umstand nicht selten zu ganz erheblichem Mehraufwand bei den Ermittlungen führt. So könnte ein Beschuldigter einfach behaupten, eine x-beliebige Person, die mittlerweile leider irgendwo im Ausland lebt, könne ihm ein Alibi geben. Man kann sich unschwer vorstellen, wie aufwändig es ist, eine Person ohne nähere Angaben zu ihrem tatsächlichen Auslandswohnort aufzuspüren, nur um dann die Bestätigung dafür zu erhalten, dass ihr der Beschuldigte völlig unbekannt ist. Da diese Möglichkeiten zu schweigen oder zu lügen, um der Strafverfolgung zu entgehen, aber nun mal Bestandteil unseres Strafverfahrensrechtes sind und damit auch unserer freiheitlich demokratischen Grundordnung, auf die jeder Polizeibeamte einen Eid geleistet hat, wird dieses Recht als selbstverständlich akzeptiert.

Nur schwer nachvollziehbar ist hingegen für viele Polizeibeamte, dass ein Beschuldigter in keiner Weise verpflichtet ist, einer polizeilichen Ladung Folge zu leisten. So ist es für einen ermittelnden Polizeibeamten selbst bei Kapitaldelikten ausgeschlossen, einen in Untersuchungshaft einsitzenden Beschuldigten ohne dessen Einverständnis zu besuchen oder gar zu vernehmen. Hat der Verdächtige »keinen Bock, mit einem Bullen zu reden«, so bleibt er einfach in seiner Zelle sitzen, zu der wiederum der Polizeibeamte keinen Zugang erhält. Ich gebe zu: Ich hätte keine überzeugenden Argumente parat, um zum Beispiel den Eltern eines ermordeten Kindes zu erklären, dass es im Interesse unseres Rechtsstaates unabdingbar erforderlich ist, Polizeibeamten zu verweigern, den möglichen Mörder ihres Kindes auch nur sehen zu dürfen, wenn diese Person das nicht wünscht.

DIE VERNEHMUNG – DER WICHTIGSTE SCHLÜSSEL ZUM ERFOLG

Die Berichte über die spektakulären Erfolge bei der Aufklärung lange zurückliegender Kapitalverbrechen dank solcher DNA-Treffer verleiten gern dazu, diese Technik als Universalwaffe im Kampf gegen das Verbrechen zu betrachten. Doch so wichtig der genetische Fingerabdruck bei der Aufklärung von Verbrechen ist, lässt die Übereinstimmung von Tatortspuren mit dem DNA-Muster einer bestimmten Person – wie wir gesehen haben – nicht zwingend einen Rückschluss auf deren Täterschaft zu. Eine am Tatort vorgefundene Zigarettenkippe kann jeder x-beliebige Raucher bereits vor der Tat dort weggeworfen haben. Ein Haar an der Jacke eines Mordopfers kann bei einer völlig harmlosen, zufälligen Berührung in einer überfüllten U-Bahn Tage vor der Tat auf die Kleidung des späteren Opfers übertragen worden sein. Vor allem aber darf man einen Aspekt nicht außer Acht lassen, nämlich die Möglichkeit, dass ein Täter bewusst einen Gegenstand mit DNA-Anhaftungen einer anderen Person am Tatort platziert, um eine falsche Spur zu legen.

Ob ein Tötungsdelikt aufgeklärt werden kann oder ob der Vorgang eines Tages als ungeklärter Altfall, als »cold case«, in den Archiven zu verstauben beginnt, hängt also nach wie vor ganz wesentlich mit von der Vernehmung ab. Sie ist die hohe Schule polizeilicher Handwerkskunst. Die folgenden Ausführungen wollen Ihnen einen kleinen Einblick in die kriminalistischen Besonderheiten gewähren, Abweichungen sind natürlich möglich und hängen vom Typus des Beschuldigten und weitestgehend vom Erfahrungsschatz des Vernehmungsbeamten ab.

Die Vernehmung eines mordverdächtigen Beschuldigten verlangt ein Höchstmaß an Konzentration und Ausdauer und – wenn irgend möglich – auch eine intensive Vorbereitung. Sie sollte in einem Raum mit einer ruhigen Atmosphäre stattfinden, neutral und eher spartanisch eingerichtet, um eine Ablenkung durch optische Reize zu verhindern. Selbstverständlich muss die Eigensicherung gewährt sein.

Ein Verdächtiger, der zu befürchten hat, dass er lebenslänglich ins Gefängnis und möglicherweise anschließend für den Rest seines Lebens in Sicherungsverwahrung kommen wird, hat einen außerordentlich hohen Anreiz, sich dieser düsteren Zukunft durch Angriff und Flucht zu entziehen.

Ein tatverdächtiger Zeuge (gegen ihn besteht ein vager Anfangsverdacht) und natürlich erst recht ein Beschuldigter (gegen ihn liegt ein konkreter Tatverdacht vor) wird daher immer von mindestens zwei Polizeibeamten – im Normalfall die Vernehmungsbeamten der Mordkommission – gleichzeitig beaufsichtigt. Seine Sitzposition ist so zu bestimmen, dass weder ein überraschender Angriff noch ein Fluchtversuch möglich ist. Auch ein plötzlicher Sprung aus dem Fenster in Suizidabsicht ist immer ins Kalkül zu ziehen.

Ein Beschuldigter – bei Tötungsdelikten ist er zu diesem Zeitpunkt so gut wie immer bereits vorläufig festgenommen oder verhaftet – wird vor Beginn jeder Vernehmung nach gefährlichen Gegenständen durchsucht. Fesselungen, die dem Beschuldigten während des Transportes angelegt wurden, werden abgenommen, soweit dies aus Gründen der Eigensicherung vertretbar erscheint.

Der Vernehmungsbeamte – häufig, aber nicht zwangsläufig der Hauptsachbearbeiter des Vorganges – belehrt den Verdächtigen bzw. den Beschuldigten vor Beginn der Vernehmung und stellt ihm dann die Fragen. Die Antworten des Beschuldigten diktiert er im Idealfall (sprich: falls verfügbar) einer Schreibkraft, die die Vernehmung wörtlich protokolliert. Alle Unterbrechungen werden mit den genauen Uhrzeiten im Protokoll vermerkt, so zum Beispiel Pausen, während derer sich der Beschuldigte mit seinem Anwalt berät, aber auch Essens-, Kaffee- oder Rauchpausen und Toilettengänge. Ebenfalls protokolliert sollte werden, wann der zu Vernehmende Speisen, Getränke oder Zigaretten erhält und um welche Speisen und Getränke es sich dabei handelt. Damit kann man spätere Vorwürfe entkräften, der Beschuldigte habe unter Hunger und

Durst gelitten und nur deshalb ein – falsches – Geständnis abgelegt. Gibt ein Beschuldigter an, Medikamente einnehmen zu müssen, so ist ihm dies erst zu gestatten, nachdem ein Arzt ihn untersucht und die Medikamente überprüft sowie sein Einverständnis und eine klare Dosierungsanweisung erteilt hat. Dies ist ebenso im Protokoll zu vermerken wie Unterbrechungen, um ein Gebet zu verrichten, wie dies beispielsweise im Islam zu bestimmten Zeiten vorgesehen ist.

Es sei an dieser Stelle noch erwähnt, dass während einer polizeilichen Vernehmung – im Gegensatz zu einer Vernehmung durch die Staatsanwaltschaft oder das Gericht – der Rechtsanwalt eines Beschuldigten kein Anwesenheitsrecht hat. Gleichwohl kann ihm der Vernehmungsbeamte das gestatten. Vor und zu jedem Zeitpunkt während einer Vernehmung kann sich ein Beschuldigter jedoch mit einem Anwalt seiner Wahl beraten.

Die Beschuldigtenvernehmung bei Tötungsdelikten weist im Gegensatz zu allen anderen polizeilichen Vernehmungen zwei Besonderheiten auf. Das liegt zum einen an der Strafbestimmung für Mord im Strafgesetzbuch. Der Mörder erhält eine lebenslange Freiheitsstrafe, heißt es dort. Keine Chance also, den Hinweis einzusetzen, dass die Gerichte in der Regel ein frühes und umfassendes Geständnis strafmildernd berücksichtigen. Lebenslang bietet dafür keinerlei Spielraum.

Zum anderen spielt der psychische Zustand des Beschuldigten während der Vernehmung eine außerordentlich wichtige Rolle. Der Vernehmungsbeamte und der Beschuldigte sind sich – im Gegensatz zu Darstellungen in vielen Krimis – bis zum Zeitpunkt der Vernehmung persönlich völlig unbekannt. Trotzdem muss der Vernehmungsbeamte versuchen, sein Gegenüber zu veranlassen, ihm ein umfassendes Geständnis abzulegen. Und dabei vielleicht die abscheulichsten Details zu beichten, die sich ein Mensch nur ausdenken kann. Der Täter soll womöglich darüber sprechen, wie grausam er sein Opfer über einen langen Zeitraum hinweg gequält hat, wie er ein wehrloses, gefesseltes Kind trotz dessen verzweifelten

Flehens bestialisch ermordet und anschließend zerstückelt hat. Ja, vielleicht sogar auch darüber, dass ihm die Qual des Opfers eine nie zuvor verspürte sexuelle Befriedigung verschafft hat. Möglicherweise hat sich der Täter an der Leiche vergangen oder er hat Leichenteile als Fetisch mitgenommen oder aufgegessen. Unvorstellbare Handlungen, über die der Täter nun im Beisein der für ihn völlig fremden Personen – also der Vernehmungsbeamten, der Protokollführerin, vielleicht seines Rechtsanwaltes, eines Dolmetschers oder eines Staatsanwaltes – offen sprechen soll. Erlebnisse, die er oft selbst als abscheulich einschätzt und für die er sich unendlich schämt. Und was wird ihm dafür als Gegenleistung in Aussicht gestellt? Eine sehr, sehr lange Haftstrafe, vielleicht auch eine anschließende Sicherungsverwahrung bis an sein Lebensende.

Dies also sind die Hürden, die im Laufe der Vernehmung genommen werden müssen. Schließlich haben die Opfer, ihre Angehörigen und nicht zuletzt auch unsere Gesellschaft einen Anspruch auf rückhaltlose Aufklärung, auf Gerechtigkeit und Sühne. Zugegeben, nicht in jedem Fall und bei jedem Tötungsdelikt sind die Fakten so drastisch. Immer aber besteht die Diskrepanz darin, dass man den Beschuldigten dazu bringen möchte, ein umfassendes Geständnis abzulegen, das zwangsläufig mit dazu beitragen wird, ihn für lange Zeit zu inhaftieren.

Und trotzdem beweisen erfahrene Vernehmungsbeamte immer wieder aufs Neue, dass sich dieser Konflikt lösen lässt. Die Mehrzahl der Beschuldigten bei Tötungsdelikten ist schließlich dazu bereit, über ihre Tat zu sprechen. Jeder hat in seinem Leben selbst schon mal aus den unterschiedlichsten Gründen – ich sage es einmal salopp – »Mist« gebaut. Wenn man sich anschließend dafür rechtfertigen soll, ist man bemüht, die Verfehlung in einem möglichst milden Licht erscheinen zu lassen. Dies gilt natürlich auch für den Totschläger und Mörder. Ihm Vorwürfe zu machen, wäre daher kontraprodukiv. Also wird man seine Aussage zu Protokoll nehmen, auch wenn man vermutet, dass er die Schilderung der Tat stark beschönigt hat. Die Erfahrung lehrt jedoch, dass in jeder Aussage immer ein Quäntchen Wahrheit steckt, das herauszufinden eine besondere Herausforderung darstellt. Ich habe mir längst den Wahlspruch eines Kollegen aus meiner Kommisssion zu eigen gemacht, dessen Vernehmungsgeschick fast schon legendär ist; sein Leitspruch lautet:»Die Lüge orientiert sich immer an der Wahrheit!«

Eine wesentliche Hilfe beim Erkennen von Lügen bietet das sogenannte nonverbale Verhalten des Verdächtigen. Profis können daran erkennen, in welche Teile der Aussage eine Lüge eingebettet wurde oder durch welche Fragen man der Wahrheit sehr nahe kommt. Jeder Mensch zeigt in stressbelasteten Situationen ungewollt und unbewusst körperliche Reaktionen, die für den Vernehmer wahre Bände sprechen können. Dazu gehören nervöses Augenzwinkern, trockene Lippen oder Erröten ebenso wie die ständige Veränderung der Sitzposition, das Herumspielen an Gegenständen, Kneten der Finger oder das Anfassen der Ohrläppchen. Das Verschränken der Arme vor der Brust oder das Zusammenpressen der Beine bei gleichzeitigem seitlichem Abwenden vom Fragenden signalisieren dem aufmerksamen Betrachter deutlich, dass er mit seiner Frage den Kern einer Sache berührt hat und der zu Vernehmende Angst hat, dass in dieser Richtung weitergefragt wird. Geradezu ein Klassiker ist es, wenn der Beschuldigte während einer Antwort mit Daumen und Zeigefinger an seiner Nasenspitze reibt. Dies bedeutet so viel wie »Achtung, jetzt lüge ich gerade!«. Eine Geste, die man übrigens gar nicht so selten in Fernsehdiskussionen beobachten kann …

Da jeder Mensch anders belastbar ist und einen unterschiedlichen Erfahrungsschatz im Lügen oder Schwindeln hat, also entsprechend unterschiedliche Reaktionsabstufungen zeigt, verschafft sich der erfahrene Vernehmer zunächst einmal einen Eindruck von seinem Gegenüber. Dazu stellt er ihm zunächst völlig unverfängliche Fragen – etwa über dessen Familie – und studiert die Verhaltensmuster bei wahrheitsgemäßen Antworten. Sodann kann man das Gespräch zum Beispiel auf die gegenwärtige Vernehmungssituation bringen und auch darauf, dass man sich nach besten Kräften darum bemühen wird, die Wahrheit herauszufinden. Auch mit der möglichen Konsequenz für den Beschuldigten, dass er im Falle seiner Täterschaft eine langjährige Haftstrafe zu gewärtigen hat. So kann man sich unschwer ein Bild davon machen, wie der Beschuldigte reagiert, wenn er sich unwohl fühlt oder wenn er Angst hat.

Indem man dem Beschuldigten offen und ehrlich vor Augen führt, dass man als Angehöriger der Mordkommission die Aufgabe hat, Morde aufzuklären und die dafür Verantwortlichen der Justiz zu überantworten, schafft man klare Fronten. Dies führt dazu, dass der Beschuldigte zu dem Vernehmer trotz der Bedrohlichkeit der in Aussicht gestellten intensiven Ermittlungen ein gewisses Vertrauensverhältnis aufbaut.

Im Laufe seiner Vernehmung durchlebt und zeigt der Beschuldigte unterschiedliche physische und psychische Phasen. Er wird an die Tat erinnert, die er – wie dies bei der Aufklärung von Altfällen immer wieder vorkommt – häufig bereits aus seinen Gedanken verdrängt hatte, und durchlebt nochmals die Zeit und die Umstände, die ihn zu der Tat veranlasst haben. Aber auch tiefe Reue und Mitleid mit seinem Opfer und dessen Angehörigen können den Täter quälen, so mancher hat nach seiner Tat jeden Halt verloren und landete irgendwann als menschenscheuer Sonderling auf der Straße. Andere berichten darüber, dass sie die Schreie oder schrecklichen, gurgelnden Geräusche ihres Opfers während des Todeskampfes nicht mehr aus dem Gedächtnis bekommen. Dann wieder gibt es Phasen während einer Vernehmung, in denen manche Täter beim Gedanken an die bevorstehende öffentliche Schmach und die vor ihnen liegende Strafe Panikattacken erleiden. Täter, die sich an Kindern vergangen haben, befürchten zusätzlich die tiefe Verachtung und Übergriffe durch andere Gefangene, für die Kinderschänder auf der untersten Stufe in der Gefängnishierarchie stehen.

Täter, die aus einem scheinbar normalen Umfeld stammen, die verheiratet sind, Kinder haben, vielleicht hohes

Ansehen bei Freunden und Bekannten genießen und im Beruf etwas erreicht haben, erkennen, dass mit der Verhaftung und der zu erwartenden Verurteilung von einem Moment zum anderen ihr bisheriges Leben zu Ende ist. Die bevorstehende Verlobung der Tochter, der bereits gebuchte Urlaub, der begonnene Umbau des eigenen Hauses, die in Aussicht gestellte Beförderung, der bestellte Neuwagen: alles mit einem Schlag hinfällig!

Wenn man den mutmaßlichen Täter durch das Aufzeigen von Widersprüchen, die Information über Zeugenaussagen oder objektive Sachbeweise (wie beispielsweise Fingerabdrücke oder phonetische Gutachten) schließlich dazu gebracht hat, dass er die Sinnlosigkeit weiteren Leugnens erkennen muss, so zeichnet sich das bevorstehende Geständnis nicht selten durch eine einleitende Frage des Beschuldigten ab, die etwa so lautet: »*Angenommen, ich hätte mit der Sache* – das Wort »Mord« wird sorgfältig vermieden – *etwas zu tun: Mit welcher Strafe müsste ich dann rechnen?*« Wer hingegen Angst hat, sich selbst bereits in diesem Stadium der Vernehmung mit dem Begriff »Strafe« in Zusammenhang zu bringen, fragt dann etwa so: »*Was für eine Strafe würde denn den, der das getan hat, erwarten?*« Nun gilt es, sich die innere Anspannung nicht anmerken zu lassen und möglichst ruhig und gelassen zu antworten, dass allein die Staatsanwaltschaft und das Gericht über den Tatbestand entscheiden und die Höhe der Strafe festlegen können. Man tut so, als habe man die Brisanz des Augenblickes nicht erkannt, dabei wagt man kaum mehr zu atmen, während man auf die Reaktion des Gegenübers lauert. Eine fast unnatürlich wirkende Stille lastet plötzlich schwer wie Blei im Raum; die Situation erscheint einem irgendwie surreal. Fast hat man Angst davor, durch eine falsche Bewegung oder eine unpassende Bemerkung den Bann zu brechen, man fühlt sich ein bisschen so wie ein kleines Kind, das versucht, eine Seifenblase mit den Händen zu greifen, ohne dass die Blase platzt.

Und dann fällt der entscheidende Satz in diese Stille, kurz nur, mit leiser Stimme ausgesprochen, und dennoch hallt er im Kopf nach wie der Schuss aus einer Kanone: »*Ja, ich hab's getan.*«

Mit diesem kleinen, unscheinbaren Satz geht vielleicht eine jahrelange Jagd nach einem Täter zu Ende, von dem man anfangs nur wusste, was er gemacht hatte. Nach und nach erst konnten durch zähe und langwierige Ermittlungen mehr Erkenntnisse über die Person des Unbekannten erlangt werden, die irgendwann schließlich dazu führten, dass der Beschuldigte ins Fadenkreuz der Ermittlungen gelangte. Und nun bekommt man die Bestätigung dafür, dass alle Überlegungen gepasst haben, dass die beharrlich und nicht selten auch gegen den Widerstand aus den eigenen Reihen vorangetriebenen Ermittlungen der richtigen Theorie gefolgt sind. Man sollte meinen, dass man nun ein Gefühl wilden Triumphes verspüren müsste, wie ein Jäger, der wochenlang hinter einem kapitalen Hirsch her gewesen ist, den er nun endlich erlegen konnte. Doch weit gefehlt. Nicht das Gefühl des Triumphes ist es, was einen in diesem Moment bewegt, sondern eine Leere, eine Art Erschöpfung; man denkt an die Familie des Opfers, die nun beginnen kann, ihre Trauer bewusst aufzuarbeiten. Man denkt an den Täter und dessen Familie, wie fürchterlich die Nachricht sie treffen wird, sobald sie erfahren, dass der Sohn, die Schwester, der Vater oder der Ehepartner ein Mörder ist. Die Medien werden sich auf den Fall stürzen und die Nachbarn mit Fingern auf die Kinder des Täters zeigen. Man ist dankbar, dass man auf der »richtigen« Seite des Schreibtisches sitzt, und man denkt daran, wie wunderschön es sein wird, an diesem Abend aus dem Büro hinauszugehen, ohne dass einen eine schwere Tür daran hindert. Nein, Triumph habe ich noch niemals verspürt, wenn es meinen Kollegen und mir wieder einmal gelungen ist, einen Mord aufzuklären.

Was folgt, ist für die Beamten der Mordkommission Routine: das Geständnis des Täters in allen Einzelheiten zu protokollieren und die Einzelheiten der Tat dabei so zu hinterfragen, dass man sicher sein kann, den Täter und nicht etwa einen psychopathischen Trittbrettfahrer vor sich zu haben.

Für den Täter ist das Geständnis hingegen vielleicht der erste Schritt, seine Vergangenheit aufzuarbeiten, sich eine schwere Last von der Seele zu reden und damit die Grundlage zu schaffen, irgendwann einmal wieder ein normales Leben führen zu können – ohne permanent in der Angst davor leben zu müssen, wegen irgendeiner Körperzelle an einer Leiche, die seine DNA enthält, im Morgengrauen von Beamten eines Spezialeinsatzkommandos unsanft geweckt zu werden.

SEXUALMORD AN RENTNERIN

Der genetische Fingerabdruck sollte auch im folgenden Fall den Täter überführen, die Zeitspanne, die zwischen Tat und Geständnis lag, war diesmal sogar noch länger, nämlich 18 Jahre.

Im Oktober 1986 wurde eine damals siebenundsiebzigjährige Frau, Sophie G., erdrosselt in ihrem Einzimmerappartement in München-Kleinhadern aufgefunden. Der Hausmeister hatte sich Sorgen um die alte Frau gemacht, weil er sie seit über einer Woche nicht mehr gesehen hatte, und die Polizei verständigt.

Rasch war klar, dass die Frau Opfer einer Gewalttat geworden war. Um ihren Hals war ein Handtuch verknotet, auf dem Gesicht lag ein Kissen. Die Wohnung war einfach und bescheiden eingerichtet und zeugte davon, dass die Mieterin weder über viel Geld noch über besondere Ordnungsliebe verfügte. Die Ermittlungen gestalteten sich äußerst schwierig, da die Frau häufig alleinstehenden Männern, die sie bei ihren zahlreichen Gaststättenbesuchen im Bereich des Hauptbahnhofes kennenlernte, eine Schlafgelegenheit anbot. Dies tat sie nicht aus sexuellen Motiven heraus, sondern aus Mitleid mit den Gestrauchelten und Einsamen und wohl auch ein bisschen aus Eigennutz, da sie am liebsten in Gesellschaft trank. Das hatte ihr im Obdachlosenmilieu den Spitznamen »Rotwein-Sophie« eingebracht. Die Spurensicherungsmaßnahmen in der Wohnung des Opfers erbrachten keinen konkreten Hinweis auf den oder die Täter. Allerdings ließen mehrere Zigarettenstummel in der Wohnung die Vermutung zu, dass die Frau, die selbst nicht rauchte, von einem Besucher ermordet worden war, der sich längere Zeit hier aufgehalten hatte. Die Zigarettenstummel waren damals routinemäßig gesichert und asserviert worden.

Nachdem seinerzeit trotz aller Bemühungen der Mordkommission die Tat nicht geklärt werden konnte, war der

Vorgang eines Tages zu den Akten gelegt worden. Als wir nun im Rahmen der Überprüfung der ungeklärten Altfälle diesen Mordfall wieder aus dem Aktenkeller holten, nahm sich ein Kollege des Vorgangs an, der für besondere Beharrlichkeit und Ausdauer bekannt ist.

Zum Zeitpunkt der erneuten Überprüfung war es unserer Dienststelle schon mehrfach gelungen, mit Hilfe der revolutionären DNA-Technik Altfälle zu klären. Auch jetzt hofften wir darauf, dass uns die Asservate, in unserem Falle also die Zigarettenstummel und das Drosselwerkzeug, den genetischen Code des Täters verraten würden. Tatsächlich gelang es den Experten der Rechtsmedizin, ein individuelles DNA-Muster zu bestimmen. Jetzt wurde es für uns spannend: Würde der Suchlauf erfolgreich sein, gab es vom Mörder bereits wegen einer anderen Straftat einen genetischen Code in der zentralen Datenbank beim Bundeskriminalamt? Enttäuschung machte sich breit, als wir erfuhren, dass sich unsere Hoffnung nicht erfüllen würde. Für »unser« DNA-Muster gab es keinen Treffer. Dennoch blieben wir optimistisch: waren wir doch durch die Formel dem mutmaßlichen Mörder ein ganz erhebliches Stück nähergekommen, auch wenn wir bis dato weder sein Gesicht noch seinen Namen kannten. Die Erfahrung zeigt nämlich immer wieder, dass Gewalttäter häufig durch weitere Gewaltdelikte auffallen. Sollte er also irgendwann nochmals in Erscheinung treten und dabei einem Speicheltest unterzogen werden, so könnten wir den Fall klären.

Nachdem die anderen Überprüfungen keine neuen Ermittlungsansätze gebracht hatten, wurde der Fall wieder zu den Akten gelegt. Eine Zeitlang trat der Mord an der Rentnerin Sophie G. durch die Fülle der täglichen Ereignisse in den Hintergrund. Aber nicht ganz. Denn der Rechner beim Bundeskriminalamt vergisst nichts. Und so machte er brav Meldung, als er 2004, also achtzehn Jahre nach dem Mord, im automatisierten Abgleich auf das DNA-Muster eines Mannes stieß, der ein Sexualdelikt an seiner Freundin begangen hatte. Es passte exakt zu dem Tatortmuster der Zigarettenstummel aus der Wohung der »Rotwein-Sophie«.

Als uns das Ergebnis telefonisch vorab durchgegeben wurde, begannen wir sofort mit umfangreichen Recherchen nach dem Spurenverursacher. Wir erfuhren, dass dieser Mann, Fritz B., bereits sieben Jahre im Gefängnis verbüßt hatte, da er als Anführer einer Jugendgang über einen längeren Zeitraum hinweg in einem Münchner Einkaufszentrum sein Unwesen getrieben hatte. Dabei war er immer wieder auch durch alkoholbeeinflusste Straftaten aufgefallen. Eigentlich wäre angesichts dieser Tatsache zu erwarten gewesen, dass das genetische Muster des Täters längst in unserer Datenbank hätte erfasst sein müssen – doch weit gefehlt! Die restriktiven Vorgaben unserer Datenschutzbestimmungen hatten dies bis zu dem sexuellen Übergriff des Tatverdächtigen nicht ermöglicht.

Nun galt es, die Tatrelevanz der Spur zu überprüfen, über die das Muster des Verdächtigen gewonnen worden war. Allein mit den Zigarettenkippen würde sich der zwingende Nachweis, dass der Raucher von einst auch der Mörder gewesen sein musste, nicht erbringen lassen. Immerhin aber reichte die Übereinstimmung der DNA-Muster dazu aus, einen dringenden Tatverdacht gegen den Besucher von damals zu begründen und somit einen Haftbefehl gegen Fritz B. zu erwirken. Dennoch war behutsames, taktisches Vorgehen angesagt.

Wir konnten in Erfahrung bringen, dass der Verdächtige seit Kurzem in einem oberbayerischen Ort in einem Entziehungsheim für Alkoholkranke lebte. Am frühen Morgen des nächsten Tages machten wir uns zu dritt auf den Weg. Es waren auf den Tag genau achtzehn Jahre seit dem Mord vergangen. Von der Heimleitung erfuhren wir, dass Fritz B. gerade an einer Gruppensitzung teilnahm. Wir baten darum, ihn unter einem Vorwand zu uns zu bringen. Fritz B. war offensichtlich ahnungslos, er wirkte entspannt und neugierig. Als ich uns vorstellte und ihm erklärte, dass wir der Münchner Mordkommission angehörten, erschrak er jedoch sichtlich. Wir postierten uns unauffällig so, dass ihm weder für einen Fluchtversuch noch für einen überraschenden Angriff Platz blieb. Nachdem ich ihm außerdem eröffnet hatte, dass ihn seine Vergangenheit eingeholt habe und er in dem dringenden Verdacht stehe, vor achtzehn Jahren eine Rentnerin getötet zu haben, veränderte sich sein Gesichtsausdruck auf beeindruckende Weise. Der gleichgültig interessierte Blick bekam von einer Sekunde zur anderen einen gehetzten Ausdruck, die Farbe des Gesichtes verwandelte sich schlagartig in ein dunkles Rot und Sekunden später in fahle Blässe. Während ich den Beschuldigten routinemäßig über seine Rechte belehrte, beobachtete ich mein Gegenüber gespannt. Schnell war jedoch zu erkennen, dass von diesem durch seinen langjährigen Alkoholmissbrauch gezeichneten Mann kein Widerstand zu erwarten sein würde. Sein Blick verlor sich in der Ferne, die Schultern sackten nach vorne und seine Stimme war kaum zu verstehen, wenn er auf unsere Fragen antwortete. Wir händigten dem Mann den Haftbefehl und den Durchsuchungsbeschluss aus und ließen ihm Zeit, die Dokumente durchzulesen. Nun legten wir dem Beschuldigten zur Eigensicherung und zur Verhinderung eines Fluchtversuches Handfesseln an. Gemeinsam mit ihm und einer Durchsuchungszeugin betraten wir sein Zimmer und begannen, es systematisch und mit großer Akribie nach Beweismitteln zu durchsuchen, was allerdings keinerlei Hinweise auf die Tat erbrachte. Wie weiter vorne schon angesprochen, lassen sich mitunter auch nach so langer Zeit noch Beweismittel finden, und zwar zumeist dann, wenn die Täter zur Erinnerung an ihre Taten »Trophäen« sammeln. Dies können Fotos ermordeter Opfer oder Zeitungsausschnitte über die Tat, Wäschestücke vergewaltigter Frauen, abgeschnittene Haarlocken oder andere persönliche Gegenstände, wie Schmuck oder Ausweise, sein.

Wir transportierten den Verhafteten in unserem Dienstwagen ins Präsidium. Zögernd räumte Fritz B. schließlich bei seiner Vernehmung ein, »für den Tod der Frau verantwortlich« zu sein. Er habe bereits in den letzten Monaten immer wieder gelesen, dass alte Mordfälle nach und nach dank der modernen kriminaltechnischen Möglichkeiten geklärt werden können, und deswegen auch schon ernsthaft erwogen, sich selbst bei der Polizei zu stellen: Letztlich aber habe ihm dazu der Mut gefehlt.

An Einzelheiten konnte er sich angeblich nicht mehr erinnern, er sei damals stark betrunken gewesen. Dennoch konnte er Details zu der Tatwohnung und zum Opfer angeben, die zweifelsfrei Täterwissen preisgaben. Seine Täterschaft stand somit für uns eindeutig fest. Da am Opfer seinerzeit Spuren sexueller Handlungen festgestellt worden waren und Fritz B. damals fast sechzig Jahre jünger als sein Opfer war, erschien es uns nachvollziehbar zu sein, dass er aus Scham zur eigentlichen Tat Erinnerungslücken vorgab. Diese bewahrten ihn jedoch nicht vor einer langjährigen Freiheitsstrafe.

IM BLUTRAUSCH

Pünktlich um 16.30 Uhr Feierabend zu machen und nach Hause zu fahren, erwies sich an diesem schönen Herbstabend als keine gute Idee. Denn nun musste ich einen erheblich längeren Anfahrtsweg in Kauf nehmen, um zu einem Appartement in einer ruhigen Wohngegend im Süden Münchens zu kommen, in dem eine junge Vietnamesin erstochen aufgefunden worden war. Zunächst war das Geschehen gar nicht als Tötungsdelikt erkannt worden, weshalb eine Besatzung des Kriminaldauerdienstes im Beisein eines Leichenschauers damit begonnen hatte, die Tote zu entkleiden. Erst als sie die Leiche umdrehten, entdeckten die Kollegen zahlreiche Einstiche, woraufhin sie sofort jegliche weitere Aktivität am Tatort einstellten und nichts mehr veränderten.

Meine Frau brachte mir – noch während ich telefonierte – wortlos eine Tasse Kaffee und fragte leise: »Abendessen?« Ich legte die Hand kurz über die Sprechmuschel. »Leider ohne mich!« Vor meinem geistigen Auge zog für einen Moment eine große Platte mit griechischen Spezialitäten vorüber, genannt Delphiteller, die heute Abend unverzehrt in der Küche meines Lieblingsgriechen stehenbleiben würde. Aber beim Gedanken an meine neue Badezimmerwaage mit der Einhundert-Gramm-Einteilung fiel mir der Verzicht nicht ganz so schwer.

Ich verabschiedete mich von meiner Frau, die zu begrüßen ich noch gar nicht richtig Zeit gefunden hatte, würgte einen Gesprächsversuch meines Nachbarn im Vorgarten mit einer Entschuldigung ab und startete. Am Einsatzort erwarteten mich rund dreißig Minuten später die Erstzugriffsbeamten der zuständigen Polizeiinspektion, die mir einen handschriftlich ausgefüllten Bericht übergaben. Die Tote hatte vermutlich im Erdgeschoss dieses dreigeschossigen Appartementhauses gewohnt und als Bedienung in einem vornehmen Restaurant in der Nähe gearbeitet. Ob es sich bei der Toten allerdings tatsächlich um die Wohnungsinhaberin handle, sei derzeit unbekannt. Bereits vor dem Eintreffen der Schutzpolizei hatten Feuerwehrleute die Wohnungstür eingetreten. Bei einem Blick durch das Fenster hatten die Retter die Frau in einer großen Blutlache am Boden liegen sehen und rasch gehandelt, da nicht feststand, ob sie noch lebte. Sie mussten jedoch feststellen, dass jede Hilfe zu spät kam. Ohne weitere Veränderungen am Tatort vorzunehmen, hatten sich die Rettungskräfte wieder aus der Wohnung zurückgezogen und den Kriminaldauerdienst verständigt. Das ist bei unklaren Todesfällen so üblich, wenn nicht feststeht, ob nicht vielleicht ein Unfall oder Suizid vorliegt.

Im abgesperrten Korridor des Erdgeschosses traf ich auf die Kollegen des KDD. Mittlerweile waren auch meine beiden Kollegen unserer Mordbereitschaft und die Staatsanwältin vor Ort. Wir erfuhren, wie die Leiche entdeckt worden war. Ein Mitarbeiter des Restaurants, in dem die Tote, Bian V., gearbeitet hatte und in dem man sie als außergewöhnlich pünktlich und zuverlässig schätzte, hatte sich Sorgen gemacht, weil seine Kollegin unentschuldigt nicht zur Arbeit erschienen war. Seine wiederholten Versuche, sie telefonisch zu erreichen, schlugen fehl. Besonders beunruhigte ihn, dass ihr Handy abgeschaltet war. Mit einem Kollegen suchte er ihre Wohnung auf. Nachdem auf ihr Klingeln und Klopfen nicht geöffnet wurde, entschlossen sich die beiden, Vermisstenanzeige zu erstatten. Da die Kriterien dafür jedoch zu diesem Zeitpunkt nicht erfüllt waren, hatte man die Männer gebeten, damit noch zu warten. Daraufhin waren beide nochmals zur Wohnung gefahren; diesmal aber hatten sie aus dem Lokal eine kleine Leiter mitgenommen, mit deren Hilfe sie durch das Fenster in die Wohnung blicken konnten. Und dabei hatten sie Bian V. in einer großen Blutlache auf dem Boden entdeckt.

Inzwischen waren die Beamten des Erkennungsdienstes mit ihrem Equipment vollzählig am Tatort eingetroffen und begannen mit der fotografischen Dokumentation und mit der Spurensicherung. Nach geraumer Zeit kam einer der Beamten aus dem Appartement zu mir in den Hausflur und sagte, dass ich mir nun selbst ein Bild machen könne. Die Spurensicherungsmaßnahmen im Flur und im vorderen Bereich des Wohnraumes waren so weit abgeschlossen, dass ich keine Spuren mehr verändern oder vernichten konnte. Es ist üblich, dass bei einem Kapitaldelikt zunächst ausschließlich Beamte des Erkennungsdienstes in ihrer Schutzkleidung einen Tatort betreten. Doch sind in der Regel bereits Auffindungszeugen, Sanitäter oder Erstzugriffsbeamte vor Ort gewesen, die – sei es aus der anfänglichen Unkenntnis, sich an einem Tatort zu befinden, oder durch die Notwendigkeit, Erste Hilfe zu leisten – natürlich ganz normale Kleidung trugen. Um keine weiteren Spuren zu verändern, zu vernichten oder neue Spuren zu legen, wird daher ein Tatort ab dem Moment, da die Tat erkannt wird und keine weiteren Rettungsmaßnahmen mehr erforderlich sind, abgeriegelt, er ist dann eigentlich nur für die Spezialisten des Erkennungsdienstes zugänglich. Erst wenn diese »grünes Licht« geben, sollten andere Personen den Tatort betreten. Dass sich in der Praxis immer wieder Kollegen nicht an diese Regel halten, hängt vermutlich mit ihren schlechten Vorbildern aus Krimiserien zusammen.

In der Wohnung war anhand diverser Blutspuren – auch an den Wänden und am Mobiliar – zu erkennen, dass das Opfer wohl noch versucht hatte, seinem Mörder zu entkommen. Zahlreiche Bilder an Wänden und auf Kommoden und Schränken zeigten eine atemberaubend hübsche, lächelnde und lebensfrohe junge Frau; dieselbe Frau, die nun auf bestialische Weise verstümmelt zu unseren Füßen lag. Ich bin mir sicher, dass ich in diesem Moment nicht der Einzige war, der sich beim Anblick dieser fröhlichen Fotos geschworen hat, alles daranzusetzen, dass der Täter nicht ungeschoren davonkommen würde.

Mittlerweile waren genügend Unterstützungskräfte eingetroffen, sodass wir mit der Befragung der Hausbewohner und zeitgleich mit der Absuche der Umgebung nach Spuren und Beweismitteln beginnen konnten. In dem Haus wohnten überwiegend Asylbewerber, wodurch es zu diversen Verständigungsschwierigkeiten kam. Die Bewohner der beiden Wohnungen links und rechts des Tatorts waren seit längerer Zeit nicht mehr im Haus gesehen worden; niemand konnte uns sagen, wo sie sich derzeit aufhielten. Daher setzten wir unsere Hoffnung auf das Appartement oberhalb der Tatwohnung, in dem drei Asylbewerber aus Äthiopien lebten, die nach Angaben anderer Bewohner ihre Wohnung seit Tagen kaum verlassen hatten. Möglicherweise hatten sie ja etwas gehört, einen Streit oder umfallendes Mobiliar; damit wäre es vielleicht möglich, die Tatzeit einzugrenzen.

Tatsächlich trafen wir alle drei Bewohner an; leider aber verstanden sie weder Deutsch noch Englisch oder Französisch. Da auch unsere griechischen und italienischen Speisekartenkenntnisse nicht wirklich hilfreich gewesen wären, waren unsere Verständigungsmöglichkeiten zunächst erschöpft. Da meldete sich aus einer Ecke des Raumes eine Frauenstimme auf Deutsch. Zugedeckt bis zum Kinn lag eine blonde Frau in einem der drei Betten und erklärte uns, die drei Herren sprächen leider nur Äthiopisch. Erfreut über die unerwartete Hilfe, bat ich die Frau, den Herren doch bitte unser Anliegen zu übersetzen. Da blickte sie mich verwundert an: »Sie glauben doch nicht, dass ich Afrikanisch kann!« Mein verblüffter Gesichtsausdruck veranlasste meinen Kollegen, mir zuzuraunen: »Es gibt Dinge, bei denen man nicht unbedingt reden muss!« Jetzt war auch bei mir der Groschen gefallen. Ich sah mir die Frau näher an und kam zu der Erkenntnis, dass ihre besonderen Fähigkeiten eher gewerblicher denn fremdsprachlicher Natur sein dürften. Vielleicht aber war genau das der Grund, warum die drei Herren – die im Übrigen alle nur mit einem Slip bekleidet waren – seit Tagen die Wohnung nicht mehr verlassen hatten. Zur Aufklärung unseres Falls konnten die vier aber leider nichts beitragen, sie waren wohl zu sehr mit sich selbst beschäftigt gewesen.

Unterdessen war es draußen dunkel geworden. Zur Durchsuchung der Abfallcontainer hatten wir die Feuerwehr um Unterstützung gebeten, die mit einem Lichtmast auf einem

Gerätewagen den Vorplatz ausleuchtete. Dort kämpften sich –
wieder einmal – die Beamten der Einsatzhundertschaft durch
Berge stinkenden Unrates, wobei sie den Inhalt der Container
jeweils separat auf große Plastikplanen entleerten. Irgendwie war ich froh, dass meine Dienstzeit bei der Einsatzhundertschaft schon lange hinter mir lag. In einem der Container
fanden die Kollegen in einer Tüte ein Küchenmesser, das eine
Beamtin des Erkennungsdienstes asservierte. Sonst förderte
die fast zweistündige Durchsuchung nichts zutage, was mit
der Tat zusammenhängen konnte. Bemerkenswert erschien
allenfalls, dass das Handy der Toten, von dem sie sich nach
den Aussagen ihrer Arbeitskollegen niemals getrennt hatte,
nicht im Abfall lag. Denn in der Wohnung – so viel stand mittlerweile fest – war das Handy ebenfalls nicht.

Währenddessen trafen Freunde und Angehörige der Toten
ein. Arbeitskollegen von Bian V. hatten sie informiert. Sie
waren in Begleitung eines Priesters gekommen und wirkten
sichtlich geschockt, als sie darum baten, nach ihrem religi-
ösen Brauch mit Räucherstäbchen und Gebeten Abschied
von der Toten nehmen zu dürfen, was wir ihnen natürlich
ermöglichten.

Die Befragung von weiteren Nachbarn erbrachte den Hinweis, dass Bian V. häufig Besuch von vornehm gekleideten,
sehr distinguiert wirkenden älteren Herren erhalten hatte,
manchmal an bis zu fünf Tagen in der Woche. Die Herren
fuhren allesamt noble Autos, die Kennzeichen stammten
aus verschiedenen Teilen Deutschlands. Hatte die hübsche
Vietnamesin etwa als Hostess ihr Gehalt als Bedienung
aufgebessert? Das würde unsere Arbeit auf jeden Fall nicht
gerade leichter machen.

Nachdem die Spurensicherungsarbeiten an der Leiche vor
Ort abgeschlossen waren, bestellten wir einen Leichenwagen,
um das Mordopfer ins Institut für Rechtsmedizin zu überführen. Es ist jedes Mal aufs Neue ein beklemmendes Gefühl,
wenn die Bestatter in ihren dunklen Anzügen die Bahre mit
den sterblichen Überresten eines Opfers vorübertragen, das
wenige Stunden zuvor vermutlich keinen Gedanken daran
verschwendet hat, dass es den nächsten Tag nicht mehr erle-

ben könnte. Vielleicht plant man am Morgen beim Verlassen des Hauses, gemeinsam mit Freunden oder Angehörigen nach der Arbeit zum Essen zu gehen; oder man hat gerade erst einen Urlaub gebucht, ein neues Auto bestellt oder die Farbe gekauft, mit der man sein Heim am Wochenende renovieren möchte. Man freut sich auf den Besuch der Geliebten oder des Freundes. Man wird endlich die längst überfällige Gehaltserhöhung bekommen – und man denkt an tausend andere Dinge in der nahen und fernen Zukunft. Und dann ist plötzlich alles vorbei. Unwiederbringlich. Man konnte sich nicht einmal verabschieden, von den Eltern, den Geschwistern, den eigenen Kindern oder dem Partner; sich mit niemandem mehr aussöhnen, die letzten Dinge nicht regeln. Mit jeder Bahre, die im Laufe der Jahre an einem vorbeigetragen wird, begreift man immer deutlicher, was im Leben wirklich wichtig ist. Und unwillkürlich drückt man seine Kinder oder seinen Ehepartner etwas länger und fester als sonst, wenn man an solchen Tagen nach Hause kommt.

Noch in derselben Nacht erfolgte die Obduktion. Obduktionen sind nach Tötungsdelikten, aber auch bei allen zweifelhaften Todesfällen unabdingbar und ein wesentlicher Bestandteil der Ermittlungen. Die Obduktion wird von der Staatsanwaltschaft angeordnet und findet gemäß den gesetzlich geregelten Vorgaben der Strafprozessordnung statt. Dabei muss sich, wie es im Gesetz heißt, »die Leichenöffnung, soweit dies der Zustand der Leiche erlaubt, stets auf die Öffnung der Kopf-, Brust- und Bauchhöhle erstrecken«. Eine Obduktion kann bei zartbesaiteten Seelen zu einem dauerhaften Trauma führen. Schon das Ambiente eines Sektionssaales wirkt auf Außenstehende erschreckend. Eine Reihe von Rollbahren aus Metall, die fest verankerten Obduktionstische aus Edelstahl oder aus Stein und dazu zahlreiche Werkzeuge, bei deren Anblick allein einem flau im Magen werden kann: Sägen, Meißel, Messer, Ablaufrinnen, Behälter zur Aufnahme von Organen, Gewebeproben, Maden oder diverse Flüssigkeiten und Duschvorrichtungen runden das makabere Bild ab. Dazu Gummischürzen, Überschuhe, Handschuhe, helle Scheinwerfer auf Schwenkarmen – kurz, kein Ort, an dem man liegend zu Gast sein möchte. Die besondere Note aber erhält ein derartiger Raum, wenn auf allen Sektionstischen gleichzeitig Leichen in den unterschiedlichsten Stadien der Verwesung liegen und entsprechende Gerüche verströmen (Oberbekleidung, die man während einer Obduktion getragen hat, hängt man am besten einige Tage zum Auslüften ins Freie), wenn geschäftige Rechtsmediziner die Tische umlagern, wenn Knochensägen sich durch Schädeldecken arbeiten oder Mageninhalte mittels haushaltsüblicher Schöpflöffel in Plastikgefäße abgefüllt werden. Oder wenn ganze Körperpartien, wie etwa Einstichstellen oder Einschusslöcher, komplett herauspräpariert und asserviert werden.

Eine Obduktion dient natürlich auch der sicheren Identifizierung des Leichnams. Es erfordert schon mehr als nur starke Nerven, wenn die Körper, von denen Fingerabdrücke genommen werden, bereits in Verwesung übergegangen sind. Die Damen und Herren der Rechtsmedizin besprechen währenddessen schon mal das kommende Abendessen oder es werden Tipps zur Kindererziehung, kosmetische Neuheiten oder Urlaubserlebnisse ausgetauscht. Die Fortschritte bei der Untersuchung eines Leichnams werden unterdessen von einem Beamten des Erkennungsdienstes in Farbe und im Großformat fotografisch dokumentiert, während der Beamte der Mordkommission beziehungsweise bei ungeklärten Todesfällen der Beamte des Kommissariates für Todesermittlungen der Untersuchung als Zeuge beiwohnt und dem Obduzenten Hinweise auf die Vorgeschichte des Verstorbenen oder auf die Umstände des Todes gibt. Werden Opfer von Tötungsdelikten obduziert, so nimmt regelmäßig auch ein Vertreter der Staatsanwaltschaft teil.

Am bedrückendsten sind immer Obduktionen von Kindern. Da muss man entweder in der Lage sein, eigene Empfindungen und Gefühle komplett im Interesse der Wissenschaft beziehungsweise der Ermittlungen auszuschalten, oder man quittiert den Dienst bei der Mordkommission. Nur so viel zu den oft zwei bis vier Stunden dauernden

Eindrücken, die eine Obduktion nach einem Tötungsdelikt für alle Beteiligten mit sich bringt. Für mich ist es in diesem Zusammenhang ein Rätsel, warum sich ausgerechnet so viele junge Frauen dafür interessieren, als Rechtsmedizinerin zu arbeiten.

Bei der Obduktion im vorliegenden Fall wurde festgestellt, dass der Täter mehr als einhundert Mal mit einem Messer auf sein Opfer eingestochen hatte. Wenn ein Opfer mit weit größerer Gewalt, als für das Töten erforderlich gewesen wäre, umgebracht wird – man spricht dabei von »Übertöten« -, bestand so gut wie immer eine Vorbeziehung zwischen Opfer und Täter. Das zeigt die kriminalistische Erfahrung. Besonders häufig tritt das Phänomen des Übertötens auf, wenn eine persönliche Beziehung einseitig aufgekündigt wird oder wenn ein Nebenbuhler oder eine Nebenbuhlerin dem Täter vorgezogen wird. Im vorliegenden Fall mussten wir unser Augenmerk daher wohl in erster Linie auf das männliche Umfeld des Opfers richten. Natürlich können auch Beziehungen zwischen Frauen im Eifersuchtsdrama enden. Hier aber war eine Frau als Täterin sehr unwahrscheinlich, da die Tat über einen Zeitraum von mehreren Minuten erfolgt sein musste und dazu eine ganz erhebliche Kraftanstrengung erforderlich gewesen war.

Der Erkennungsdienst hatte gute Arbeit geleistet und an tatrelevanten Stellen Blutspuren gesichert, die nicht vom Opfer stammten. Der Täter musste sich bei der Messerattacke also selbst verletzt haben und damit hatten wir sein DNA-Muster. Jetzt galt es, die Personen aus dem Umfeld von Bian V. zur Abgabe einer Speichelprobe zu veranlassen, womöglich fand sich unter ihnen der Täter. Das geschah in den nächsten Tagen – doch der erhoffte Treffer stellte sich leider nicht ein.

Die Medien berichteten in den folgenden Tagen immer wieder in großer Aufmachung über den Fall; das Foto des Opfers beherrschte die Titelseiten. Nach und nach ergaben unsere Ermittlungen das Bild einer jungen, von allen geschätzten und verehrten Frau, die als außergewöhnlich fleißig und tüchtig beschrieben wurde. Sie wurde von Männern umschwärmt und hofiert, ohne dass jedoch einer ihre Gunst erlangen konnte. Die Männer, die sie besuchten, nahmen sie gern als Begleiterin zu irgendwelchen offiziellen Anlässen mit, um sich mit ihrer außergewöhnlichen Schönheit und ihrer anmutigen und höflichen Art zu schmücken; niemandem schien es hingegen gelungen zu sein, mehr als nur ihre Begleitung zu erlangen. Als Dank akzeptierte sie kleine Geschenke, die ihr reichlich zuflossen. Wir fanden keinen einzigen Mann, den sie gekränkt oder verletzt hatte, sodass es scheinbar niemanden gab, der einen Grund für diese grauenhafte Tat gehabt haben konnte. Allerdings erfuhren wir, dass Bian V. sehr sparsam gelebt und wohl öfters ansehnliche Bargeldbeträge zu Hause verwahrt hatte, mit denen sie in unregelmäßigen Abständen ihre Familie in Vietnam unterstützt hatte. War ihr das zum Verhängnis geworden? Zumindest fand sich kein nennenswerter Geldbetrag in ihrer Wohnung.

Schließlich ermittelten wir einen Bekannten von Bian V., der uns berichtete, dass er einmal mit ihr ein vietnamesisches Restaurant im Münchner Norden besucht hatte. In dem Lokal sei ein Landsmann seiner Begleiterin an ihren Tisch getreten und dabei sei es zu einem Wortwechsel auf Vietnamesisch gekommen, der sich für ihn irgendwie bedrohlich angehört habe. Allerdings habe er den Sinn der Worte nicht erfassen können. Als er sich anschließend erkundigt habe, worum es denn bei dem Gespräch gegangen sei und ob sie Ärger habe, habe Bian nur mit den Schultern gezuckt und sei auf seine Frage nicht näher eingegangen. Dieser Vorfall hatte sich allerdings bereits mehrere Monate vor der Tat ereignet.

Wir suchten daraufhin das Lokal auf. Der Wirt hatte vom Tod der Vietnamesin angeblich nur aus der Zeitung erfahren. Da mir sein Verhalten eigenartig erschien, hakte ich nach. In einem Nebenzimmer fand ich in einem Vieraugengespräch heraus, dass er die Tote sehr wohl gekannt hatte und dass sie auch wiederholt zu Gast bei ihm gewesen war.

Aus Angst davor, »jetzt in irgendwas reingezogen« zu werden, hatte er behauptet, sie nicht zu kennen. Nun fasste ich nach. Gab es etwas, das er uns verheimlichte, das uns aber vielleicht weiterbringen könnte? Nach zähem Hin und Her gab der Wirt schließlich zu, dass er sich ganz vage an die kleine verbale Auseinandersetzung zwischen Bian V. und einem anderen Gast, ebenfalls einem Vietnamesen, erinnern könne. Wer denn dieser andere Gast gewesen sei, wollte ich wissen, und wo man ihn finden könne. Das könne er nicht sagen, er kenne diesen so gut wie gar nicht, wahrscheinlich sei er auch nur dieses eine Mal bei ihm zu Besuch gewesen, wenn er sich richtig erinnere …

Ich ließ nicht locker. Der unstete Augenausdruck, überhaupt die gesamte Körpersprache meines Gegenübers strafte seine Worte Lügen. Erst nach einer längeren und sehr intensiven Belehrung über mögliche strafrechtliche Folgen für den Fall, dass er uns etwas vorenthalte, konnte sich der Wirt plötzlich doch wieder erinnern, dass er – natürlich rein zufällig – einmal an der Wohnung dieses Gastes vorbeigekommen sei. Er kenne zwar weder den Namen des Gastes noch seine Adresse, könne aber versuchen, aus dem Gedächtnis den Weg zu ihm zurückzuverfolgen. In mir erwachte das Jagdfieber. War dies die lang ersehnte heiße Spur zu unserem Täter?

Sogleich machten wir uns mit dem Wirt in unserem Dienstwagen auf den Weg und kamen schließlich nach Altschwabing. Kurz vor dem Ziel blockierte ein LKW die Hauptstraße. Der Gastwirt dirigierte uns daraufhin durch eine kleine Nebenstraße. Fast beiläufig zeigte er im Vorbeifahren auf ein indonesisches Lokal und erklärte, dass die Tote manchmal auch hier gegessen habe, wenn sie allein sein wollte. Gut, dort würden wir anschließend auch einmal nachfragen. Als wir schließlich die Wohnung des geheimnisvollen Gastes erreicht hatten, stellten wir enttäuscht fest, dass es sich bei dem Mann um einen Arbeitskollegen von Bian V. handelte. Ihn hatten wir schon überprüft und vernommen; sein DNA-Muster schied ihn als Täter aus. Bei der dennoch durchgeführten Befragung über den Grund seiner

Auseinandersetzung mit dem Opfer erfuhren wir, dass der Gastwirt sein bester Freund war! Selbstverständlich kannte dieser seinen Namen, seine Adresse und auch seine Telefonnummer. Das alles erschien uns sehr merkwürdig. Wusste er mehr, als er zugab? Wir nahmen uns vor, den Gastwirt sehr genau unter die Lupe zu nehmen. Zunächst aber baten wir ihn lediglich um die freiwillige Abgabe einer Speichelprobe, womit er sofort einverstanden war. Auf dem Rückweg hielten wir kurz vor dem indonesischen Lokal an. Meine beiden Kollegen wollten den Wirt routinemäßig um eine freiwillige Speichelprobe bitten. Sie betraten das kleine Lokal, das um diese Zeit noch leer war und im Gastbereich gemütlich und sauber wirkte. Aus der Küche erklangen Geräusche, weshalb sie diese aufsuchten, nachdem sie sich bemerkbar gemacht hatten. Die Küche bot ein absolutes Kontrastprogramm zur adretten Gaststube. Schmieriges Kochgeschirr, unappetitlich verwahrte Lebensmittel und eine allgemeine Unordnung versprachen nicht gerade kulinarischen Hochgenuss. Die Kollegen nahmen sich vor, einen Bericht an das Gaststättenreferat zu erstellen, um eine lebensmittelrechtliche Kontrolle zu veranlassen. In der Küche stand ein circa vierzigjähriger Vietnamese, der sich als Inhaber bezeichnete und gerade dabei war, mit einem großen Messer ein Stück Fleisch zu bearbeiten. Die Kollegen erklärten dem Wirt den Grund ihres Kommens und fragten ihn, ob er Bian V. gekannt habe. Er habe von der schrecklichen Tat aus der Zeitung erfahren, dort auch ein Bild der Frau gesehen, aber ob sie bei ihm jemals zu Gast gewesen sei, könne er nicht sagen. Zumindest sei sie ihm nicht aufgefallen. Mit dieser Auskunft gaben sich meine Kollegen zunächst zufrieden, da der Mann sofort in die Abgabe einer Speichelprobe einwilligte.

Nichts an der Gaststätte hätte einen von uns dazu veranlasst, sie wieder aufzusuchen. Dennoch sollte sie uns genau zehn Tage später erneut beschäftigen. Da nämlich rief eine Gutachterin des Instituts für Rechtsmedizin an und erkundigte sich scheinheilig, ob wir denn schon wüssten, wer im Fall des Mordes an der vietnamesischen Kellnerin der Täter sei? Leider nicht!»Da habe ich vielleicht eine Information, die euch ein wenig auf die Sprünge helfen könnte«– und dann ließ sie die Katze aus dem Sack:»Ihr habt mir eine Speichelprobe herübergeschickt, die exakt mit dem bislang nicht zugeordneten DNA-Muster vom Tatort übereinstimmt!« Ich konnte es kaum fassen: ein Datenbanktreffer! Wir hatten den Mörder! In Windeseile versammelte ich meine Kollegen, die ungläubig zuhörten, während ich mein Telefonat mit der Dame aus der Rechtsmedizin fortsetzte. Nicht umsonst war sie – stellvertretend für ihr gesamtes Team – zur Ehrenkommissarin der Mordkommission ernannt worden. Immer wieder war es dank der außerordentlich gewissenhaften und sorgfältigen Arbeit der Spezialistinnen und Spezialisten des Institutes für Rechtsmedizin gelungen, so manchen der scheinbar unlösbaren Mordfälle – zum Teil nach Jahrzehnten – doch noch zu klären. Nicht selten waren die Mitarbeiter der Rechtsmedizin auch außerhalb ihrer Dienstzeiten, an Wochenenden und bis spät in die Nacht, über unseren Spuren gesessen, bis sie ein Ergebnis erzielten. Landauf, landab werden wir von anderen Mordkommissionen um diese unbürokratische und schnelle Unterstützung beneidet, die nicht überall selbstverständlich ist. Ich wiederholte sorgfältig die Codierung der DNA-Probe, die mir meine Gesprächspartnerin durchgab, und bedankte mich. Dann ging das Suchen nach der »zugehörigen« Person los, da Speichelproben ja ohne namentliche Kennzeichnung untersucht werden. Jede Person erhält eine eigene Codierung, die Echtpersonalien werden separat bei der Polizei verwahrt. Als endlich ein Kollege beim Durchblättern den entsprechenden Code gefunden hatte und uns dies mit dem lauten Ruf: »Ich hab ihn!« mitteilte, herrschte für einen Augenblick atemlose Stille. Der Verursacher der Blutspuren in der Tatwohnung und damit ohne jeden Zweifel auch der Mörder war: der Wirt aus der indonesischen Gaststätte in Altschwabing!

War es wirklich nur Zufall, dass der Zeuge, der behauptet hatte, seinen besten Freund nicht zu kennen, uns persönlich zu dessen Wohnung lotste und dabei, als ein Lastwagen den Weg versperrte, auf das indonesische Lokal aufmerksam machte? Bei dem Gedanken, dass der mutmaßliche Mörder, als die Kollegen vor ihm standen, ein großes Fleischermesser in seinen Händen gehalten hatte, beschlich mich nachträglich ein beklemmendes Gefühl. Hatte der Mann die möglichen Konsequenzen einer Speichelprobe nicht gekannt oder nicht bedacht? Und das, obwohl man ihm erklärt hatte, wozu eine Speichelprobe benötigt wird? Ich mochte mir nicht weiter ausmalen, was geschehen hätte können. Der mutmaßliche Täter hatte schließlich bereits auf grausamste Art gezeigt, was er mit einem Messer anzurichten in der Lage war!

Nun aber würden wir kein Risiko mehr eingehen. Ich informierte sofort die Staatsanwaltschaft von der überraschenden Wende in dem Fall. Kollegen trugen alle Informationen über den Wirt des indonesischen Lokals zusammen, derer sie habhaft werden konnten. Über die Staatsanwaltschaft erwirkten wir einen Haftbefehl gegen den nun dringend Tatverdächtigen. Kurz darauf ersuchten wir Beamte eines Spezialeinsatzkommandos um seine Festnahme. Er wurde noch am selben Nachmittag vor seiner Gaststätte überwältigt, als er gerade sein Lokal aufsperren wollte. Auffällig war, dass quer über seine rechte Handfläche eine breite Narbe verlief, die er sich während der Tat zugezogen haben konnte. Womöglich war er mit dem Messer abgerutscht.

Bei der anschließenden Vernehmung leugnete der Mann trotz der erdrückenden Beweislast beharrlich, etwas mit dem Tod seiner Landsmännin zu tun zu haben. Dennoch eröffnete der Ermittlungsrichter gegen ihn den Haftbefehl wegen dringenden Mordverdachts. Tage später, nachdem sein Rechtsanwalt ihn beraten und ihm erklärt hatte, dass die Blutspuren am Tatort eindeutig seine Täterschaft bewiesen, änderte der Beschuldigte sein Verhalten. Bei einer weiteren Vernehmung gestand er die Tat mit all ihren erschreckenden Einzelheiten. Wie sich zeigte, war er ein notorischer Glücksspieler und hoch verschuldet. Am Tag des Mordes hatte er in den Morgenstunden sein letztes Geld verspielt und konnte so nicht einmal mehr die Lebensmittel kaufen, die er am Abend für sein Lokal benötigte. So entschloss er sich, Bian V. in ihrer Wohnung aufzusuchen und sie um ein Darlehen zu bitten. Er kannte sie von einer gemeinsamen früheren Arbeitsstelle her und wusste, dass die sparsame Frau immer einen größeren Bargeldbetrag zu Hause verwahrte.

Bian V. habe seine Bitte um ein Darlehen sehr herablassend und beleidigend zurückgewiesen, wodurch er sich in seiner Ehre gekränkt gefühlt habe. Er habe sich deshalb spontan entschlossen, seine Ehre wiederherzustellen. Dazu sah er nach seiner Darstellung nur eine Möglichkeit: Er musste sie töten!

Gegen die urplötzlichen Attacken hatte die völlig arglose Frau nicht die geringste Chance. Bei den ersten Stichen hatte Bian V. noch versucht, davonzulaufen. Doch in der kleinen Wohnung gab es kein Entrinnen. Wie besessen stach der Angreifer wieder und wieder auf die Wehrlose ein, bis er Minuten später schließlich so erschöpft war, dass er den Arm mit dem Messer nicht mehr heben konnte. Erst jetzt ließ er von seinem blutüberströmten Opfer ab. Obwohl er uns bei seiner Vernehmung glauben machen wollte, dass seine verletzte Ehre der einzige und wahre Grund für seine Tat gewesen sei, war er nach dem schrecklichen Gemetzel doch besonnen genug, die Wohnung gründlich nach Wertsachen und Bargeld zu durchsuchen. Er fand verschiedene Schmuckstücke und vermutlich mehr als zehntausend Euro Bargeld. Er nahm das Geld, die Schmuckstücke und das Handy des Opfers an sich und verließ unbemerkt von den anderen Hausbewohnern das Anwesen. Einen kleineren Betrag verwendete er für den Einkauf von Lebensmitteln für sein Lokal, mit einem weiteren Teil der Beute beglich er die drückendsten Spielschulden und den Rest verzockte er beim Glücksspiel. Den Schmuck verschenkte er, das Handy warf er in der Nähe seiner Wohnung in einen Abfalleimer.

Schmuck und Handy blieben verschwunden. Auf die Frage, warum er so ruhig reagiert habe, als er um die Abgabe der Speichelprobe gebeten wurde, und dies, obwohl er am Tatort doch stark geblutet hatte, erwiderte er, dass er überzeugt war, niemand könne dem Blut ansehen, von wem es stamme. Hätte er gewusst, dass er dadurch als Mörder überführt werden würde, so hätte er sich gegen die Speichelprobe zur Wehr gesetzt. Meine Kollegen und ich blickten uns an; keiner sagte etwas, aber alle dachten dasselbe – das war wieder einmal verdammt knapp gewesen!

Wenige Wochen später erhängte sich der Täter in der Untersuchungshaft und entzog sich dadurch der irdischen Gerechtigkeit.

GEFAHREN DER GROSSSTADT

Sie war voller Lebensfreude und Tatendrang, 20 Jahre jung, erfolgreich, und sie hatte die Ängste ihrer Mutter zerstreut, die sie inständig angefleht hatte, nicht in die Großstadt zu ziehen, weil es dort so gefährlich sei. Am Tag nach ihrem Umzug traf Britta G. auf ihren Mörder.

Es war eine Traumkarriere: Innerhalb eines Jahres gelang Britta G. der Aufstieg von einer einfachen Verkäuferin in Landshut zur stellvertretenden Filialleiterin in einem großen Supermarkt in einem Vorort von München. Ihre Mutter machte sich große Sorgen um ihre Tochter, als sie erfuhr, dass sie in die Nähe ihrer neuen Arbeitsstelle ziehen wollte. Sie war doch noch so jung und kannte niemanden in der großen Stadt, in der für ihr Töchterchen überall Gefahren lauerten. Doch Britta G. ließ sich nicht von ihrem Vorhaben abbringen, sie suchte und fand schließlich eine geeignete Wohnung. Erst am Vortag war sie umgezogen, in ihrer Wohnung herrschte noch das nach einem Umzug übliche Durcheinander. Im Supermarkt war an diesem Freitag die Hölle los, und ausgerechnet heute war ihr Chef nicht im Laden. Trotz aller Belastungen meisterte Britta ihre Aufgabe ohne Fehler.

Als mein Telefon klingelte, war es nicht nur mit meinem Feierabend vorbei. Ein Kollege der Bereitschaftskommission teilte mir mit, dass in einem Supermarkt im Osten Münchens die Substitutin im Keller von einem unbekannten Täter niedergeschlagen und so schwer verletzt worden war, dass sie noch am Tatort ihren Verletzungen erlegen war. Ich bahnte mir knapp fünfzehn Minuten später mit Sondersignalen mühsam einen Weg durch den Berufsverkehr, vorbei an fröhlichen Menschen, die sich auf ein gemütliches Wochenende im warmen Zuhause freuten.

Nach einer halben Stunde hatte ich den Tatort erreicht. Den Mitarbeitern des Marktes, die in Grüppchen zusammenstanden, stand der Schock in die Gesichter geschrieben. Während die Besatzungen mehrerer Streifenwagen das Gelände weiträumig abgesperrt hatten, ließ ich mir von meinen Kollegen einen ersten Überblick über die Geschehnisse geben. Demnach war das Fehlen der jungen Frau erstmals gegen 17 Uhr aufgefallen, als man sie an einer Kasse benötigte und sie sich trotz wiederholter Ausrufe über die Lautsprecheranlage nicht meldete. Immer wieder versuchte man, sie zu erreichen, aber ihr Büro war leer und sie war nirgends aufzufinden. Gegen 18 Uhr machten sich schließlich mehrere Angestellte des Marktes daran, gezielt und systematisch nach ihrer Chefin zu suchen. Schließlich gelangte die Suchmannschaft auch in die Lagerräume im Keller. Zunächst fand sich auch hier kein Hinweis auf den Verbleib von Britta G., bis einer der Angestellten zwei Rollcontainer beiseiteschob, die den Zugang zum Heizungskeller versperrten. Entsetzt starrte er auf den Boden: Vor ihm lag seine Chefin mit schwersten Kopfverletzungen in einer großen Blutlache! Es war inzwischen 18.50 Uhr.

Obwohl der alarmierte Notarzt schnell zur Stelle war, konnte er das Leben der Frau nicht mehr retten. Sie starb unter seinen Händen im Keller ihrer neuen Arbeitsstelle, auf die sie so stolz gewesen war.

Ich musste mich gewaltsam vom Anblick der jungen Frau losreißen, die blutüberströmt auf dem staubigen Betonboden lag, die noch vor knapp zwei Stunden glücklich gewesen war und bestimmt voller Zukunftspläne, und deren fröhliches Lachen nun nie wieder ertönen würde. Ich zwang mich dazu, in diesem Moment nicht daran zu denken, dass noch an diesem Abend ein Elternpaar eine Tür öffnen würde, vor der zwei Kollegen mit ihren Mützen unter dem Arm stehen würden ...

Die eisige Kälte, die mir gleich darauf am Parkplatz vor dem Supermarkt entgegenschlug, trieb mir die Tränen in die Augen. Ich überzeugte mich davon, dass die Absperrung vollständig stand und niemand mehr ungesehen und unkontrolliert das Gelände verlassen konnte. Sodann erhoben wir von allen anwesenden Mitarbeitern die Personalien und befragten sie nach verdächtigen Beobachtungen und wo sie sich in der Zeit von 17 Uhr bis zur Auffindung der Toten befunden hatten. Keiner konnte nähere Angaben zu ihrem privaten Umfeld machen, dafür war die Ermordete zu kurz in der Firma tätig. Mittlerweile waren auch Mitarbeiter der Firmenzentrale eingetroffen, die um einen sofortigen Kassensturz gebeten wurden, damit wir feststellen konnten, ob der Mörder Geld geraubt hatte.

Die Beamten des Erkennungsdienstes in ihren weißen Schutzanzügen sowie ein Gerichtsmediziner nahmen ihre Arbeit auf. Dem ersten Anschein nach war die Frau mit einem schweren Gegenstand mit mehreren wuchtigen Hieben erschlagen worden. Da kein entsprechender Gegenstand im Umfeld der Getöteten gefunden wurde, forderte ich zur Durchsuchung weitere Einsatzkräfte an. Allein die vollgestellten Lager- und Personalräume im Keller boten Dutzende möglicher Verstecke, in denen der Täter sowohl die wahrscheinlich blutbeschmierte Tatwaffe als auch seine vermutlich ebenfalls blutbesudelte Oberbekleidung verborgen haben konnte. Denkbar war ebenfalls, dass der Täter die Tatwaffe auf dem Weg durch den Verkaufsraum zum Ausgang unter eines der vielen Verkaufsregale geworfen hatte. Aber sie konnte auch in der Umgebung des Marktes liegen. Deshalb wurden alle in Frage kommenden Örtlichkeiten bis hin zur Müllpresse und dem Leergutlager genauestens unter die Lupe genommen. Auch die Fahrzeuge, die Mülleimer und Einkaufswagensammelplätze auf dem weitläufigen Parkplatz wurden mit einbezogen. Doch trotz des großen Aufgebotes an Suchmannschaften und dem Einsatz eines Polizeihundes mussten wir die Suche schließlich resigniert aufgeben. Wir hatten keine Spur einer möglichen Tatwaffe gefunden.

Inzwischen hatte einer unserer Kollegen die Prüfung der Tageseinnahmen durch die Revisoren des Unternehmens beaufsichtigt. Es fehlte ein Bargeldbetrag von mehr als 4000 Euro, den die Ermordete möglicherweise bei sich getragen hatte. Damit war ein Raubmord wahrscheinlich, wenngleich man zu diesem frühen Ermittlungsstand natürlich auch andere Tatmotive wie Rache oder Eifersucht nicht ausschließen konnte.

Mit uneingeschränkter Unterstützung der Firmenleitung führten wir am übernächsten Tag, einem Sonntag, nochmals eine akribische Durchsuchung der Geschäftsräume nach Hinweisen auf den Täter oder die Tatwaffe durch, jedoch fanden wir nichts, das uns weitergebracht hätte. Anschließend befragten wir alle Angestellten nochmals einzeln. Wir suchten mit ihnen jeweils die Stelle auf, wo sie sich zum Tatzeitraum befunden hatten. Dazu ließen wir uns erklären und zeigen, womit genau sie beschäftigt gewesen waren und welchen ihrer Kollegen sie in dieser Zeit an welcher Stelle bei welcher Tätigkeit gesehen hatten.

Nach einiger Zeit kristallisierte sich heraus, dass Britta G. am Freitagnachmittag eine Auseinandersetzung mit einem 26-jährigen türkischen Subunternehmer gehabt hatte, dessen Aufgabe unter anderem darin bestand, die Lebensmittellieferungen in die Regale einzuräumen. Ein Mitarbeiter hatte mitbekommen, wie seine Chefin dem Mann mehrfach androhte, ihn hinauszuwerfen. Der Mann habe jedoch nicht auf die Vorwürfe der Frau reagiert und seine Arbeit fortgesetzt. Einem anderen Verkäufer, der von diesem Streit nichts wusste, war aufgefallen, dass der Regaleinräumer das Geschäft am Tattag bereits gegen 18 Uhr und nicht wie sonst erst gegen 19.30 Uhr verlassen hatte. Das erschien ihm an diesem umsatzstarken Tag merkwürdig.

Bei der Überprüfung des Mannes ergaben sich erste Auffälligkeiten: So hatte er kurz nach der Tat bei einem Bekannten eine fällige Schuld von rund 3000 Euro überraschend in bar beglichen. Und als in unmittelbarer Nähe des Leichenfundortes an einer tatrelevanten Stelle ein Handabdruck des jungen Türken gesichert werden konnte, geriet der Mann zusehends in das Zentrum unserer Ermittlungen. Als es schließlich gelungen war, das geraubte Bargeld bei seinem Gläubiger sicherzustellen, holten ihn die Kollegen zur Vernehmung. Dabei verwickelte er sich zunehmend in Widersprüche und räumte schließlich den Streit mit Britta G. ein. Trotz seiner Versuche, diese Auseinandersetzung herunterzuspielen, und seines Leugnens, etwas mit dem Raub des Geldes oder gar mit dem Tod der jungen Frau zu tun zu haben, erließ der Ermittlungsrichter auf Antrag der Staatsanwaltschaft einen Haftbefehl. Zehn Monate später stand der Mann als Angeklagter wegen des Mordes an Britta G. vor dem Schwurgericht.

Bereits zum Prozessauftakt räumte der Angeklagte ein, dass er aus dem – angeblich offen stehenden – Tresor des Marktes Geld entwendet hatte. Den Mord aber bestritt er weiterhin. Am vierten Verhandlungstag legte er jedoch überraschend über seinen Anwalt ein umfangreiches und schonungsloses Geständnis ab. Er ließ einleitend erklären, dass die Angehörigen von Britta G. ein Anrecht darauf hätten, die Wahrheit zu erfahren. Die Eltern, die Schwester und eine Freundin von Britta hielten sich fest umschlungen und brachen immer wieder in Tränen aus, während der Anwalt das Geständnis seines Mandanten vortrug. Demnach wurde die junge Frau getötet, als sie mit ihm im Lagerraum zusammentraf. Sie sei schlecht gelaunt gewesen und habe ihn an diesem Tag – ganz anders als sonst – fortwährend angeraunzt. Außerdem habe sie ihn angeschrien und ihm vorgeworfen, ständig zu trödeln und nichts zu arbeiten. Als sie dann noch im Weggehen herablassend gesagt habe, dass sie für seine Entlassung sorgen würde, habe er plötzlich »Ohrensausen und so einen Tunnelblick bekommen«. Dann sei er »ausgetickt«. Er könne sich erinnern, aus einem Karton eine Sektflasche genommen und Britta G. damit verfolgt zu haben. Er habe von hinten immer wieder auf ihren Kopf eingeschlagen. Als die »Schwärze« vor seinen Augen endlich verschwunden sei, habe Britta G. zuckend und blutend vor ihm auf dem Boden gelegen. Ohne sich weiter um die tödlich verletzte Frau zu kümmern, habe er ihren Schlüsselbund an sich genommen und danach die Sektflasche, die trotz seiner wuchtigen Schläge nicht zersplittert war, abgewaschen und in den Karton zurückgestellt. Dann habe er auch sein Gesicht und seine Hände vom Blut gereinigt und schließlich zwei Rollcontainer vor die Sterbende geschoben, um eine schnelle Auffindung zu verhindern. Mit dem erbeuteten Schlüsselbund habe er den Tresor im Kellerbüro seines Opfers geöffnet, das Geld entnommen und dann den Supermarkt durch den Lieferanteneingang verlassen. Von dem Geld habe er Schulden bei einem Freund beglichen und den Rest des Geldes an einem Automaten verspielt, »um zu vergessen«.

SEIN LETZTES GESCHENK

Im Keller eines Mehrfamilienhauses im Münchner Süden war die Leiche eines achtundsiebzigjährigen Rentners aufgefunden worden. Er lag in einem von außen versperrten Kellerabteil, dem ersten Anschein nach war ihm die Kehle durchgeschnitten worden. Beamte der örtlichen Schutzpolizeidirektion sicherten bereits den Tatort.

Da keinerlei Hinweise auf den Täter vorlagen, begleitete uns eine zweite Mordkommission mit an den Tatort, wo bereits vier Gruppen einer Einsatzhundertschaft und ein Diensthundeführer mit seinem Diensthund eingetroffen waren. Der Außendienstleiter, der die Absperrmaßnahmen leitete, informierte uns in knappen Worten über den bisher bekannten Sachverhalt.

Der getötete Rentner, Alfred M., wohnte hier seit mehr als vierzig Jahren im Erdgeschoss. Der stets freundliche und hilfsbereite Mann lebte recht zurückgezogen mit seinen beiden Katzen. Er galt als vorsichtig im Umgang mit Fremden und öffnete seine Tür nur auf bestimmte Klingelsignale hin. Gegen Mittag hatte eine Nachbarin bemerkt, dass seine Zeitung noch im Flur lag, und sich gewundert – seine Zeitung holte er sich doch sonst schon frühmorgens. Da die Nachbarin die Gewohnheiten ihres Nachbarn kannte und immer Bescheid wusste, wenn er mal für längere Zeit die Wohnung verlassen wollte, wurde sie misstrauisch. Nachdem auf ihr Klingeln und Klopfen nicht geöffnet wurde, rief sie den Sohn von Alfred M. an.

Den beunruhigte ihre Beobachtung gleichfalls, und so fuhr er umgehend zur Wohnung seines Vaters, für die er einen Schlüssel hatte. Sofort bemerkte er, dass die ganze Wohnung durchwühlt worden war. Schranktüren waren geöffnet und Schubladen herausgezogen; Gegenstände lagen auf dem Fußboden. Das verhieß ihm nichts Gutes, weshalb er die Polizei verständigte.

Die zuständige Polizeiinspektion beorderte eine Streife

zur Wohnung. Die Polizisten suchten nach Hinweisen auf den Verbleib von Alfred M., wobei sie sorgfältig darauf achteten, keine Spuren zu vernichten. Bald schon wurde die Suche ausgedehnt, weitere Beamte wurden zur Unterstützung angefordert. Im Kellerabteil, das zur Wohnung des vermissten Mieters gehörte, machten die Beamten schließlich die grauenhafte Entdeckung.

Nachdem der Kollege seinen Bericht beendet hatte, führte er uns zum Fundort des Leichnams. Der Keller des Altbaus war seit vielen Jahren nicht mehr renoviert worden, er wirkte düster und grau. Verwinkelte Flure, feuchte, modrige Wände und eine große Wasserpfütze im Gang, verwitterte Lattenverschläge und das alles nur spärlich beleuchtet von schwachen, verschmutzten Glühbirnen: kein Ort, an dem man länger als unbedingt nötig verweilen mochte. Die Kollegen des Erkennungsdienstes berichteten uns, was sie bislang festgestellt hatten. Die Situation wirkte irgendwie surreal, während die Kollegen in ihren weißen Schutzanzügen ruhig und sachlich die schlimmen Verletzungen des Opfers beschrieben. Doch die Wirklichkeit ließ sich nicht verdrängen. Der alte Mann lag inmitten einer großen Blutlache in seinem Kellerabteil, das von außen durch ein einfaches Vorhängeschloss gesichert wurde. Die Lattentür des Abteils, die jetzt offen stand, war von innen mit einer Plastikplane verhängt. Dem Opfer war die Kehle durch einen tiefen Schnitt durchtrennt worden. Selbst ein Laie konnte erkennen, dass jede ärztliche Hilfe zu spät kam: Der Mann war tot. In diesem Moment trafen zwei Ärzte des Institutes für Rechtsmedizin am Tatort ein, die ich während der Herfahrt angefordert hatte. In Abstimmung mit den Kollegen des Erkennungsdienstes führten sie erste Untersuchungen an der Leiche durch. In dieser Phase war ich entbehrlich, sodass ich wieder vor das Anwesen ging, um mit den Angehörigen zu sprechen. Nachdem ich ihnen mein Beileid ausgedrückt hatte, bat ich den Sohn und seine Familie darum, uns – soweit sie sich dazu in der Lage fühlten – alle Informationen über den Getöteten zu geben, mit denen sie uns vielleicht helfen konnten, das Motiv und damit den Täter zu ermitteln. Der Sohn war sofort einverstanden. Er wollte alles dazu beitragen, damit der Täter so schnell wie möglich gefasst werden konnte.

Unterdessen war die Spurensuche in der Wohnung des Opfers in vollem Gang. Es bestand kein Zweifel daran, dass der Täter die Wohnung durchwühlt hatte. Unklar war, ob er einen bestimmtem Gegenstand oder allgemein nach Geld oder Wertsachen gesucht hatte. Dem Sohn zufolge befanden sich in der Wohnung weder ein nennenswerter Geldbetrag noch irgendwelche Wertsachen. Die beiden Katzen von Alfred M. hatten sich völlig verängstigt versteckt. Der Kollege, der sie schließlich hervorholte, hatte sichtlich Mühe, sie in ihre Transportkisten zu stecken. Sie wurden zur weiteren Versorgung dem Sohn des Opfers übergeben.

Nach und nach trafen telefonisch die ersten Erkenntnisse aus den Vernehmungen der Angehörigen und der Befragung von Wohnungsnachbarn bei uns ein. Wie sich herausstellte, hatte der Rentner seit einiger Zeit Kontakt zu einer vierzigjährigen Frau aus der Nachbarschaft gehabt, die ihn regelmäßig besuchte. Da die Frau in einer festen Beziehung lebte, war es theoretisch denkbar, dass ihr Lebensgefährte hinter den Besuchen bei Alfred M. eine intime Beziehung vermutete und eifersüchtig war. Dieser Möglichkeit mussten wir unbedingt nachgehen. Mein Stellvertreter und ein weiterer Kollege erboten sich sofort, die Frau und ihren Lebensgefährten zu vernehmen. Wir alle hofften, mit unserer Vermutung nicht ganz falsch zu liegen. Denn andere Ansatzpunkte hatten die Vernehmungen und Befragungen nicht ergeben. Der Leichnam wurde abgeholt, die Wohnung und das Kellerabteil versiegelt. Es war mittlerweile Abend geworden, die Spurensicherungsmaßnahmen – die sich bei Kapitalverbrechen auch über mehrere Wochen hinziehen können – würden am folgenden Tag fortgesetzt. Wir fuhren zur Dienststelle, wo eine Fülle von Schreibarbeiten auf uns wartete. Die Kollegen hatten die Bekannte von Alfred M. und ihren Lebensgefährten mittlerweile ausfindig gemacht und vernahmen Letzteren gerade. Obwohl natürlich bis dato nicht das geringste Verdachtsmoment gegen ihn bestand, würde er mit größtmöglicher Akribie befragt werden. Das aber würde sich hinziehen. Bei uns gibt es im Hinblick auf Vernehmungen einen Spruch, der die Wirklichkeit natürlich völlig überzogen darstellt, aber dennoch ein Körnchen Wahrheit enthält: Wenn du gar nichts weißt, niemanden kennst, der in irgendeiner Weise mit der Tat zu tun hat oder nachweislich am Tatort war, hast du Glück. Dann dauert die Vernehmung normalerweise nicht viel länger als fünf Stunden und umfasst höchstens einmal fünfzig Seiten DIN-A4 …

Das war der Stand, als ich mich gegen 22 Uhr von meinen beiden Kollegen verabschiedete, die mit der Vernehmung noch fortfuhren. Da wir Bereitschaft hatten und jederzeit ein neuer Einsatz auf uns zukommen konnte, hatten meine Kollegen – vermutlich auch aus Rücksicht darauf, dass ich schon ein paar Jahre älter bin als sie – beschlossen, dass wenigstens ich versuchen sollte, ein paar Stunden zu schlafen. Sicher ist sicher. Das ist im Übrigen ein bewährtes Verfahren, damit im Falle eines weiteren Einsatzes wenigstens einer von uns fit ist. Ich willigte ein, zumal ich bemerkt hatte, wie sehr sich die Kollegen in diese Spur verbissen hatten. Da nichts Unaufschiebbares mehr anlag, verabschiedete ich mich.

Um kurz nach sieben Uhr am nächsten Morgen verließ ich den Aufzug und betrat den Flur zu meinem Büro. Dort kamen mir meine Kollegen entgegen. Keiner von beiden war in der Zwischenzeit zu Hause gewesen, das sah man sofort. Sie trugen dieselben Klamotten wie am Vortag, waren unrasiert und hatten leichte Schatten unter den Augen. Und trotzdem grinsten sie wie kleine Jungen, als wir uns gegenüberstanden. Ich blickte sie fragend an: »Und?« Gleichzeitig hoben beide die Hände und hielten den ausgestreckten Daumen nach oben. »Der Freund?« »Nein!« »Verdammt, macht es doch nicht so spannend – erzählt!« Da berichteten sie nicht ohne Stolz, dass sie bei der Überprüfung der Bekannten von Alfred M. sowie ihres Lebensgefährten auf ihren zweiundzwanzigjährigen Untermieter, Thomas R., gestoßen waren. Dieser war der Polizei aufgrund seiner Drogensucht nicht ganz unbekannt. Noch in der Nacht begannen sie mit seiner Vernehmung. Dabei verwickelte der Mann sich rasch in Widersprüche und gestand schließlich, den alten Mann getötet zu haben.

Es hatte gerade einmal vierzehn Stunden gedauert, um diesen Mord zu klären. Ich muss gestehen, ich war von dieser schnellen Wende der Ereignisse überrascht und war gespannt auf den weiteren Bericht meiner Kollegen. Als Thomas R. während des Verhörs mit den Einzelheiten der Tat herausrückte, stockte selbst unseren erfahrenen Ermittlern der Atem. Thomas R. hatte sein späteres Opfer kennengelernt, als der Rentner einmal seine Bekannte besuchte. Dabei kam Thomas R. mit dem alten Mann ins Gespräch. Während dieser Unterhaltung bot ihm Alfred M. eine alte Munitionskiste aus Holz an, die er in seinem Kellerabteil verwahrte. Die Kiste wollte Thomas R. zur Aufbewahrung persönlicher Dinge verwenden. Man vereinbarte einen Termin, an dem er die Kiste abholen sollte.

Thomas R. plante dabei jedoch von Anfang an eiskalt, den hilfsbereiten alten Mann zu ermorden und zu berauben. Das Geld wollte er für den Kauf von Rauschgift verwenden, da er keinen Cent mehr besaß. Der Täter ging bei der Planung des Raubmordes davon aus, dass der Rentner Bargeld in der Wohnung hatte. Zum genannten Termin klingelte Thomas R. bei seinem Opfer. Der Rentner hatte ihn zuvor noch gebeten, in einem bestimmten Rhythmus zu läuten, um sicher zu sein, dass kein Verbrecher vor seiner Tür stehe. Alfred M. öffnete sofort, er hatte bereits auf den jungen Mann gewartet. Er ging voran in den Keller und betrat sein Kellerabteil. Während er mit dem Rücken zu Thomas R. stand und mit beiden Händen nach der schweren Holzkiste in dem Regal vor ihm griff, traf ihn von hinten der erste Schlag mit einem Hammer am Kopf. Von dem unerwarteten Angriff schwer getroffen, drehte sich der Rentner voller Entsetzen zu seinem Mörder um und hielt schützend die Arme vor seinen Kopf. Als Thomas R. bemerkte, dass die weiteren Hammerschläge dadurch keine tödliche Wirkung mehr entfalten konnten, ließ er den Hammer fallen und nahm aus einer Plastiktüte, in der er sein Mordwerkzeug mitgebracht hatte, ein großes Messer. Er stach mehrfach wuchtig auf den Oberkörper seines Opfers ein. Nachdem der tödlich verletzte alte Mann zu Boden gestürzt war, schnitt Thomas R. seinem wehrlosen Opfer mit einem Schnitt die Kehle durch. Und um sich zu vergewissern, dass sein Opfer auch tatsächlich tot war, fügte er ihm kurz danach einen weiteren Schnitt am Arm zu. Erst als er sah, dass aus dieser Wunde kein Blut mehr floss, ließ er von Alfred M. ab. Er nahm die Wohnungsschlüssel an sich und durchsuchte die Wohnung nach Bargeld und Stehlenswertem. Er fand rund zweihundert Euro und verließ ungesehen den Tatort.

Bei seiner Vernehmung gab er an, dass er sich ursprünglich als Beute zwar fünfhundert Euro erhofft hatte, unter dem Strich aber auch mit zweihundert Euro durchaus zufrieden war.

EINE SCHRECKLICH NETTE FAMILIE ...

Dieses Mal führte uns der Anruf des Leiters des Kommissariats für allgemeine Todesermittlungen in ein ruhiges Villenviertel nach Bogenhausen. Eine Mutter hatte ihren Sohn reglos im Bett aufgefunden und den Notarzt gerufen. Dieser konnte nur noch den Tod des jungen Mannes feststellen. Wie die daraufhin zunächst verständigten Kollegen des Kommissariats für Todesermittlungen herausgefunden hatten, war der Verstorbene bei einem zurückliegenden Streit in einer Grünanlage am Ostbahnhof verletzt worden. Als Treffpunkt von Obdachlosen, Junkies und Trinkern erregte diese Örtlichkeit seit Langem die Gemüter der Anwohner. Dem verstorbenen Musa B. hatte dort ein Unbekannter einige Tage vor seinem Tod eine volle Flasche Schnaps gegen den Kopf geworfen, was vermutlich ursächlich für den Tod des jungen Mannes war. Damit stand eine Körperverletzung mit Todesfolge im Raum, ein Delikt, für das die Mordkommission zuständig ist.

Die Wohnung lag im Erdgeschoss einer Jugendstilvilla. Die Tür war nur angelehnt, wir klingelten und betraten den Vorraum. Dort stand einer der beiden Kollegen vom Kommissariat für Todesermittlungen. Mit gedämpfter Stimme gab er uns einen Überblick. Die Eltern des Toten und seine drei Brüder sowie ein Cousin warteten unterdessen im Wohnzimmer, betreut vom zweiten Kollegen. Die Ärztin des Instituts für Rechtsmedizin, die die Leichenschau durchgeführt hatte, gab uns eine erste vorläufige Einschätzung der Todesursache. Gestützt war dieser Bericht auf die Angaben der Angehörigen:

Vor etwa einer Woche war Musa B. abends mit einer Kopfverletzung nach Hause gekommen. Auf entsprechende Fragen hatte er erzählt, dass er gegen 21 Uhr in einem Park nahe dem Ostbahnhof eine verbale Auseinandersetzung zwischen einem Mädchen namens Sabine und einem unbekannten Mann geschlichtet hatte. Anschließend begleitete er Sabine über eine Rolltreppe zur U-Bahn hinunter. Sabines Kontrahent, ein Mann aus der Gruppe der Junkies beziehungsweise Obdachlosen, gab aber keine Ruhe. Er schrie hinter dem Mädchen her und beleidigte es auf ordinäre Weise, vor allem weil es »dem anderen«, also Musa B., der aufgrund einer Beinamputation an Krücken gehen musste, den Vorzug vor ihm gegeben hatte. Musa B. verhöhnte er wegen dieser körperlichen Behinderung als Krüppel. Sabine und Musa B. setzten trotz der üblen Beleidigungen und Verleumdungen ihren Weg fort, ohne den aggressiven Schreihals weiter zu beachten. Darüber zusätzlich erbost, schleuderte der Unbekannte von oben wutentbrannt eine volle Wodkaflasche nach unten, die Musa B. am Kopf traf. Durch die Wucht des Aufpralls stürzte er über die Rolltreppe zu Boden. Er erlitt eine stark blutende Platzwunde. Unklar blieb bei dieser Schilderung der Eltern, ob die Flasche tatsächlich ihren Sohn treffen sollte oder aber die zuvor schon so grob beleidigte Sabine.

Dem ersten Anschein nach hatte Musa B. durch den Aufprall der Flasche eine Gehirnblutung erlitten, an deren Folgen er nun gestorben war. Der verständigte Staatsanwalt ordnete eine Obduktion an. Nachdem wir unser Beileid ausgesprochen hatten, baten wir die Familienangehörigen, uns die Ereignisse der letzten Tage nochmals zu schildern. Der Tod des Jungen war nicht der erste Schicksalsschlag, den die Familie erleiden musste. Mit leiser, zitternder Stimme schilderte uns der Vater, dass sein toter Sohn das vierte seiner sieben Kinder sei, an dessen Grab er nun stehen werde. Allen Kindern, auch den drei noch lebenden, sei Rauschgift zum Verhängnis geworden. Das Bild dieser rechtschaffenen Eltern, die da blass und gramgebeugt vor uns saßen, sich mit bebenden Schultern bei den Händen hielten, die längst jede Kraft verloren hatten, sich gegen dieses grausame Schicksal aufzulehnen, brannte sich unauslöschlich in mein Gedächtnis. Mein Versuch, tröstende Worte zu finden, war angesichts ihres Leids von vornherein chancenlos. Kaum zu hören war der verzweifelte Seufzer der Mutter, als sie ihren Herrgott anrief: »Oh Herr, was haben wir dir nur angetan?«

Behutsam stellten wir unsere Fragen und erfuhren, dass Musa B. unmittelbar nach der Tat mit einem Rettungswagen in eine Klinik gebracht worden war, wo die Wunde genäht wurde. Ohne weitere Untersuchungen abzuwarten, verließ er das Krankenhaus anschließend gleich wieder und fuhr nach Hause. Da er in den folgenden Tagen immer wieder über starke Kopfschmerzen klagte, kam mehrmals der ärztliche Notdienst. Erst beim dritten Besuch empfahl ihm ein Arzt dringend, sich in einem Krankenhaus untersuchen zu lassen. Am Vortag schließlich hatte er erneut ein Krankenhaus aufgesucht, wo er angeblich fast sechs Stunden lang untersucht wurde, ohne dass ein beunruhigender Befund festgestellt worden wäre. Er ging früh schlafen und am Vormittag fand die Mutter ihren Sohn leblos im Bett.

Sabine kannten die Eltern zwar vom Sehen her, nicht jedoch ihre Personalien. Doch gelang es, diese für uns wichtige Zeugin aufzuspüren, auf einem Lichtbild identifizierten die Eltern die junge Frau. Wir baten daraufhin Beamte der für den Wohnort von Sabine zuständigen Polizeiinspektion, sie für die Vernehmung in unserer Dienststelle vorzuladen.

Einige Tage später suchten wir am frühen Nachmittag die Grünanlagen am Ostbahnhof auf, um Zeugen der Auseinandersetzung zu finden. Auch hofften wir, einen Hinweis auf den Aufenthalt von Sabine zu bekommen, die an der gemeldeten Adresse bislang nicht anzutreffen war. Wir hatten die Befragung bewusst auf den Nachmittag gelegt, da vorher kaum einer der Junkies unterwegs gewesen wäre. Bei unserem Eintreffen waren die meisten Parkbänke besetzt, rund dreißig bis vierzig stark alkoholisierte oder mit anderen Mitteln »zugedröhnte« Gestalten sprachen dem Alkohol zu oder waren in Streitgespräche oder kleinere Raufhändel verwickelt. Dem äußeren Anschein und dem Geruch nach hatten viele der getragenen Kleidungsstücke schon seit längerer Zeit keinen Kontakt mehr mit handelsüblichen

Reinigungsmitteln gehabt, was im Übrigen auch auf die meisten der überwiegend üppig tätowierten Körper zutraf. Wie in der »Szene« üblich, mussten wir gar nicht erst unsere Dienstmarken zücken, um als »Schnüffler« ausgemacht zu werden. Rasch bildete sich ein Kreis bemerkenswerter Gestalten um uns, aus dem heraus die von besonderer Erfahrung zeugende Bemerkung fiel: »Passt auf, das sind andere Bullen als sonst!«

Schnell und problemlos kam es zu angeregten Gesprächen, wie sich bald erwies, hatten die meisten von »der Sache mit der Flasche« gehört. Niemand aber konnte angeblich die Namen der Beteiligten nennen, niemand wollte gar Augenzeuge der Auseinandersetzung gewesen sein. Eine spürbare Veränderung ging erst in dem Moment durch die Gruppe, als wir berichteten, dass der Getroffene an den Folgen der Verletzungen gestorben war. Ich glaubte förmlich zu spüren, dass der eine oder andere jetzt doch bereit gewesen wäre, uns Informationen über den Täter zu geben. Allerdings verbot sich dies natürlich aus Gründen der »Ganovenehre« angesichts der Vielzahl von Augen- und Ohrenzeugen.

Freundlich erklärten wir daher unseren versammelten Zuhörern, dass es eine staatsbürgerliche Pflicht und überhaupt ganz prima wäre, wenn uns im Laufe der nächsten vierundzwanzig Stunden irgendein Vögelchen den Namen des Flaschenwerfers oder den Aufenthaltsort von Sabine mitteilen würde. Ich gab zu bedenken, wie außerordentlich personalaufwändig es doch wäre, künftig zu jeder Tages- und Nachtzeit mit starken uniformierten Polizeiverbänden die Personen, die sich hier in dieser idyllischen städtischen Grünanlage so überaus friedlich und harmonisch versammelten, immer wieder überprüfen zu müssen; und dies nur, um festzustellen, ob sich mittlerweile vielleicht doch jemand an den Namen des Unbekannten erinnern könne. Anscheinend war es unseren Zuhörern – zumindest einem von ihnen – tatsächlich eine Herzensangelegenheit, polizeiliche Ressourcen zu schonen, denn bereits wenige Stunden später klingelte bei einer Polizeiwache das Telefon und ein anonymer Anrufer teilte den Namen des Flaschenwerfers mit.

Daraufhin wurde ein Haftbefehl gegen den Mann erlassen. Als Beamte der Polizeiinspektion, in deren Bereich er bei seinen Eltern wohnte, an der Wohnungstür klingelten, öffnete ein jüngerer Bruder des Gesuchten die Tür. Die Beamten erkundigten sich nach seinem Bruder und erklärten dem Jüngeren auf dessen misstrauische Frage, was sie denn von diesem wollten, dass sie gekommen seien, um den Bruder »wegen des Verdachts der Körperverletzung mit Todesfolge zum Nachteil eines Rentners« zu verhaften. Die Beamten hatten zu diesem Zeitpunkt keinen Grund, hinter der verblüfften und nicht zu Ende formulierten Frage »Sie wollen meinen Bruder ... wegen Körperverletzung mit Todesfolge ...?« irgendeine besondere Bewandtnis zu vermuten. Der Beschuldigte wurde angetroffen und festgenommen, was sich für ihn als ein unglaublicher Glücksfall erweisen sollte. Bei seiner Einlieferung in die Haftanstalt wurde festgestellt, dass er wegen einer offenen Wunde am Bein eine bereits weit fortgeschrittene Blutvergiftung hatte, die unbehandelt in kürzester Zeit zu seinem Tod geführt hätte. Es erschien fast wie eine Ironie des Schicksals, dass dem Täter ohne seine schnelle Festnahme das gleiche Los bevorgestanden hätte wie seinem Opfer, das – wie die Obduktion letztendlich ergab – an einer Blutvergiftung gestorben war.

Zwei Tage nach dem Tod von Musa B. wurde unsere Bereitschaft zu einem weiteren Tötungsdelikt gerufen. In einer Wohnanlage im Osten Münchens hatten Anwohner in den frühen Morgenstunden auf einer Parkbank einen schwerverletzten, bewusstlosen Mann aufgefunden. Kurz nach seiner Einlieferung in ein Krankenhaus starb er. Wie sich herausstellte, hatte der Mann mehrere heftige Schläge ins Gesicht erhalten, die zu einer Gehirnblutung geführt hatten.

Die intensiven Ermittlungen im Stadtviertel, wo der Verstorbene aufgrund seines häufigen übermäßigen Alkoholgenusses kein Unbekannter war, führten zur Ermittlung eines

Zeugen, der das Opfer am Abend der Tat begleitet hatte. Er berichtete, dass der Tote, ein Zechkumpan von ihm, Streit mit einem Jugendlichen gehabt hatte, der mit auf der Parkbank Platz genommen und nach Zigarettenpapier gefragt hatte. Dieser Jugendliche, der von sich behauptet hatte, Kampfsportler zu sein, sei zunehmend aggressiver geworden, weshalb der Zeuge sich schließlich auf den Heimweg gemacht habe. Nähere Angaben zu dem Verdächtigen seien ihm aufgrund seines damaligen Alkoholpegels nicht möglich.

In den folgenden Tagen verunsicherten wir also nicht nur die Junkieszene am Ostbahnhof, sondern zu jeder Tages- und Nachtzeit auch die Gäste zahlreicher Bierkneipen und Spelunken im Umfeld dieses Tatortes. Ob das der Grund dafür war, dass uns das Glück auch in diesem Fall hold war? Ich weiß es nicht. Jedenfalls erhielten wir einen anonymen Hinweis. Der Jugendliche, der den Rentner erschlagen hatte, hatte sich in seinem Freundeskreis mit der Tat gebrüstet. Der Hinweis ging wenige Stunden nach der Verhaftung des Flaschenwerfers ein, noch während wir mit den Formalitäten seiner Festnahme beschäftigt waren.

Man kann sich unsere Verblüffung vorstellen, als wir erfuhren, dass es sich bei diesem Täter um den jüngeren Bruder des Flaschenwerfers handelte! Deshalb war dieser so erstaunt gewesen, als die Kollegen Stunden zuvor seinen älteren Bruder verhaftet hatten. Der Jüngere war der Meinung, dass es sich dabei um einen Irrtum der Polizei handeln musste und man in Wirklichkeit ihn verhaften wollte. Denn er hatte, wie sich herausstellte, keine Ahnung davon gehabt, dass sein Bruder ebenfalls einen Menschen so schwer verletzt hatte, dass der an den Folgen der Attacke verstarb.

Der jüngere der beiden Brüder gestand die Tat, während der ältere bis zuletzt leugnete. Zwei weitere Brüder saßen wegen Rauschgiftdelikten bereits im Gefängnis, wo nun auch die beiden Totschläger mehrjährige Haftstrafen verbüßen würden. Die Eltern waren aus dem Kosovo zugezogen. Um den Lebensunterhalt für die zehnköpfige Familie sichern zu können, mussten beide Eltern schwer arbeiten, sodass sie mit der Erziehung ihrer Kinder nicht mehr zurechtkamen. Dieser Fall machte wieder einmal deutlich, dass durch Gewalttaten nicht nur die unmittelbar Betroffenen zu Opfern werden, sondern immer wieder auch Angehörige der Opfer wie der Täter, die nicht selten an den Folgen solcher Taten zerbrechen.

»ERSCHLAGEN – METHODE KOPF«

Es gibt Momente, da denke ich, mich verhört zu haben oder meinen Augen nicht trauen zu dürfen – manchmal nämlich werden Fakten bekannt, die selbst abgebrühten Mordermittlern schier unglaublich erscheinen. Das war etwa so bei einem Mord, den die Kollegen aus Schleswig-Holstein bearbeiteten. Die Tochter eines sehr vermögenden Unternehmers war in ihrer Wohnung erschlagen aufgefunden worden. Alle Spuren deuteten darauf hin, dass der Täter die Wohnung ohne Gewalt betreten hatte, als sein Opfer im Bett lag und schlief. Vermutlich hatte sie nicht die geringste Chance auf Gegenwehr, der Täter erschlug sie mit wuchtigen Hieben mit einem unbekannten Gegenstand. Die einzigen tatrelevanten Spuren, die man am Tatort sichern konnte, waren gelbe Kunststofffibrillen, ähnlich winzigen Textilfasern, die vermutlich von Kunststoffhandschuhen des Täters stammten.

Die Ermittlungen gestalteten sich schwierig, doch schließlich führte eine Spur nach München. Die Kollegen aus Norddeutschland baten uns – wie gerade in Fällen mit hohem Spurenaufkommen üblich – um Unterstützung. Wir sollten den in München lebenden Bruder der Getöteten, Stefan H., als Zeugen vernehmen.

Lange Zeit, nachdem wir den norddeutschen Kollegen das Protokoll übersandt hatten, kamen Beamte dieser Dienststelle selbst nach München. Inzwischen hatten die Ermittlungen nämlich einen konkreten Tatverdacht gegen Stefan H. ergeben. Er hatte für die Tatzeit ein Alibi angegeben und dieses mit einem gefälschten Arbeitszeitnachweis untermauert. Nachdem diese Fälschung aufgeflogen war, rückte er in den Fokus der Ermittlungen. Hinzu kam, dass er – auch bei einem gewaltsamen Tod seiner Schwester – eine erkleckliche Summe aus deren Lebensversicherung bekommen und später als Alleinerbe das Vermögen der Eltern erhalten würde. Deshalb sollte nun die Wohnung von

Stefan H. durchsucht und er zur Beschuldigtenvernehmung mitgenommen werden.

Nachdem die Beamten Stefan H. eröffnet hatten, dass er im dringenden Verdacht stehe, seine Schwester getötet zu haben, begannen sie mit der Durchsuchung. Im Flur waren sie rasch fertig und wandten sich nun dem Wohnzimmer zu. Da bestand Stefan H. darauf, die Gangbeleuchtung wieder auszuschalten. Der Flur sei bereits durchsucht, schließlich bekomme er den Strom für die Glühbirne nicht geschenkt. Dass man ihn beschuldigte, die eigene Schwester erschlagen zu haben, hatte indes keinerlei Reaktion bei ihm ausgelöst.

Im weiteren Verlauf der Ermittlungen stellte sich heraus, dass sich Stefan H. übers Internet einen Ganzkörperschutzanzug, Handschuhe und eine Gummimaske bestellt hatte, die er offenbar während der Tat getragen hatte. Obwohl die Gegenstände nachweislich an ihn geliefert worden waren, konnten sie nicht aufgefunden werden. Immerhin ließ sich eindeutig nachweisen, dass die am Tatort entdeckten feinen Kunststoffpartikelchen von Gummihandschuhen aus einer Charge stammten, aus der auch Stefan H. beliefert worden war. Doch damit nicht genug: Der Mitarbeiter der Firma konnte sich genau an den Kunden erinnern. Dieser hatte nämlich nach dem Erhalt der Sendung bemängelt, dass an der Gummimaske, welche die verzerrte Fratze eines alten Mannes darstellte, einige der aufgeklebten Haarsträhnen fehlerhaft befestigt waren. Deshalb handelte er den Betrag für die Gummimaske um drei Euro herunter. Aus Sicht des Täters ein logischer Vorgang, wusste er doch, dass er die Maske nach der Tötung seiner Schwester wegwerfen musste. Warum sollte er also für den nur kurzen Nutzen an einer schadhaften Maske den vollen Betrag bezahlen?

Für das erkennende Gericht gab es bei der Urteilsbegründung keinen Zweifel an der Schuld von Stefan H., nachdem auch die Internetverbindungsdaten seines Computers ausgewertet worden waren. Da hatte der Beschuldigte nämlich Tage vor der Tat in der Suchmaschine Google nach Informationen zum Thema »Erschlagen – Methode Kopf« gesucht!

Obwohl ihm aufgrund von Herkunft, Bildung und Vermögen alle Möglichkeiten offenstanden, ein Leben auf der Sonnenseite der Gesellschaft zu führen, waren es Geiz und Habgier, die Nächstenliebe und Barmherzigkeit besiegt haben. Umso bitterer muss der Tod der Tochter für die Eltern sein, die ihre beiden Kinder durch eine so sinnlos erscheinende Tat verloren haben.

———

EIN FALL OHNE LEICHE

Das mysteriöse Verschwinden eines Mannes stand zu Beginn des Jahres 2005 im Mittelpunkt unserer Ermittlungen. Die von ihrem Mann getrennt lebende Frau hatte den Konditormeister Günter W. als vermisst gemeldet. Seit der Nacht vom 3. Januar auf den 4. Januar war er nicht mehr zu erreichen gewesen und hatte zwei für ihn wichtige Termine – einen Theaterbesuch mit Freunden und den achtzigsten Geburtstag seiner Schwiegermutter – versäumt. Deshalb wandte sie sich am 7. Januar an die Polizei.

Einer seiner beiden Söhne, Ulrich W., war vorab mit seiner Freundin zum Haus des vermissten Günter W. gefahren, um nach dem Verbleib seines Vaters zu forschen. Dieser bewohnte das Haus allein. Dort kam ihm einiges merkwürdig vor, an einer Bettdecke im Arbeits- beziehungsweise Schlafzimmer des Vermissten waren geringe Blutspuren. Außerdem klingelte immer wieder das Telefon, und Leute wollten auf ein Inserat in der Tageszeitung hin das Haus mieten. Das Inserat war am 4. Januar aufgegeben worden, genannt war ein falscher Stadtteil, aber die richtige Festnetznummer des Vermissten. Besonders auffällig war, dass der geforderte Mietzins in Höhe von achthundert Euro für ein Haus dieser Größe und in dieser gehobenen Wohnlage viel zu niedrig angesetzt war. Außerdem hatte sein Vater, soweit Ulrich W. wusste, gar nicht die Absicht, das Haus zu vermieten.

Mit dem Kollegen des Kriminaldauerdienstes, der die Mordkommission am 8. Januar über den Fall telefonisch informierte, wurde vereinbart, den Vorgang zunächst durch unsere Vermisstenstelle bearbeiten zu lassen. Aus dem bisher bekannten Sachverhalt ergaben sich keine hinreichenden Anhaltspunkte für ein Tötungsdelikt. Eine Absuche des Anwesens war bereits im Gange, zusätzlich sollten Beamte des Erkennungsdienstes hinzugezogen werden, um alles fotografisch zu dokumentieren.

Weitere Telefonate mit dem Kriminaldauerdienst bestätigten, dass es sich bei den Blutspuren nur um geringe Mengen handelte und mit Ausnahme eines abgerissenen Telefonkabels nichts Auffälliges festzustellen war. Nach der Spurensicherung würden die Beamten des Erkennungsdienstes das Haus vorsorglich versiegeln.

Am Tag darauf, dem 9. Januar, erhielt ich kurz vor Mittag einen weiteren Anruf in dieser Sache: Unser Direktionsleiter hatte darum gebeten, die Kollegen der Vermisstenstelle vor Ort zu unterstützen. Da nach wie vor keinerlei Motiv erkennbar war, warum der Konditormeister »untertauchen« hätte sollen, wurde die Wahrscheinlichkeit, dass dem Verschwinden ein Unglücksfall oder ein Verbrechen zugrunde lag, von Tag zu Tag größer.

Mit den beiden Bereitschaftsbeamten meiner Dienststelle und einem Beamten des Erkennungsdienstes fuhr ich zum Haus des Vermissten. Den bisherigen Ermittlungsunterlagen konnte ich entnehmen, dass alle Standardrecherchen bereits erfolglos durchgeführt worden waren. Die Kollegen hatten das Haus durchsucht, mit der Rettungsleitstelle und mit der Bettenzentrale gesprochen, sie hatten Fahndungsdurchsagen veranlasst und die Haftliste ebenso überprüft wie alle in Frage kommenden Krankenhäuser.

Zunächst verschafften wir uns einen genauen Überblick im Anwesen. Dann befragte ein Kollege den Sohn des Vermissten.

Der zweite Sohn des Vermissten, Stefan W., berichtete, dass er letztmals am 3. Januar gegen 22 Uhr mit seinem Vater telefoniert und über seine Berufsaussichten gesprochen hatte. Das Gespräch verlief ohne Auffälligkeiten. Er könne ausschließen, dass sein Vater Suizid begangen habe. Der sei weder depressiv noch leide er an irgendwelchen Krankheiten. Wir erfuhren, dass der Vermisste sehr harmoniebedürftig und vertrauensselig war; wenn er zu Hause war, sperrte er seine Tür grundsätzlich nicht ab und schloss nie die Vorhänge oder die Jalousien vor seinen Fenstern, sodass jedermann von der Straße aus ungehindert Einblick in die Wohnräume nehmen konnte. Absolut nichts deutete auf einen Suizid oder auf ein freiwilliges Verlassen seines Lebensumfeldes hin. Wäre er – aus welchen Gründen auch immer – spontan für längere Zeit weggefahren, hätte er mit Sicherheit seinen Söhnen oder seiner von ihm getrennt lebenden Frau Bescheid gesagt. Stefan W. erzählte, dass sich sein Vater mit dem Gedanken getragen hatte, die Herstellung von Pralinen zukünftig auch gewerblich zu betreiben. Über die Weihnachtsfeiertage hatte er Pralinen für vermutlich mehrere tausend Euro hergestellt und verkauft. Bei seiner Suche hatte Stefan W. im Briefkasten die Zeitung vom 4. Januar gefunden, die Ausgabe vom 3. Januar lag auf dem Küchentisch.

Nachdem er seinen Vater nicht mehr erreicht hatte und dieser sich auch nicht zum runden Geburtstag bei seiner Schwiegermutter meldete, fuhr der in Norddeutschland lebende Stefan W. am 6. Januar nach München, um nach dem Rechten zu sehen. Anders als sonst waren die Jalousien heruntergelassen. Einer Nachbarin war aufgefallen, dass bereits am Dienstag, dem 4. Januar, die Vorhänge vorgezogen waren, am Tag darauf bemerkte sie, dass die Jalousien zur Hälfte und schließlich einen Tag später ganz geschlossen waren. Alles ganz unüblich für den Vermissten.

Bei seiner Suche stellte Stefan W. fest, dass im Keller ein Kocher eingeschaltet war, ein großer Klumpen Schokolade war etwa zur Hälfte geschmolzen. Daraus folgerte er, dass sich sein Vater vor seinem geheimnisvollen Verschwinden wohl mit der Herstellung weiterer Pralinen beschäftigt hatte. Der Konditormeister und pensionierte Berufsschulfachlehrer war in Feinschmeckerkreisen berühmt wegen seiner Pralinen, die er zu Tausenden in seinem extra dafür eingerichteten Keller herstellte. Namhafte Münchner Patisserien und Konditoreien rissen sich um seine Spezialitäten. Er war zudem als Kapazität im Fach Konditorwesen weit über die Grenzen Deutschlands hinaus bekannt. Seine besondere Begabung bestand auch darin, Backwerk und andere Speisen professionell zu fotografieren. So hatte er für Schulbücher und Fachzeitschriften etliche Tausend Dias gemacht, die er in Sammelordnern verwaltete. Und schließlich hatte er im Laufe seines Berufslebens eine außerordentlich umfangreiche Sammlung von Backformen und Back- und Küchengerätschaften aller Art zusammengetragen, die zum Teil in großen Vitrinen im Haus und vornehmlich in seiner Backstube im Keller ausgestellt waren.

Stefan W. war aufgefallen, dass zwei ältere, praktisch wertlose Röhrenradiogeräte verschwunden waren. Und auch Geld schien zu fehlen, da eine Schatulle im Arbeitszimmer seines Vaters leer war, in der sich nach Einschätzung des Sohnes mindestens zweitausend Euro hätten befinden müssen, der Erlös der über Weihnachten verkauften Pralinen. Weg waren auch zwei Sparbücher. Schließlich hatte sein jüngerer Bruder Ulrich noch festgestellt, dass der Bettkasten im Arbeitszimmer seines Vaters etwas verrutscht und der Radiowecker ausgesteckt sowie das Telefonkabel abgerissen waren.

Ein Haustürschlüssel mit einem Anhänger in Form eines Feuerwehrmannes fehlte. Entgegen den sonstigen Gewohnheiten seines Vaters war eine Tür im ersten Stock versperrt, den zugehörigen Schlüssel fand sein Bruder Ulrich in einem Flurschränkchen. Besonders merkwürdig aber schien Stefan W., dass der wertvolle Motorroller seines jüngeren Bruders aus der Garage geschoben, mit einer Regenplane abgedeckt und aufgebockt im Garten abgestellt worden war. Normalerweise stand der Roller neben dem Pkw des Vermissten, sodass er den schmalen Durchgang zwischen dem Garagentor und der Gartentür versperrte.

Einer der vier Sommerreifen, die immer an der Wand hingen, lag auf der Motorhaube des abgesperrten Pkw, die Flügelmutter und die Unterlegscheibe von der Wandhalterung waren auf einer Aluleiter abgelegt, so als ob der Reifen zu einem späteren Zeitpunkt wieder an die Wand gehängt werden sollte. Mittlerweile war auch der jüngere Sohn, den wir telefonisch darum gebeten hatten, im Haus eingetroffen. Obwohl nach übereinstimmender Auskunft der Söhne sämtliche Schuhe ihres Vaters im Haus vorhanden waren, fehlte offenbar sein roter Anorak und möglicherweise auch ein kleiner Wanderrucksack. Hatte der Vermisste – der gern auch im Winter in den Bergen wanderte – einen verspäteten Neujahrsausflug in die Alpen gemacht und war er dabei am Ende verunglückt? Aber wieso sollte er dann das Haus ohne Schuhe verlassen haben? Völlig untypisch für den Vermissten war auch, dass er sein Versprechen nicht gehalten hatte, die Katze der Nachbarn während ihres Urlaubs regelmäßig zu füttern. Bei deren Rückkehr war sie halb verhungert.

Als wir uns die Bettdecke ansahen, an der sich den bisherigen Informationen zufolge nur eine »geringe« Antragung mutmaßlichen Blutes befand, stutzten wir. Nachdem wir eine Ecke des Oberbettes zurückgeschlagen hatten, entdeckten wird, dass die Decke an dieser Stelle massiv eingeblutet war.

Obwohl zunächst nicht eindeutig ersichtlich war, ob das Blut an der Bettdecke nicht auch von einer älteren Verletzung stammen konnte, schien mir die massive Blutantragung doch eher mit dem Verschwinden des Mannes zu tun zu haben.

Insgesamt machte das Haus einen ordentlichen Eindruck, offensichtliche Beschädigungen, Kampf- oder Aufbruchspuren waren – mit Ausnahme der bereits beschriebenen Auffälligkeiten und eines abgerissenen Handtuchhakens im Bad – nicht festzustellen. Wertvolle Antiquitäten und eine hochwertige Fotoausrüstung waren nach Auskunft der Söhne vollständig vorhanden. Wenn der Vermisste tatsächlich einem Verbrechen zum Opfer gefallen war, dann hatte sich der Täter offenkundig mit Bargeld, Sparbüchern und zwei von insgesamt fünf alten Röhrenradiogeräten als Beute begnügt. Richtig stutzig wurden wir, als uns Stefan W. erzählte, dass er bei seinem letzten Besuch vor zwei Wochen, über die Weihnachtstage, in seinem ehemaligen Jugendzimmer übernachtet hatte und damals eines der beiden fehlenden Röhrenradios definitiv noch im Regal stand.

Die Stromzuleitung für das Radio führte von einer Steckdose an der Zimmerwand durch ein kleines Loch in der Rückwand des Regals bis zu dem Radio. Um das Stromkabel dort durchzuziehen, hatte der Sohn vor Jahren den Stecker vom Kabel geschraubt, das Kabel ohne den ansonsten zu dicken Stecker durch das gebohrte Loch gezogen und den Stecker anschließend wieder mit dem Kabel verbunden. Stefan W. hatte sich mit seinem Vater über die erstaunlich gute Klangqualität des uralten Radios unterhalten, und dieser hätte keinesfalls ohne Rücksprache das Radio seines Sohnes entsorgt oder verkauft. Da vollends auszuschließen war, dass der Vermisste mit zwei alten Röhrenradios zum Bergwandern gegangen war, musste jemand die Radios an sich genommen haben. Aber wer und warum? Da die Rückwand des Regals, in dem das eine Radio gestanden hatte, unversehrt war, musste der Unbekannte den Stecker abgeschraubt oder das Kabel durchgeschnitten haben, um das Radio mitzunehmen. Warum aber hatte er dann nicht einfach eines der anderen Radios aus dem Haus mitgenommen? Dies wäre völlig problemlos möglich gewesen.

Hing am Ende das Verschwinden des scheinbar biederen Konditormeisters mit dem Radio zusammen? War in dem Radio etwas verborgen, das der Unbekannte – wenn es ihn tatsächlich gab – um jeden Preis an sich bringen wollte? Um jeden Preis? Führte der Vermisste womöglich ein Doppelleben, von dem niemand etwas ahnte?

In unsere Überlegungen hinein klingelte immer wieder das Telefon, es waren Leute, die sich aufgrund des Inserates für das Haus interessierten. In Anbetracht aller bekannten Umstände wurde beschlossen, unserer Mordkommission die weiteren Ermittlungen zu übertragen. Es stand zu befürchten, dass der Vermisste tatsächlich Opfer eines Gewaltverbrechens geworden war.

Aus den bisher bekannt gewordenen Fakten und den daraus resultierenden Überlegungen ergab sich eine Reihe unterschiedlichster Ermittlungsansätze. Zum einen konnte nicht mit Sicherheit ausgeschlossen werden, dass dem Vermissten beim Wandern ein Unglück zugestoßen war. Doch alle Anfragen bei Krankenhäusern, bei der Bergwacht und Rettungsorganisationen im gesamten Alpenraum verliefen negativ. Nirgends war im fraglichen Zeitraum eine Lawine abgegangen, in keinem Krankenhaus lag ein unbekannter Verletzter, auf den die markante Beschreibung des Konditormeisters zugetroffen hätte. Auch gab es weder auf Skilift- noch auf Wanderparkplätzen herrenlose Fahrzeuge (das Auto des Konditors stand ja in der Garage), wie die enorm aufwändigen Überprüfungen durch bayerische, österreichische und Schweizer Dienststellen schließlich ergaben.

Des Weiteren mussten wir die Vergangenheit des Mannes auf dunkle Seiten überprüfen. Um es gleich vorwegzunehmen: Der Vermisste war ein Mann ohne Fehl und Tadel, dunkle Machenschaften oder ein Doppelleben konnten mit absoluter Sicherheit ausgeschlossen werden.

Eine vielversprechende Spur schien sich durch das Inserat zu ergeben: Es war direkt am Schalter der Zeitung aufgegeben und bar bezahlt worden. Damit gab es einen Augenzeugen, der den Inserenten gesehen hatte! Kurz darauf dann die Enttäuschung: Die Dame am Schalter konnte sich zwar erinnern, das Inserat entgegengenommen zu haben – sie hatte sich nämlich über die niedrige Miete gewundert –, aber sie hatte überhaupt nicht auf die Person geachtet. Sie konnte nicht einmal angeben, ob es ein Mann oder eine Frau war. Das war ausgesprochenes Pech.

Die Möglichkeit eines Suizides wurde von sämtlichen Angehörigen und Bekannten ausgeschlossen. Es gab nichts, absolut nichts im Leben des Mannes, der voller Lebensfreude, Tatendrang und Zukunftspläne steckte, was diese Theorie gestützt hätte. Die Befürchtung, dass der pensionierte Konditor einem Verbrechen zum Opfer gefallen war, verdichtete sich also immer mehr. Wir hatten das gesamte Haus nochmals akribisch, Raum für Raum, nach Hinweisen auf eine Gewalttat abgesucht. Ein Diensthundeführer und sein auf das Aufspüren von Leichen spezialisierter Diensthund unterstützten uns. Als der Hund in den Raum im ersten Stock geführt wurde, den der Sohn zunächst versperrt vorgefunden hatte, schlug er sofort an. Obwohl der Parkettboden sehr sauber wirkte und bei oberflächlicher Betrachtung nichts auf Blutspuren hinwies, gab es jetzt kein Zögern mehr. Mit Hilfe von Experten des Institutes für Rechtsmedizin wurde der Raum völlig abgedunkelt und der Fußboden mit einer speziellen Chemikalie namens Luminol untersucht. Ein bestimmtes Bluteiweiß beginnt bei der Berührung mit der Chemikalie zu fluoreszieren. Wir starrten gebannt in die Finsternis vor uns. Genau dort, wo zuvor der Diensthund intensiv am Parkett gekratzt hatte, überzog sich plötzlich der Fußboden großflächig mit einem bläulichen Glimmen: Blut! Das Licht wurde eingeschaltet, betroffen blickten wir uns an: Die Fläche, die in der Finsternis geleuchtet hatte, war viel zu groß für eine kleinere Verletzung. Standen wir am Schauplatz des Mordes an dem vermissten Konditormeister?

Beamte des Erkennungsdienstes begannen unverzüglich, das Parkett auf einer Fläche von mehr als zwei Quadratmetern behutsam abzutragen. Auf der Unterseite der Parkettstäbe und am Estrich konnte man jetzt massive rötliche Antragungen erkennen. Ein Schnelltest ergab, dass es sich tatsächlich um Blut handelte. Der Gerichtsmediziner schätzte die Menge des Blutes auf »möglicherweise mehrere Liter«. Sollte sich bei der sofort veranlassten DNA-Untersuchung herausstellen, dass es sich um das Blut von Günter W. handelte, konnte leider kein Zweifel mehr daran bestehen, dass wir nun nicht mehr nach einem Vermissten, sondern nach einer Leiche suchen mussten. Unterdessen waren auch im Treppenhaus mit Hilfe des Luminolverfahrens an mehreren Stellen mikroskopisch kleine Blutantragungen gefunden worden, deren Lage den Rückschluss zuließ, dass ein Körper über die Treppe vom ersten Stock bis zur Terrassentür im Wohnzimmer geschleift worden war. Kurze Zeit später wurden unsere Befürchtungen zur Gewissheit: Es handelte sich ohne Zweifel um das Blut des Hausherrn. Für uns alle stand in diesem Augenblick fest: Derjenige, der das Inserat aufgegeben hatte, musste auch der Mörder sein!

Wir versiegelten das Haus an diesem Abend erneut, diesmal jedoch als Tatort. In der Dienststelle versammelten wir uns und versuchten, die Erkenntnisse der letzten Stunden zu ordnen. Manche der Wahrnehmungen der letzten Tage bekamen nun plötzlich einen Sinn, andere hingegen sorgten für zusätzliche Verwirrung. Aufgrund der Blutspuren schien der erste Angriff auf das Opfer in dessen Schlafzimmer erfolgt zu sein, und dies wahrscheinlich, während der Mann in seinem Bett lag und schlief. Von dort hatte sich das Geschehen in den Raum mit den Blutspuren im Parkett verlagert. Ob das Opfer zu diesem Zeitpunkt noch gelebt hatte, war vorerst nicht zu klären. Irgendwann zu einem späteren Zeitpunkt schien der Täter die Leiche über das Treppenhaus in das Wohnzimmer im Erdgeschoss geschleppt zu haben. Ob er sie von dort durch den Garten oder durch die Hauseingangstür direkt nach draußen gebracht hatte, war ungewiss. Auf jeden Fall hatte er wohl für den beabsichtigten Abtransport der Leiche vorsorglich den Durchgang durch die Garage freigeräumt und dazu den Motorroller in den Garten geschoben und einen in den Durchgang ragenden Reifen von der Wand genommen. Wir gingen davon aus, dass der Leichnam mit einem Fahrzeug fortgeschafft worden war. Dieser Tatverlauf schien uns nachvollziehbar und kriminalistisch relativ unproblematisch erklärbar zu sein.

Was hingegen weitaus mehr Fragen aufwarf, waren andere Beobachtungen: Offensichtlich war der Mörder nach seiner Tat an mindestens drei aufeinanderfolgenden Tagen am Tatort gewesen, was sich aus den Beobachtungen verschiedener Zeugen über die Vorhänge und Jalousien ergab. Der Täter hatte aufgeräumt und ein Inserat aufgegeben, in dem er das Haus zur Vermietung anbot. Alles Dinge, die von außen wahrgenommen werden konnten. Befürchtete er denn nicht, dass jemand Verdacht schöpfen oder Günter W. vermissen und nach dem Rechten schauen würde? Hätte nicht jederzeit und unangemeldet ein Familienangehöriger das Haus betreten und den Täter überraschen können? Und was hatte den Täter überhaupt dazu bewogen, das Haus zu inserieren? Warum hatte er sich dem Risiko ausgesetzt, das Inserat persönlich aufzugeben? Hatte er keine Angst, dass ihn die Dame am Schalter identifizieren oder zumindest beschreiben könnte? Hatte das Inserat nur den einen Zweck, möglichst viele Interessenten zu einem Anruf zu verlocken, um der Polizei nach der Auswertung der Telefonverbindungsdaten möglichst viele potenzielle Verdächtige zu bescheren? Warum hatte er wertlose Radios mitgenommen und dafür wertvolle Antiquitäten und eine teure Fotoausrüstung zurückgelassen? Gehörte er womöglich zum Kreis der Erben und wusste daher, dass ihm diese Wertgegenstände ohnehin zufallen würden? Wie war es zu erklären, dass der Motorroller sorgfältig gegen Umfallen gesichert und vor Regen geschützt war? Warum hatte der Täter die Flügelmutter des Reifens in der Garage nicht einfach weggeworfen? Meinte er, dass er sie bald wieder benötigen würde? Was konnte es aus Sicht des Täters für einen Sinn haben, das auf den ersten Eindruck völlig leere Zimmer im ersten Stock nach der Tat abzusperren und den Schlüssel in die Schublade eines Flurschränkchens zu legen? Waren die rote Jacke und der Rucksack nur deshalb mitgenommen worden, um die Ermittlungen der Polizei in Richtung eines Bergunfalls zu leiten und so von einem Raubmord abzulenken? Und – warum hatte er die Leiche überhaupt mitgenommen? Das Risiko, mit einem Toten im Auto in eine Kontrolle zu geraten, war schließlich nicht von der Hand zu weisen!

Wir stimmten schon bald darin überein, dass manche dieser Fragen eigentlich nur dann sinnvoll beantwortet werden konnten, wenn man unterstellte, dass der Täter genau wusste, dass er einige Tage lang völlig ungestört sein würde. Wer aber konnte diesbezüglich sicher sein? Fragen über Fragen, doch die passenden Antworten ließen auf sich warten.

Wieder und wieder suchten wir den Tatort nach weiteren Hinweisen ab, und wir vernahmen alle möglichen Leute und Zeugen. Erst allmählich zeigte sich, wie groß der Kreis der mit Günter W. bekannten Personen tatsächlich war. Nicht nur die Befragung von Angehörigen und Freunden, sondern auch die Auswertung seiner Adressverzeichnisse und seines Computers, seiner Telefonverbindungsdaten und seiner Bankunterlagen brachte immer wieder neue Kontakte zum Vorschein. Der vermisste Konditormeister hatte sieben noch lebende Geschwister, verkehrte im Kreise einer Landsmannschaft ebenso wie in einem Theaterzirkel, hatte im Rahmen seiner Berufsschultätigkeit zahllose Lehrlinge betreut, und er hatte Kontakte zu allen möglichen Konditoreien, Kochbuchverlagen und Verbänden im In- und Ausland. Er besuchte zuletzt auch einen Englischkurs an der Volkshochschule und traf sich mit den Kursteilnehmern zur Vertiefung des Lehrstoffes bei sich zu Hause. Legendär war sein jährliches Krapfenessen, zu dem zahllose Freunde eingeladen wurden, und er unterhielt als langjähriger Bewohner der Siedlung gute Beziehungen zur gesamten Nachbarschaft. Um dieses immense Spurenaufkommen zu bewältigen, arbeiteten zeitweise bis zu zehn Beamte zeitgleich in unserer Ermittlungsgruppe. Doch trotz der enorm aufwändigen Ermittlungen verliefen alle Spuren nach und nach im Sand.

Immer wieder unterstützten uns die verschiedensten Medien bei unseren Ermittlungen. Boulevardpresse und Magazine, Fernsehsender und Rundfunkanstalten berichteten über den Fall und baten Zeugen, sich bei uns zu melden. Doch selbst ein bundesweiter Fahndungsaufruf in der Fernsehsendung ›Aktenzeichen XY ... ungelöst‹ erbrachte keine heiße Spur. Die von uns im gesamten Stadtviertel ausgehängten Fahndungsplakate führten ebenfalls zu keinem Hinweis, der uns irgendwie weitergeholfen hätte. Es schien immer mehr so, als stamme der Täter möglicherweise aus dem engeren Umfeld des Opfers. In diesem Zusammenhang geriet eine bestimmte Person in den Fokus unserer Ermittlungen, und es gab den Verdacht, die Leiche könnte in einem Baggerweiher versenkt worden sein. Daher veranlassten wir mehrfach eine Absuche der in Frage kommenden Gewässer. Speziell ausgebildete Polizeihunde, die von Booten aus Leichen unter Wasser erschnüffeln können, kamen ebenso zum Einsatz wie Hubschrauber, die aus der Luft die teils sehr klaren und nicht allzu tiefen Gewässer nach Auffälligkeiten überprüften. Entdeckten die Piloten einen verdächtigen Gegenstand, wurden Taucher der Bereitschaftspolizei eingesetzt, um die Objekte abzuklären. Dabei wurde manch illegal entsorgter Gegenstand aufgestöbert, jedoch nichts, was mit unseren Ermittlungen in Einklang zu bringen gewesen wäre. In einem Fall wurde eine große Eisfläche, die einen der Baggerweiher zur Hälfte bedeckte, mit Hilfe des Rotors eines niedrig fliegenden Hubschraubers auf die andere Seeseite »hinübergeblasen«, sodass die Taucher den frei gewordenen Seebereich ebenfalls absuchen konnten.

Als wir Monate später wieder einmal mehrere Weiher durch Taucher absuchen ließen, entdeckten sie zwei Fahrzeuge. Über Funk gaben sie uns gleich die Marken und die Kennzeichen durch. Die Überprüfung der beiden Kennzeichen ergab, dass diese nicht existierten. Die Spannung wuchs. Wer konnte ein Interesse daran haben, zwei Fahrzeuge mit offensichtlich falschen Kennzeichen auszustatten, um sie dann in einem Baggerweiher zu versenken?

Mit Hilfe ausgeklügelter Seilführungen gelang es, beide Fahrzeuge nacheinander über das Steilufer nach oben zu ziehen. Doch als sie mit dem Heck voran auftauchten, machte sich Enttäuschung breit: Beide Fahrzeuge lagen offensichtlich schon jahrelang am Grund des Sees; sie waren von Algen überzogen und vollgelaufen mit Schlamm. Im Inneren der Fahrzeuge befand sich ebenso wenig Aufregendes wie in den Kofferräumen. Jetzt wurde auch klar, warum die Kennzeichen nicht vergeben waren: Sie waren schlicht vor langer Zeit gelöscht und seitdem nicht mehr neu ausgegeben worden, da die einst zugehörigen Fahrzeuge nicht auffindbar waren. Da der Baggersee in der Nähe eines Autokinos lag, in dem seit vielen Jahren an den Wochenenden ein privater Automarkt abgehalten wurde, lag die Vermutung nahe, dass sich die Besitzer dieser Rostlauben ihrer Fahrzeuge durch Versenken entledigt hatten, nachdem sie sich als unverkäuflich erwiesen hatten.

Wir stellten schließlich fest, dass uns die Spur, die uns in das nahe Umfeld des Opfers geführt hatte, nicht weiterbringen würde. Dementsprechend verstärkten wir nochmals unsere

Anstrengungen, Hinweise zu entdecken, die uns neue Er-
mittlungsrichtungen eröffnen könnten. Rund neun Monate nach Übernahme der Ermittlungen durch meine Mordkommission wies mich unser Hauptsachbearbeiter eines
Morgens auf einen merkwürdigen Umstand hin, auf den
er gestoßen war. Am Tag vor dem Verschwinden des Konditors war von seinem Konto ein Betrag von mehr als tausend
Euro an eine Frau in der Gemeinde Hof für den Kauf von
»antiken Backformen« überwiesen worden. Außerdem war
das Handy dieser Frau zum gleichen Zeitpunkt in der Nähe
des Hauses des Vermissten geortet worden. Diese beiden
Faktoren, für sich betrachtet, wären nicht weiter auffällig
gewesen. Das Opfer hatte immer wieder Sammelstücke auf
Flohmärkten landauf, landab erworben, sodass diese Überweisung völlig unverdächtig erschien. Auch war plausibel,
warum sich die Frau offenbar am dritten Januar bei dem
Vermissten aufgehalten hatte: Wahrscheinlich hatte sie die
anschließend gleich per Überweisung bezahlten »antiken
Backformen« persönlich abgeliefert. Richtig interessant
wurde die Transaktion jedoch, als sich bei einer routinemäßigen Überprüfung der Hofer Wohnadresse der Frau und
damit aller Hausbewohner herausstellte, dass dort auch
ein früherer flüchtiger Bekannter des Opfers gemeldet war.
Dieser Mann war – wie sich erst jetzt herausstellte – etliche
Monate vor dem Verschwinden des Konditors auf Vermittlung einer gemeinsamen Bekannten einmal ein Wochenende lang bei diesem untergekommen, als er kurzfristig eine
Arbeit als Messebauer in München bekommen hatte. Später
hatte Günter W. anderen Bekannten gegenüber angedeutet,
dass er diesen Mann nicht noch einmal bei sich aufnehmen möchte. Über die Gründe für diese Haltung sprach er
nicht.

Besonders auffällig an diesem flüchtigen Bekannten aber
war, dass er eine mehr als zehnjährige Freiheitsstrafe wegen
einer Vielzahl bewaffneter und gewalttätiger Raubüberfälle verbüßt hatte. Sollte das die Spur sein, nach der wir seit
Monaten verbissen gesucht hatten? Mein Kollege und ich
beschlossen, nach Hof zu fahren und die Empfängerin der

Überweisung persönlich nach den Umständen des Verkaufs zu befragen. Dabei würde sich zeigen, ob sie mit dem vorbestraften Räuber in Verbindung stand und ob dieser eine Rolle in dem Fall spielen könnte.

Wir hatten mit den Kollegen der Kripo in Hof vereinbart, dass sie diese Zeugin vorladen sollten, um nicht schon im Vorfeld als Münchner Kriminaler in Erscheinung treten zu müssen. Nachdem die Frau zum vereinbarten Termin erschienen war, übernahmen wir die Vorstellung und die Vernehmung. Wir erfuhren, dass die Frau im vergangenen Jahr auf einem Flohmarkt einem ihr unbekannten Mann alte Backformen billig verkauft hatte. Der Käufer hatte sich ihre Kontoverbindung notiert, um ihr gegebenenfalls nach Prüfung des Wertes der Backformen eine Nachzahlung zu leisten. Sie habe die Sache damit als erledigt betrachtet. Umso erstaunter sei sie gewesen, als sie Anfang dieses Jahres plötzlich eine Überweisung von etwas mehr als eintausend Euro für den Verkauf ihrer »antiken Backformen« erhielt. Als Auftraggeber war der Name eben jenes Sammlers vermerkt, dem sie diese Formen seinerzeit überlassen hatte.

Wir blickten uns verblüfft an, als die Frau auf unsere Frage, was sie denn Anfang des Jahres in München gemacht habe, unbefangen angab, dass sie mit Sicherheit nicht in München gewesen sei. Wie sie sich dann erklären könne, dass ihr Handy dort registriert worden war? Dazu könne sie nichts sagen, zu dieser Zeit habe ihr Lebensgefährte ihr Handy besessen, da er seines kurz zuvor verloren hatte. Dieser sei ihres Wissens zur fraglichen Zeit geschäftlich in Holland gewesen und habe ihr Handy dabeigehabt. Möglich, dass er einen Abstecher nach München gemacht habe; erwähnt habe er ihr gegenüber jedoch nichts davon. Die Antwort auf die Frage, wer denn ihr Lebensgefährte sei, überraschte uns nicht mehr wirklich: der vorbestrafte Gewalttäter, der einmal bei unserem Opfer übernachtet hatte!

Wir baten die Zeugin, ihren Lebensgefährten anzurufen und ihn zu bitten, gleich zur Dienststelle in Hof zu kommen, da wir ihn vernehmen wollten. Da ich bereits ahnte, dass der polizeierfahrene Mann unserer Ladung freiwillig wohl keine Folge leisten würde, hatte ich die Staatsanwaltschaft über die erstaunliche Wende in diesem Fall informiert und darum gebeten, für den Mann eine staatsanwaltschaftliche Zeugenladung zur sofortigen Vernehmung zu erlassen. Tatsächlich weigerte sich der Mann am Telefon zunächst, zur Vernehmung zu erscheinen; er sei gerade auf dem Weg nach Frankfurt und kehre frühestens in ein paar Tagen nach Hof zurück. Als ich ihn jedoch ausdrücklich auf die staatsanwaltschaftliche Ladung hinwies und auch darauf, dass er der Ladung sofort Folge leisten müsse, war er, wenn auch spürbar widerwillig und auch erst, nachdem er zuvor mit einem Rechtsanwalt Rücksprache gehalten hatte, bereit zu kommen.

Nach dem Gespräch verstrich eine schier endlos lange Zeit – ich zog bereits in Erwägung, eine Fahndung einzuleiten –, bis endlich ein Kollege von der Wache anrief und mitteilte, dass unser Zeuge soeben eingetroffen war. Ich holte ihn ab und sah sofort, dass dem Mann der Schweiß in Strömen über das Gesicht lief. Es war selbst für einen Laien ersichtlich, dass er sich nicht wohl in seiner Haut fühlte. Allerdings konnte das natürlich auch daran liegen, dass er aufgrund seiner Vergangenheit unangenehme Erinnerungen mit seiner Anwesenheit auf Polizeidienststellen verband. Obwohl meine Kollegen und ich deutlich spürten, dass er uns nicht die Wahrheit sagte, gelang es uns zunächst nicht, einen konkreten Anfangsverdacht dafür zu finden, dass der Mann vor uns für das Verschwinden des Konditors verantwortlich war. Als mein Kollege den Zeugen fragte, ob er freiwillig dazu bereit sei, zu seiner Entlastung einige Schriftproben abzulegen, um diese mit der Schrift auf dem Auftragszettel für das Inserat zu vergleichen, hatte ich für einen Augenblick das Gefühl, als ob uns der Mann etwas sagen wollte. Doch dann zuckte er nur mit den Schultern und begann nach dem Diktat meines Kollegen zu schreiben. Diese Schriftprobe machte Sinn, denn wir hatten zuvor ein Gutachten erhalten, aus dem eindeutig hervorging, dass der Auftrag für das Inserat nicht vom Opfer ausgefüllt worden war.

Die Vernehmung erfuhr erst dann eine plötzliche Wende, als wir ihn fragten, wo er zur tatrelevanten Zeit gewesen sei. Er gab an, sich vom 1. Januar an für zehn Tage geschäftlich in Holland aufgehalten zu haben. Ja, er habe sein Handy kurz vor der Fahrt verloren und daher das Handy seiner Lebensgefährtin während der Reise stets bei sich gehabt; er habe es zu keinem Zeitpunkt verliehen oder vermisst. Nein, in München sei er schon lange nicht mehr gewesen, auf keinen Fall jedoch zur Tatzeit. Das könne er ausschließen. Zeugen für seinen Aufenthalt in Holland könne er bedauerlicherweise nicht benennen, er habe einfach nach Arbeit gesucht und nachts in seinem Wohnmobil geschlafen.

Mit dieser Aussage stand für uns eines fest: Der Mann vor uns log. Damit aber ergab sich ein Anfangsverdacht gegen ihn, weshalb wir die Zeugenvernehmung sofort abbrachen. Ich eröffnete ihm, dass ich aufgrund seiner Aussage, die eklatante Widersprüche zu unseren Ermittlungsergebnissen aufweise, nunmehr davon ausgehen müsse, dass er mit dem Verschwinden und der Ermordung des Münchner Konditormeisters etwas zu tun habe. Dann belehrten wir ihn über seine Rechte als Beschuldigter. Zudem erklärte ich ihm die vorläufige Festnahme und wir durchsuchten ihn nach gefährlichen Gegenständen. Nach längerem Zögern räumte der nunmehr Beschuldigte schließlich ein, tatsächlich zur Tatzeit zufällig in München gewesen zu sein; dabei habe er den Konditormeister, den er ja von früher kannte, aufgesucht, um ihn zu fragen, ob er bei ihm übernachten könne. Der Mann sei jedoch sehr abweisend gewesen und so sei er unverrichteter Dinge wieder gegangen. Allerdings habe er beim Weggehen in einem unbeobachteten Augenblick Günter W.s Scheckkarte aus einer Sakkotasche im Windfang entwendet und aus Verärgerung über die Abfuhr auf das Konto seiner Lebensgefährtin den Betrag von etwas mehr als tausend Euro überwiesen.

Unsere Nerven waren zum Zerreißen gespannt – saß uns

der Mörder des Konditormeisters gegenüber? Als wir ihn nochmals darauf hinwiesen, dass die Schrift auf dem Bestellschein für das Inserat mit seinen Schriftproben verglichen werden würde, räumte der Mann plötzlich ein, auch das Inserat aufgegeben zu haben. Weiter wollte er sich ohne Anwalt nicht mehr äußern. Wir hatten das natürlich zu respektieren. Bevor wir die Vernehmung jedoch beendeten, schoss mir ein Gedanke durch den Kopf, der mir im selben Moment als so unwahrscheinlich erschien, dass ich ihn schon wieder verwerfen wollte: Bewahrte der Beschuldigte womöglich das verräterische Röhrenradio bei sich zu Hause auf? Kaum vorstellbar – und dennoch nicht auszuschließen. Was sonst hätte er mit dem wertlosen Ding machen sollen? So erkundigte ich mich bei dem Beschuldigten, ob er ein Radiogerät in seiner Wohnung habe. Mit merkwürdig lauerndem Blick wiederholte der Mann gedehnt meine Frage, um dann kaum verständlich zu antworten, dass er ein ganz kleines Transistorradio besitze. Ich bohrte weiter und wollte wissen, ob er vielleicht noch ein anderes Radio habe – zum Beispiel ein altes, so eines mit Röhren? Sein erschrockener Blick und sein gemurmeltes »möglich, vielleicht …« verrieten mir, dass ich auf der richtigen Spur war. Die Kollegen blickten mich erstaunt an. Sie verstanden erst, als ich – jetzt mit leiser Stimme – nachhakte: »Haben Sie ein altes Röhrenradio zu Hause, bei dem … das Stromkabel durchgeschnitten ist?« Atemlose Stille. Dann senkte der Beschuldigte erst den Blick und dann seine Schultern. Und schwieg. Deutlicher hätte er in dieser Situation nicht antworten können. Es war bereits nach Mitternacht, als ich auf Gefahr im Verzug hin die sofortige Durchsuchung seiner Wohnung nach einem Röhrenradio anordnete. Mit Unterstützung einer uniformierten Streife der Polizeiinspektion in Hof machten wir uns auf den Weg. Es dauerte nur wenige Minuten, bis einer der Kollegen, die das Schlafzimmer durchsuchten, zu mir ins Wohnzimmer kam. Ich sah ihm bereits an, dass er fündig geworden war, noch ehe er mit aufgeregter Stimme sagte: »Ich hab's gefunden! Im Schlafzimmerschrank!«

Auf der oberen Ablage im Schrank stand genau so ein Radio, wie es aus dem ehemaligen Kinderzimmer im Hause des Ermordeten entwendet worden war. Und daneben lag das abgeschnittene Ende des Stromkabels samt Stecker. Jetzt gab es keinen Zweifel mehr! Kurz darauf bestätigte eine DNA-Untersuchung des Radios, dass das sichergestellte Radio aus der Wohnung des Konditors stammte. Wir verpackten das Beweismittel sorgfältig und machten uns mit dem gefesselten Beschuldigten auf dem Rücksitz auf den Rückweg nach München. Kurz vor zwei Uhr morgens fuhren wir in Hof los. Es war kalt, dichte Nebelbänke lagen an vielen Stellen über der Autobahn und wir spürten alle, dass der vergangene Tag nicht spurlos an uns vorübergegangen war. In völligem Schweigen und ohne Radiomusik fuhren wir stundenlang durch die Finsternis. Kurz vor Dienstbeginn stellte ich den Motor unseres Dienstwagens ab. Übernächtigt übergaben wir den Beschuldigten den beiden Kollegen meiner Kommission, die ausgeruht eben erst zur Arbeit erschienen waren. In knappen Worten schilderten wir ihnen die Ereignisse der Nacht, dann überließen wir den Beschuldigten den Kollegen.

Als wir am frühen Nachmittag wieder in der Dienststelle eintrafen, berichteten mir die beiden Kollegen, dass er ihnen gegenüber gestanden hatte, für den Tod des Konditors verantwortlich zu sein und die Leiche im Ausland verscharrt zu haben. Weitere Angaben machte er nicht mehr.

Für einen Augenblick beschlich mich ein mulmiges Gefühl bei dem Gedanken, wie unglaublich viele belastende Indizien bis zuletzt gegen die Person aus dem nahen Umfeld des Opfers gesprochen hatten, die nun erwiesenermaßen nichts mit dem Mord zu tun hatte! Und ich war meinem Kollegen zutiefst dankbar, der sich trotz der Fülle der scheinbaren Indizien nicht davon hatte abbringen lassen, selbst noch die allerkleinste und auch eine vermeintlich unbedeutende Spur so gründlich abzuklären. Wäre es vorstellbar, dass hier am Ende ein Unschuldiger nur aufgrund einer scheinbar lückenlosen Indizienkette für die Tat zur Verantwortung gezogen worden wäre? Gleich darauf aber schüttelte ich diesen Gedanken wieder ab: werden doch alle polizeilichen Ermittlungen zuerst durch die Staatsanwaltschaft sorgfältig geprüft und dann durch unabhängige Schwurgerichte in allen Einzelheiten aufbereitet. Bleibt dabei auch nur der allergeringste Zweifel an der Täterschaft eines Angeklagten bestehen, gibt es keine Verurteilung. Diese Dreiteilung bietet einen höchstmöglichen Schutz vor Fehlurteilen und erst recht natürlich vor staatlicher Willkür.

Die Lebensgefährtin des Festgenommenen hatte unterdessen zerknirscht eingeräumt, dass sie die Geschichte mit den verkauften Backformen und der Überweisung dem Beschuldigten zuliebe erzählt hatte. Eines Tages sahen sie zusammen die Fernsehfahndung in ›Aktenzeichen XY ... ungelöst‹ und dabei erschrak ihr Freund sichtlich. Danach erzählte er ihr, dass der Vermisste, den er von früher kannte, ihm Geld geschuldet hatte und es überweisen wollte. Da habe er seinerzeit einfach ihr Konto und einen anderen Verwendungszweck angegeben, womit der Vermisste einverstanden gewesen sei. Als er nun hörte, dass der Mann vermutlich einem Verbrechen zum Opfer gefallen war, habe er wegen seiner Vergangenheit Angst bekommen, zu Unrecht verdächtigt zu werden, und sie inständig gebeten, sollte sie jemals vernommen werden, bei ihrer Vernehmung zu lügen und nichts von ihm zu erzählen. Sie glaubte seiner Versicherung und handelte entsprechend. Dass ihm ihr Handy zum Verhängnis werden sollte, ahnte sie nicht.

Bis zur Verhandlung schwieg der Beschuldigte eisern. Nach wie vor war unklar, wohin er die Leiche des Konditors gebracht hatte. Dann aber trat eine unerwartete Wende im Prozess ein: Der Angeklagte erklärte sich bereit, meinem Kollegen die Stelle zu zeigen, an der er sein Opfer vergraben hatte. Und zwar würde er diese Stelle über das Programm Google Earth ausweisen. Im Internetraum unserer Dienststelle – bis dato hatten wir nämlich nur einen einzigen Internetanschluss für 25 Mordermittler! – versammelten sich kurz darauf Staatsanwälte, Verteidiger und Kollegen. Der

Angeklagte saß neben unserem Sachbearbeiter vor einem PC und gemeinsam zoomten sie über Google Earth einen Landkartenausschnitt aus Italien auf den Bildschirm. Nach Anweisung des Beschuldigten vergrößerte der Kollege den Bildausschnitt so lange, bis ein Strandbad in der Nähe von Bibione zu erkennen war. Schließlich zeigte der Angeklagte auf eine Ecke der Strandbadumzäunung und erklärte, dass genau dort das Opfer vergraben lag – eingewickelt in eine Plastikplane. Spätestens jetzt wurde wohl selbst dem konservativsten Kollegen bewusst, dass auch für die Polizei die moderne Zeit begonnen hat ...

Sofort danach liefen die Drähte zu den zuständigen Polizei- und Justizbehörden heiß und nicht lange danach begann ein Bagger unter den Augen italienischer Polizei- und Justizbeamter sowie zahlreicher Schaulustiger an besagter Stelle zu graben. Und tatsächlich stießen sie dort auf die sterblichen Überreste von Günter W. Der Mörder hatte die Leiche mit seinem Wohnmobil nach Italien geschafft, da es ihm nicht gelungen war, sie in Deutschland zu vergraben. Was an den im strengen Winter steinhart gefrorenen Böden lag. Offensichtlich hatte er davor noch versucht, den Leichnam im Haus seines Opfers zu zerteilen. So erklärte sich die massive Blutansammlung unter dem Parkettboden. Der Täter gab dieses Vorhaben dann jedoch wieder auf, da es ihm zu schwierig erschien. Zur Tat selbst wollte er sich nicht näher einlassen; allerdings gab er zu, zunächst geplant zu haben, das Haus an möglichst viele Interessenten gleichzeitig zu vermieten und die Kaution und die erste Miete gleich bei Abschluss des Mietvertrages zu kassieren. Die Miete hatte er so niedrig angesetzt, um möglichst schnell an möglichst viel Geld zu gelangen. Diesen Plan hatte er jedoch wieder verworfen, allerdings erst, nachdem er im Hinblick auf Mietinteressenten schon alle Spuren des Mordes verwischt hatte ...

Dass der Mörder das Versteck der Leiche schließlich doch preisgegeben hat, obwohl ihm klar sein musste, dass er damit erdrückende Beweise gegen sich liefern würde, ist möglicherweise dem Umstand zu verdanken, dass der Täter den Angehörigen die Ungewissheit über das Schicksal von Günter W. nehmen wollte. Wir hatten immer wieder mit dem Beschuldigten darüber gesprochen, dass es für Angehörige unsägliches zusätzliches Leid bedeutet, wenn sie keine Stätte der Trauer besitzen, an der sie von ihren Lieben Abschied nehmen und an der sie ihnen wenigstens im Tod nahe sein können. Dem Gericht blieb dennoch angesichts der Beweislage und der Vorstrafen keine andere Wahl, als den Angeklagten wegen Mordes zu verurteilen und dabei auf die besondere Schwere der Schuld zu erkennen. Außerdem wurde gegen ihn Sicherungsverwahrung verfügt, da er trotz seiner erheblichen Vorstrafen erneut ein Kapitalverbrechen verübt hatte.

Warum er ausgerechnet das an sich völlig wertlose Radio geraubt und zudem auch noch das abgeschnittene Kabelende aufbewahrt hatte, konnte der Täter nicht plausibel erklären. Er hatte wohl vermutet, dass das Radio als Antiquität besonders wertvoll sei, musste dann aber im Internet feststellen, dass vergleichbare Geräte für maximal 20 € gehandelt wurden.

EINE EREIGNISREICHE BEREITSCHAFTSWOCHE

Sonntag, 21.15 Uhr, mein Bereitschaftshandy begann zu vibrieren. Das durfte doch nicht wahr sein, nicht schon wieder! Seit Mittwochvormittag waren meine beiden Kollegen und ich mit nur kurzen Unterbrechungen im Einsatz gewesen.

Die Serie begann mit einer Geiselnahme. Wie bereits erwähnt, gehören Geiselnahmen, wie auch Entführung, erpresserischer Menschenraub oder sogenannte Amoklagen, zum Aufgabenbereich der Mordkommission. Während einer Gerichtsverhandlung hatte der Angeklagte seine Dolmetscherin mit einem langen Nagel, den er unbemerkt in den Gerichtssaal geschmuggelt hatte, in seine Gewalt gebracht. Die Situation konnte Gott sei Dank durch das beherzte und umsichtige Eingreifen zweier Justizwachtmeister unblutig beendet werden; auch ein im Gerichtssaal anwesender Rechtsanwalt half bei der Entwaffnung des Täters kräftig mit.

Die Vernehmungen und der übliche Papierkrieg beschäftigten uns trotz des schnellen, unblutigen Ausgangs der Geiselnahme bis in die tiefen Nachtstunden und nahmen uns auch am darauffolgenden Tag noch bis weit über den regulären Feierabend hinaus in Anspruch. Als ich mich schließlich von meinen beiden Kollegen verabschiedete, war es fast Mitternacht.

Der Freitag verlief zunächst ohne weitere Besonderheiten. Als ich mich am Nachmittag von meinen Kollegen verabschiedete, sagte ich scherzhaft beim Gehen »Bis nachher!«. Knapp sieben Stunden später sollte sich das allerdings als zutreffend erweisen. Kurz nach 22 Uhr trafen wir uns bereits wieder in einer kleinen Seitenstraße im Westen Münchens, es ging um versuchten Mord. Um 21.30 Uhr hatte mich der Kriminaldauerdienst informiert, dass ein Mann seiner Exfrau im Treppenhaus aufgelauert und ihr mit

wuchtigen Messerstichen in den Unterleib lebensgefähr-
liche Verletzungen beigebracht hatte. Nachbarn hörten die
gellenden Schreie der Verletzten und stürmten ins Treppenhaus, wo sie den Angreifer an der Vollendung seines heim-
tückischen Mordanschlags hinderten. Der Täter flüchtete,
war aber dank der schnellen Alarmierung der Polizei und
der guten Beschreibung, die einer der Zeugen bereits am
Telefon durchgegeben hatte, kurz nach der Tat von jungen
Kollegen der Einsatzhundertschaft festgenommen worden.
Damit stand fest, dass unsere Ehefrauen in dieser Nacht
garantiert schnarchfrei ruhen würden.

Der Bruder der Verletzten, einer seit mehreren Jahren in
München lebenden Afghanin, kam an den Tatort, um das
Kleinkind seiner Schwester bis auf Weiteres in seine Obhut zu nehmen. Von den Bereitschaftsbeamten des Erkennungsdienstes erfuhren wir, dass der beschuldigte Mehmet
V., der getrennt lebende Ehemann des Opfers und Vater des
Kindes, am Nachmittag in seiner Asylbewerberunterkunft
einem Mitbewohner ein Messer entwendet hatte – offensichtlich in der Absicht, es gegen seine Frau einzusetzen.
Am Abend suchte Mehmet V. seine Frau in ihrer Wohnung
auf, es kam zum Streit, in dessen Verlauf der Beschuldigte
seiner Frau das Messer mehrfach in den Unterleib stieß. Mit
letzter Kraft gelang es ihr, sich ins Treppenhaus zu flüchten.

Bald nach unserem Eintreffen fuhr ein VW-Bus der Einsatzhundertschaft am Tatort vor. Im Auto saß bewacht und
gefesselt der Beschuldigte. Nachdem wir ihn nochmals
eingehend über seine Rechte belehrt hatten, war er bereit, uns zu zeigen, wo er auf der Flucht das Messer weggeworfen hatte. Tatsächlich fand sich an der bezeichneten
Stelle, einem Busch in unmittelbarer Nähe des Anwesens,
ein Küchenmesser mit rötlichen Antragungen. Die spätere
DNA-Analyse bestätigte, dass es sich um das Blut des Opfers handelte. Obwohl aufgrund der Aussage der verletzten Afghanin vor ihrer Einlieferung ins Krankenhaus, der
Beobachtungen der Zeugen, die Mehmet V. auf der Flucht
gesehen hatten, und des Hinweises auf die Tatwaffe durch

ihn selbst kein vernünftiger Zweifel daran bestehen konnte, dass Mehmet V. tatsächlich der Täter war, leugnete er zunächst. Was folgte, waren Routinemaßnahmen. Aus dem Krankenhaus waren inzwischen hoffnungsfrohe Nachrichten gekommen: Trotz der Schwere der Verletzungen würde die Frau den Mordanschlag überleben. Kurz vor Mittag hatten wir alles Unaufschiebbare erledigt und fuhren nach Hause. Während ich duschte, dachte ich einen Augenblick daran, wie oft ich schon Verabredungen kurzfristig wegen eines Einsatzes abgesagt oder meine Frau beim Essen allein gelassen hatte. Doch spürte ich rasch, dass derartig tiefschürfende Betrachtungen im Moment meine geistigen Kapazitäten überstiegen. Nach dem Essen – den Erzählungen meiner Frau vermochte ich nicht wirklich zu folgen, weshalb sie die Berichterstattung irgendwann einstellte – sank ich mit dem festen Vorsatz in die Federn, frühestens am nächsten Morgen mein Bett wieder zu verlassen.

Leider hatte ich es versäumt, diesen Vorsatz auch der Kollegin des Kriminaldauerdienstes mitzuteilen, die sich nachmittags um 15 Uhr meldete. Wenn man zwei Tage durchgehend wach ist und versucht, konzentriert und aufmerksam zu arbeiten, so sind hundertzwanzig Minuten Tiefschlaf mindestens sechshundert Minuten zu wenig, um ein klingelndes Handy irgendwo in einer fernen Welt orten zu können. Erst mal. Irgendwann aber ist das Handy stärker. Sollte ein Handy so was wie eine Ehre oder eine Seele haben, werde ich wohl dereinst wegen schwerer Beleidigung und Misshandlung von Kommunikationstechnik vor dem jüngsten Handygericht erscheinen müssen …

Während ich noch überlegte, ob ich erst zwei oder schon sechsundzwanzig Stunden geschlafen hatte, signalisierten mir meine Beine: Es waren erst zwei Stunden. Die Kollegin vom Kriminaldauerdienst berichtete, dass es am Bahnhofsvorplatz eine Auseinandersetzung zwischen mehreren Jugendlichen gegeben hatte. Dabei war einem Jungen ein großes Messer mit voller Wucht ins Auge gerammt worden.

Die zwei Täter, vermutlich Vietnamesen wie der Geschädigte selbst auch, waren flüchtig, der lebensgefährlich Verletzte wurde gerade von einer Notarztbesatzung versorgt; das Messer steckte nach wie vor im Auge des Opfers. Mich schauderte bei dem Gedanken an das, was das Opfer wohl gerade fühlen und erleiden musste. Meine Müdigkeit war verflogen, noch ehe die Kollegin ihren Bericht beendet hatte. Beiläufig registrierte ich das Gurgeln der Kaffeemaschine aus der Küche – meine Frau! –, als ich mich daranmachte, meine beiden Kollegen zu wecken. Ich hatte alles Verständnis dieser Welt für die lange Zeitspanne, die es dauerte, ehe sie sich am Telefon meldeten. Einen der beiden bestellte ich direkt zum Tatort, zu dem auch ich in Kürze aufbrechen würde. Den zweiten Kollegen bat ich, die Klinik zu ermitteln und zu versuchen, von dem Verletzten noch vor einer Operation Hinweise auf die Täter zu erlangen.

Knapp dreißig Minuten später erreichte ich den Tatort. Der Bahnhofsvorplatz ist sehr belebt, entsprechend groß war die Zahl der Schaulustigen, die sich vor den rot-weißen Absperrbändern versammelt hatten. Der Verletzte war mittlerweile in eine Spezialklinik gebracht worden, wo sich Ärzte darum bemühten, sein Augenlicht zu retten.

Wie mir der Außendienstleiter, der die Erstzugriffsmaßnahmen koordinierte, mitteilte, saß der Geschädigte auf den Stufen vor einer Bank, als er scheinbar völlig grundlos und überraschend von zwei jungen Vietnamesen angegriffen und verletzt wurde. Die Angreifer rannten sofort nach der Attacke in Richtung eines U-Bahn-Abganges davon, im Treppenbereich gab es Blutspuren. Keiner der zahlreichen Augenzeugen wagte es, sich den Tätern in den Weg zu stellen, sodass diese unbehelligt flüchten konnten. Die Personalien mehrerer Augenzeugen waren aufgenommen worden; allerdings waren von diesen Zeugen bei unserem Eintreffen nur noch zwei anwesend.

Das Team des Erkennungsdienstes maß den Tatort aus und fotografierte. Dann sicherten sie die mutmaßlichen Blutantragungen am Abgang zur U-Bahn. Spurentechnisch gab der Tatort ansonsten nicht viel her, da die Täter laut

Zeugenaussagen nichts berührt hatten und nichts zurückgeblieben war, was ihnen hätte zugeordnet werden können. Unsere Hoffnung setzten wir daher neben der Vernehmung des Geschädigten vor allem auf die Kameraüberwachung des Bahnhofsvorplatzes, die nach langen öffentlichen Diskussionen seit etwa eineinhalb Jahren hier erfolgte. Nicht ohne Stolz konnte die Münchner Polizei bereits ein Jahr nach der Inbetriebnahme ihrer insgesamt drei Überwachungskameras, von denen – wie man in allen Münchner Zeitungen nachlesen konnte – zwei am Bahnhofsvorplatz installiert waren, vermelden, dass die Zahl der Straftaten in den überwachten Bereichen um rund ein Drittel zurückgegangen war.

Unsere Enttäuschung war daher groß, als wir feststellen mussten, dass ausgerechnet die tat- und fluchtrelevanten Bereiche nicht von den beiden Kameras erfasst waren. Was hätte wohl ein englischer Kollege dazu gesagt, der in seiner Heimatstadt London mehr als dreihunderttausend Überwachungskameras auf öffentlichen Straßen und Plätzen zur Verfügung hat? Die nächste Ernüchterung folgte auf dem Fuß: Die vielversprechenden Blutspuren auf der Treppe zur U-Bahn erwiesen sich als nicht tatrelevant. Sie stammten von einem Passanten, der wenige Stunden vor dem Messerangriff auf der Treppe gestürzt war und sich dabei eine stark blutende Kopfplatzwunde zugezogen hatte. Damit war die Hoffnung auf ein schnelles DNA-Muster des Messerstechers, der sich bei der Tat womöglich verletzt hatte, zunichte.

In der Zwischenzeit liefen die üblichen Fahndungsmaßnahmen auf Hochtouren. Im Rundfunk wurde stündlich die Beschreibung der Täter wiederholt, in U- und S-Bahnhöfen ließen wir über die Info-Screens Fahndungsaufrufe senden. Über die Funkkanäle des Verkehrsverbundes wurden alle Bus-, Straßenbahn-, U- und S-Bahnfahrer, deren Fahrtstrecken den Bereich des Hauptbahnhofes tangierten, veranlasst, in ihren Bussen und Zügen nach verräterischen Blutspuren zu suchen. Doch nirgendwo wurde etwas festgestellt.

Einige Zeit später meldete sich der Kollege aus dem Krankenhaus, er hatte mit dem Verletzten kurz gesprochen. Hier zeichnete sich ein Hoffnungsschimmer ab, der Verletzte hatte trotz allem unglaubliches Glück gehabt. Das Messer war oberhalb des Augapfels in die Augenhöhle eingedrungen, ohne dabei wichtige Gefäße oder Nerven zu verletzen. Der Geschädigte, ein vietnamesischer Schüler, würde sein Augenlicht behalten und vermutlich auch keinerlei bleibende Schäden davontragen. Erleichtert atmete ich auf. Das Schicksal des Jungen war uns ziemlich nahe gegangen.

Außerdem waren ihm die beiden Angreifer flüchtig bekannt. Er wusste sogar ihre Vornamen. Erst zwei Tage vor der Messerattacke hatte er mit den beiden wegen eines Mädchens Streit gehabt. Zivile Beamte überprüften daraufhin die Adresse des Mädchens, das in einer Trabantenstadt am Stadtrand wohnte, und die üblichen Treffpunkte von Jugendlichen aus diesem Viertel. Das Mädchen trafen sie nicht an, andere Jugendliche glaubten jedoch die beiden Verdächtigen zu kennen. Ein Jugendlicher berichtete, dass er zufällig vor einiger Zeit im selben Bus wie der mutmaßliche Messerstecher im Münchner Westen unterwegs gewesen war. Er hatte mitbekommen, an welcher Haltestelle der Gesuchte ausstieg und in welche Richtung er ging. Irgendwo dort in der Nähe solle der Typ in einem Heim wohnen.

Damit hatten wir überraschend schnell einen guten Ermittlungsansatz. Die örtlich zuständige Polizeiinspektion teilte uns alle in Frage kommenden Einrichtungen in dieser Gegend mit. Wir fuhren zur ersten der angegebenen Heimadressen, Fehlanzeige: Kein einziger der Heimbewohner war asiatischer Herkunft. So fragten wir uns bei mehreren Heimen vergeblich durch, schließlich war keine einzige Einrichtung für männliche Jugendliche mehr auf unserer Liste übrig. Da wurden wir über Funk von einer Zivilstreife um ein Treffen gebeten. Als wir an der vereinbarten Stelle aus dem Fahrzeug stiegen, bog ein älterer Audi auf den einsamen Parkplatz ein. Die beiden jungen Männer, die gleich darauf auf uns zukamen, sahen nicht gerade vertrauenerweckend aus. Das Outfit der Kollegen von der Zivilstreife unterschied sich nur unwesentlich von dem, was die »Null-Bock-No-Future-Generation« zu jener Zeit trug. Und mir wurde wieder einmal bewusst, warum die Erfolgsquote unserer zivilen Einsatzgruppen so hoch ist – es geht doch nichts über eine perfekte Tarnung. Die Kollegen hatten von unserer Suche nach einem jugendlichen Vietnamesen erfahren. Vor mehreren Wochen waren sie in ihrem Revier einmal zufällig auf ein Reihenhaus in guter Lage gestoßen, das vom Jugendamt angemietet war. Bei dieser Gelegenheit hatten sie die Bewohner des Hauses überprüft und dabei auch die Personalien eines Vietnamesen erhalten, der denselben Vornamen wie der von uns Gesuchte trug und exakt der Beschreibung entsprach. Unter Berücksichtigung aller Erkenntnisse gelangte ich zu der Überzeugung, dass gegen diesen nunmehr ein dringender Tatverdacht vorlag. Es war mittlerweile bereits weit nach Mitternacht. Da nicht davon auszugehen war, dass der Täter in aller Ruhe zu Hause auf das Eintreffen der Polizei warten würde, war Eile geboten. Sicher war ihm klar, dass die Polizei über kurz oder lang zu ihm kommen würde.

Ich ordnete also aufgrund von Gefahr im Verzug die sofortige Durchsuchung des Reihenhauses an. Zwei Kollegen sicherten die Rückseite des Gebäudes, das an dicht bewachsene Gärten grenzte. Dann läuteten wir, doch obwohl noch in zwei Fenstern Licht brannte, rührte sich nichts im Haus. Nun griffen wir zur Selbsthilfe. Einer der Kollegen öffnete die Haustür von außen mittels einer altbewährten Methode, ohne dabei das Schloss oder das Türblatt zu beschädigen. Sofort verteilten wir uns im Treppenhaus. Dann klopfte ich an der Tür im ersten Stock, hinter der Licht zu sehen war. Nach mehrfacher Wiederholung wurde die Tür einen Spalt breit geöffnet. Zur Eigensicherung hatten wir längst unsere Dienstwaffen gezogen. Gespannt beobachteten mein Kollege und ich, wie sich der Türspalt vergrößerte. Würden wir gleich dem skrupellosen Täter gegenüberstehen, der gezeigt hatte, dass er nicht einmal inmitten einer großen Menschenmenge vor Gewalt zurückschreckte?

Als ich dann jedoch das blasse Gesicht hinter der Brille sah, das verunsichert auf uns blickte, war es klar, dass wir hier nicht unseren Täter vor uns hatten. Nichts am Aussehen des äußerst spärlich bekleideten jungen Mannes ließ auch nur im Entferntesten an eine asiatische Herkunft denken. Sein bayerischer Dialekt trug ein Übriges zur sofortigen Entspannung der Lage bei. Ich hielt dem Jungen meinen Dienstausweis entgegen und erklärte leise den Grund unserer Anwesenheit. Auf meine Frage, ob er allein in seinem Zimmer sei, reagierte er ein wenig verlegen. Wortlos schob er die Tür ein wenig weiter auf und gab den Blick auf ein Mädchen frei, das auf einem Schlafsofa saß und eine Decke bis zum Kinn hochgezogen hatte. Was immer das Mädchen vor unseren Blicken versteckte, es war mit Sicherheit kein gesuchter Straftäter.

Ich erkundigte mich nach dem vietnamesischen Mitbewohner und erfuhr zu meiner Enttäuschung, dass der vor etwa zwei Stunden aus dem Haus gegangen war. Nacheinander hatte er mehrere Taschen, Koffer und einen vollgepackten Rucksack vor das Haus geschleppt, vor dem kurze Zeit später ein Taxi hielt. Der blasse Junge vor mir hatte den Eindruck gewonnen, dass der Vietnamese auszog. Ich bedankte mich, wünschte weiterhin eine gute Nacht und begab mich ins ausgebaute Dachgeschoss zum Zimmer des Vietnamesen. Die Tür war unversperrt und zu dritt betraten wir gleich darauf den Raum. Hier hielt sich niemand mehr auf, es gab so gut wie keine persönlichen Gegenstände mehr darin. Lediglich etwas schmutzige Bettwäsche und einige Kleidungsstücke lagen auf dem Boden herum. Kein einziges Stück Papier, das einen Rückschluss auf den Bewohner zugelassen hätte. Dennoch bestand aufgrund der Angaben des Mitbewohners kein vernünftiger Zweifel mehr daran, dass wir tatsächlich dem richtigen Vietnamesen auf der Spur waren und dieser uns knapp entkommen war.

Telefonisch veranlasste ich die Fahndung nach dem Taxi, das den Vietnamesen abgeholt hatte. Nachdem wir alle davon ausgingen, dass sich der vermutlich relativ mittellose Gesuchte am ehesten mit der Bahn absetzen würde, und ein

ICE-Bahnhof in der Nähe war, bat ich über die Einsatzzentrale darum, die Taxifahrer an diesem Bahnhof durch
eine Streife befragen zu lassen. Bereits der zweite Fahrer
war der Gesuchte und konnte uns Auskunft geben. Sein
Fahrgast hatte während der relativ kurzen Fahrt davon gesprochen, dass er in einer bestimmten Stadt seinen Bruder
besuchen wolle.

Mit Unterstützung von Beamten der Bahnpolizei ermittelten wir den einzigen in Frage kommenden Zug, der nachts
hier Halt gemacht hatte, und organisierten eine Überprüfung des Zuges. Die würden vermutlich in den frühen
Morgenstunden hessische Bahnpolizeibeamte durchführen.
Mittlerweile hatten Kollegen auch die Personalien des mutmaßlichen Mittäters ermitteln können. Der war in einem
Asylbewerberheim in der Nähe gemeldet. Mit zwei weiteren Streifen als Unterstützung machte sich unser kleiner
Tross auf den Weg. Trotz der nächtlichen Stunde trafen wir
dort auf mehrere afrikanische Asylbewerber, die in einer
Gemeinschaftsküche versammelt waren und ein lecker duf-
tendes Gericht zubereiteten. Leider konnte ich nicht nach
dem Rezept fragen, da sich unsere jeweiligen Mutterspra-
chen als nicht kompatibel erwiesen.

Schließlich stöberten wir den Mitarbeiter einer Bewa-
chungsfirma auf, der nachts für Ruhe und Ordnung in der
Unterkunft sorgte. Über ihn konnten wir ermitteln, dass
der gesuchte Mittäter vor drei Monaten aus dem Heim verschwunden war, in dem er eigentlich während der Dauer
seines Asylverfahrens wohnen musste. Über seinen neuen
Aufenthaltsort war nichts bekannt. Diesem Problem begegnen wir häufig. Personen melden sich in einer Unterkunft
an, ohne sie tatsächlich zu beziehen. Entweder kommen sie
bei Verwandten oder Freunden unter oder sie verlassen die
Stadt oder das Bundesland, um woanders ihr Glück zu suchen oder in Einzelfällen auch, um zwielichtigen Geschäf-
ten nachzugehen oder sich einer Strafverfolgung zu entziehen. Immerhin hatten wir nun die Personalien der beiden
Tatverdächtigen, sodass wir am Vormittag einen Haftbefehl
für die beiden beantragen konnten. Anschließend würden

wir die Kollegen der Zielfahndung darum ersuchen, die Fahndung nach den beiden Flüchtigen zu übernehmen.

Die Durchsuchung des Zuges war ergebnislos verlaufen. Offensichtlich hatte der Flüchtige den Zug bei nächster Gelegenheit wieder verlassen; er hatte wohl geargwöhnt, dass ihm die Polizei schnell auf die Schliche kommen würde. Nun gut. Früher oder später würden wir ihn dennoch zu fassen bekommen, daran gab es keinen Zweifel.

In der Dienststelle stellten wir den Vorgang zusammen und ordneten alle Unterlagen, Vernehmungen, Erstzugriffsberichte und Vermerke chronologisch. Sodann erhielt die Staatsanwaltschaft die Unterlagen, um prüfen zu können, ob die Voraussetzungen für die Beantragung von Haftbefehlen gegen die Beschuldigten erfüllt waren. Bis alle Formalitäten erledigt waren, war es wieder kurz vor Mittag. Wir hatten vor, die weiteren Maßnahmen am Montagmorgen zu veranlassen; schließlich hatten wir ja noch immer Bereitschaft, die erst um Viertel nach sieben am nächsten Morgen enden würde. Man konnte ja nie wissen …

Diesmal dauerte es nicht einmal eine halbe Stunde, bis ich gegessen und geduscht hatte und in meinem Bett lag. Meine Frau behauptete später, ich hätte schon geschlafen, noch ehe ich im Schlafzimmer überhaupt ankam. Dass Frauen auch immer so übertreiben müssen!

Gegen 19 Uhr wachte ich auf. Draußen war es schon dunkel. Irgendwie stand ich leicht neben mir. Die letzten Tage hatten meinen Biorhythmus etwas aus dem Gleichgewicht gebracht. Und mit über fünfzig Jahren steckt man nächtliche Eskapaden nicht mehr so einfach weg, stellte ich zu meiner Beunruhigung fest. Andererseits fand ich Wohlgefallen an dem Gedanken, so bald nach dem Aufstehen wieder schlafen gehen zu können, ohne ein schlechtes Gewissen haben zu müssen. Morgen dann würde die Welt wieder ganz anders aussehen. Nach dem Essen – ich weiß, das ist ungesund – ließ ich mir ein Bad ein und gönnte mir eine Extraportion Entspannungsschaumbad. Als ich gerade in die

Wanne steigen wollte, fiel mir ein, dass mein Bereitschafts-handy noch verwaist auf meinem Nachttisch im Schlafzim-mer lag. Den kurzen Kampf mit meinem inneren Schweine-hund verlor ich pflichtgemäß und machte mich ergo auf den Weg zu meinem Handy. Ich hatte es fast schon in der Hand – da fing es an zu vibrieren, zu leuchten und zu klingeln. Se-kunden später wusste ich, dass ich auch diese dritte Nacht in Folge nicht zu Hause verbringen würde. Bei dem Gedan-ken an die gefüllte Badewanne beschlich mich einmal mehr das Gefühl, dass ich bei meiner Bewerbung zur Mordkom-mission offensichtlich irgendeinen wesentlichen Aspekt nicht genügend berücksichtigt hatte – was nur könnte das gewesen sein? Egal, nun war es ohnehin zu spät.

Routinemäßig notierte ich mir die Uhrzeit, den Namen und die Schicht des Kollegen vom Kriminaldauerdienst. Es war 21.15 Uhr. Vor einer Pension in der Nähe des Oktoberfestge-ländes war es wegen einer zugeparkten Hofeinfahrt zu einem Streit zwischen vier Männern gekommen. Einer der Männer versetzte seinem Kontrahenten einen wuchtigen Schlag, die-ser stürzte rückwärts zu Boden und fiel so unglücklich auf den Hinterkopf, dass er eine schwere Schädelverletzung er-litt. In einer Klinik kämpften die Ärzte um sein Leben; aller-dings stand zu befürchten, dass er die nächsten Stunden nicht überleben würde. Der Täter war mit einem dunklen VW Golf mit Münchner Kennzeichen geflüchtet, sein Begleiter zu Fuß davongelaufen. Ich bat den Kollegen, die Kapitalbereitschaft des Erkennungsdienstes zu alarmieren.

Obwohl nach den Ausrückkriterien der Mordkommission – Körperverletzungsdelikte ohne ersichtlichen Tötungsvorsatz werden ja von einem anderen Kommissariat bearbeitet – noch keine Zuständigkeit meiner Dienststelle vorlag, entschloss ich mich aufgrund der ungünstigen Prognose der behandeln-den Ärzte, den Vorgang zu übernehmen. Ich informierte meine beiden Kollegen und bat sie zum Tatort zu kommen, da sich abzeichnete, dass wir aufwändige Fahndungsmaßnahmen einleiten mussten. Eine Befragung des Verletzten war derzeit ohnehin nicht möglich, die Sicherstellung seiner Kleidung veranlasste ich über den Erkennungsdienst. Gleich darauf klingelte erneut mein Handy. Der Verletzte war soeben verstorben. Jetzt lag eine Körperverletzung mit Todesfolge vor und damit auch die Zuständigkeit des Kapitalreferats der Staatsanwaltschaft, deren Bereitschaftsbeamten ich nun ebenfalls informierte.

Am Tatort hatte sich eine Gruppe von Arbeitskollegen des Opfers versammelt, die in einer Kneipe gegenüber gefeiert hatten. Der Getötete und sein Kumpel hatten sich als Erste aus der Runde verabschiedet und waren schräg über die Straße zu ihrer Pension gegangen. Dort stand zu diesem Zeitpunkt ein Pkw in der Zufahrt, worüber es zwischen dem Opfer und den zwei Fahrzeuginsassen zu einem Streitgespräch gekommen war. Während der Begleiter des Opfers den Flur der Pension betrat, vernahm er hinter sich in der Durchfahrt einen dumpfen Schlag. Als er zurückging, um nach der Ursache des Geräusches zu sehen, fand er seinen Kumpel reglos am Boden liegend. Gleichzeitig stieß der Pkw, ein dunkler Golf mit Münchner Kennzeichen, wie er sagte, rückwärts auf die Fahrbahn und fuhr stadteinwärts. Der Beifahrer lief unterdessen die Straße hinunter und verschwand nach etwa fünfzig Metern in einer Hofeinfahrt. Da sich sein Kollege nicht mehr rührte, rannte der Mann in die Gaststätte zurück und alarmierte die dort noch Feiernden. Einer verständigte den Notarzt, während die anderen vergeblich versuchten, ihrem Kumpel zu helfen.

Noch vor unserem Eintreffen hatte die Nachricht vom Tod des Mannes seine Kollegen erreicht. Diese stammten aus einem der neuen Bundesländer und waren als Saisonarbeiter beim Aufbau des Oktoberfestes beschäftigt. Nun waren sie in ausgesprochen aggressiver Stimmung, was durch den vorausgegangenen Alkoholkonsum noch verstärkt wurde. Zur Sicherheit hatten wir mehrere Gruppen der Einsatzhundertschaft angefordert, um zu verhindern, dass sich die in Wut verwandelte Trauer der Arbeitskollegen des Opfers gegen Unbeteiligte entlud.

Zunächst galt es, die Fahndung nach dem Fahrzeug und dem zu Fuß geflüchteten Beifahrer zu intensivieren. Die in

Frage kommenden Hofeinfahrten wurden abgesucht, Anwohner aufgesucht und befragt. Zahllose dunkle VW Golf mit Münchner Kennzeichen wurden im gesamten Stadtgebiet gestoppt und kontrolliert, ohne dass einer der Fahrer als Täter in Betracht gekommen wäre. Es war ausgesprochenes Pech, dass der Täter ausgerechnet einen dunklen Golf fuhr, vermutlich der Fahrzeugtyp, der zu jener Zeit am häufigsten in München zugelassen war. Sollte sich kein anderer Hinweis auf den Fahrzeughalter ergeben, würden wir Hunderte oder gar Tausende Halter überprüfen müssen. Das war, um ehrlich zu sein, keine besonders berauschende Vorstellung.

Doch erst einmal gingen wir natürlich der Frage nach, warum das Fahrzeug überhaupt in der Zufahrt zur Pension gehalten hatte. Vielleicht hatte der Fahrer einen Bekannten zur Pension gebracht und sich vor der Verabschiedung noch ein wenig mit ihm neben dem Fahrzeug unterhalten. Der Begleiter des Opfers hatte uns eine – wenn auch vage – Beschreibung der beiden Männer gegeben, die vermuten ließ, dass es sich um türkische Staatsangehörige handelte. Doch auf keinen der Gäste aus der Pension traf die Beschreibung zu. Schließlich brachen wir die Nahbereichsfahndung ab und fuhren zur Dienststelle.

Stunden später kamen die übrigen Kollegen ausgeruht aus dem Wochenende. Es dauerte diesmal ziemlich lange, bis ich bei der täglichen Morgenbesprechung von unseren Fällen der letzten Tage berichtet hatte. Mehrere Kollegen sagten uns spontan ihre Unterstützung zu, da eine Menge an Arbeit auf uns wartete, die wir allein in unserer Kommission in der erforderlichen Zeit nicht bewältigen konnten. Eine Kommission übernahm dankenswerterweise die weiteren Ermittlungen im Falle des verletzten Vietnamesen. Tatsächlich gelang es in relativ kurzer Zeit, beide Tatverdächtige in anderen Bundesländern zu ermitteln und festzunehmen.

Nachdem alle Maßnahmen besprochen und die Aufgaben verteilt waren, übergaben wir die Handys und die Bereitschaftsfahrzeuge der nächsten Kommission, die nun ihrerseits eine Woche lang die Mordbereitschaft übernahm.

Es waren mehrere Tage vergangen, die Zeitungen hatten über den tödlichen Zwischenfall vor der Pension berichtet, als auf meinem Schreibtisch das Telefon läutete. Eine weibliche Stimme mit leicht ausländischem Akzent meldete sich und erkundigte sich, ob ich für diesen Fall zuständig sei. Die Frau erklärte, sie habe das Geschehen beobachtet, aber erst jetzt, als sie zufällig die Zeitung vom letzten Montag nochmals durchblätterte, gelesen, dass einer der Männer tot sei. Deshalb melde sie sich nun, um ihre Beobachtungen mitzuteilen. Vor allem aber wolle sie Angaben zu dem Auto machen, das in der Zeitung als dunkler VW Golf beschrieben wurde. Dies komme ihr merkwürdig vor, da sie genau wisse, dass es ein heller Opel gewesen sei. Ich stutzte. Sollte sich unser Zeuge so geirrt haben? Gespannt erkundigte ich mich bei der Anruferin, ob sie sich denn bezüglich des Fahrzeugtyps sicher sei? Ja, absolut! Und außerdem – ich glaubte, meinen Ohren nicht zu trauen – habe sie das Kennzeichen notiert. Das saß! Eine neutrale Augenzeugin, die das Kennzeichen des Täterfahrzeuges notiert hatte! So etwas sind ausgesprochene Sternstunden im Leben jedes Kriminalers. Behutsam, um sie nur ja nicht zu erschrecken, erklärte ich der Anruferin, dass ihre Beobachtung für uns von außerordentlichem Interesse sei, und bat sie, sich nach Möglichkeit jetzt sofort für eine Zeugenvernehmung zur Verfügung zu stellen. Ihre Befürchtung, als Ortsunkundige nicht zu uns zu finden, zerstreute ich, indem ich ihr anbot, sie von einem Streifenwagen abholen zu lassen. Damit war die Frau einverstanden und so betrat sie knapp eine halbe Stunde später das Büro unseres Sachbearbeiters. Nun kam Bewegung in die Sache.

Das Fahrzeug, dessen Kennzeichen die Zeugin am Tatort notiert hatte, war tatsächlich ein heller Opel und auf ein Möbelhaus zugelassen. Wir suchten trotz der fortgeschrittenen Stunde das Geschäft in der Innenstadt auf. Die Türen waren schon geschlossen, doch der Inhaber war noch mit Abrechnungen beschäftigt und ließ uns ein. Nachdem die Beschreibung der Zeugin auf ihn offenkundig nicht zutraf, erläuterten wir ihm unser Anliegen. Dabei erfuhren wir, dass einer seiner Mitarbeiter, der im Westen Münchens wohnte, das Fahrzeug nutzte. Allerdings entsprach auch dieser nicht der Beschreibung. Bevor wir den Geschäftsinhaber verließen, baten wir darum, nichts von unserem bevorstehenden Besuch zu sagen, da wir nicht wussten, in welcher Beziehung dieser Mitarbeiter zu unserer gesuchten Person stand.

Zur Sicherheit baten wir eine Zivilstreife der zuständigen Polizeiinspektion, das Anwesen des Mitarbeiters bis zu unserem Eintreffen verdeckt zu beobachten. Nicht lange danach bremsten wir vor dem Haus. Aus der Dunkelheit der menschenleeren kleinen Straße schälten sich zwei Gestalten, die Beamten der zivilen Einsatzgruppe. Sie berichteten, dass sie die fragliche Wohnung lokalisiert hatten. Die Wohnung war von außen einsehbar, da innen Licht brannte und weder Vorhänge noch Jalousien geschlossen waren. In der Wohnung befanden sich zwei Personen, ein Mann, auf den die Beschreibung des Gesuchten nicht zutraf, sowie eine Frau. Der gesuchte Opel war weder auf der Straße noch in der Tiefgarage abgestellt. Auch in den umliegenden Straßen war das Fahrzeug nirgends zu entdecken gewesen. Respekt. Die Kollegen hatten die kurze Zeitspanne gut genutzt.

Wir klingelten. Freundlich erstaunt bat uns der Wohnungsinhaber herein, nachdem er einen langen und prüfenden Blick auf unsere Dienstausweise geworfen und den Grund unseres Kommens im Telegrammstil erfahren hatte. Ein neuer russischstämmiger Mitarbeiter seiner Firma, der mit seiner jungen Familie im Osten Münchens wohnte, nutzte seinen Angaben zufolge das Fahrzeug für seine Kundendiensttätigkeit. Einen Bezug zum Tatort konnte er nicht erkennen, außer dass dieser nicht sehr weit vom Firmensitz entfernt lag. Warum sich die Kriminalpolizei zur Nachtzeit für den Benutzer des Firmenfahrzeuges interessierte, wollte er im Detail gar nicht wissen. Er versicherte uns, dass er auch ohne unsere eindringliche Belehrung seinen Kollegen nicht über unsere Erkundigungen informiert hätte.

Das Spielchen wiederholte sich: Anruf bei der zuständigen Inspektion, Bitte um Entsendung einer Zivilstreife zur vorsorglichen Observation des Anwesens, eilige Fahrt dorthin. Diesmal wurden wir von zwei Besatzungen erwartet, da sich die bevorstehende Festnahme abzeichnete. Das gesuchte Fahrzeug stand tatsächlich in der Nähe des Anwesens am Fahrbahnrand. Was schon mal dafür sprach, dass der Tatverdächtige zu Hause war. Auch hier bot die Erdgeschosswohnung ungehinderten Einblick in das hell erleuchtete Wohnzimmer. Auf die anwesende Person traf die Beschreibung der Zeugin genau zu. Der Rest war Routine. Nach seiner Festnahme brachten wir den Mann auf unsere Dienststelle. Das Fahrzeug ließen wir zur Spurensicherung abschleppen. Die weiteren Ermittlungen führten bald auch zu dem Beifahrer, der tatsächlich in der Pension gewohnt, diese aber am Morgen nach dem Vorfall zeitig verlassen hatte. Da auch er russischstämmiger Herkunft war und mit der Personenbeschreibung des Arbeitskollegen des Getöteten überhaupt nicht übereinstimmte, war er bei unseren Nachforschungen zunächst »durchs Raster gefallen«.

Warum uns der Arbeitskollege mit seinen Aussagen über den Täter, dessen Begleiter und das Fahrzeug so sehr in die Irre geführt hatte, ließ sich leider nicht abschließend klären. Fakt jedoch ist, dass wir nie eine Chance gehabt hätten, die Täter zu ermitteln, solange sich unsere Fahndung auf einen dunklen VW Golf und zwei türkische Tatverdächtige konzentrierte.

Übrigens: Unmittelbar nach der Tat hatten sich der Begleiter des Getöteten und einige seiner Kollegen sehr abwertend über die Ermittlungsarbeit der Münchner Polizei geäußert. »In tausend Jahren« würden wir die »ausländischen« Täter nicht bekommen. Als wir ihnen bereits nach wenigen Tagen mitteilten konnten, dass wir die Verdächtigen festgenommen hatten, revidierten die Zweifler ihre Meinung über die Münchner Polizei grundlegend, was uns freute.

TODESURTEIL SCHEIDUNG

Eine grausame Beziehungstat ereignete sich am helllichten Tag auf offener Straße in einer ruhigen Vorortgemeinde nördlich von München. Ein irakischer Kurde stach seine Frau nieder, übergoss sie mit einer brennbaren Flüssigkeit und zündete sie an. Das alles spielte sich vor den Augen ihres kleinen Sohnes ab. Die Frau, so teilte mir der Kollege vom Kriminaldauerdienst mit, lag in einer Spezialklinik für Schwerstbrandverletzte, doch habe sie keine Chance, die Verletzungen zu überleben. Den Täter hatte man festgenommen.

Der Bereitschaftsbeamte der Staatsanwaltschaft bat darum, ihn abzuholen und zum Tatort mitzunehmen. Mit Blaulicht und Sirene bahnten wir uns einen Weg durch den abklingenden Berufsverkehr. Zähflüssig rollte der Verkehr auf der Autobahn in Richtung Nürnberg, sodass es höchste Konzentration erforderte, zwischen den langsam fahrenden Kolonnen hindurchzusteuern, ohne einen Unfall zu riskieren. Nach einigen Minuten schlossen weitere Einsatzfahrzeuge auf, und so erreichten wir schließlich in einem kleinen Konvoi den Tatort. Der Straßenzug war beidseitig weiträumig mit Flatterleinen abgesperrt worden. Mitten auf der Fahrbahn stand der weiße Ford Mondeo des Täters mit geöffneten Türen.

Nach allem, was bislang bekannt war, handelte es sich bei dem Opfer um eine junge irakische Kurdin, die gerade eben von ihrem Mann geschieden worden war. Zusammen mit ihrem fünfjährigen Sohn war die Frau auf dem Heimweg von dem Scheidungstermin, als urplötzlich ihr Exmann mit seinem Fahrzeug auftauchte, das Fahrzeug mitten auf der Fahrbahn stark abbremste und aus dem Auto sprang. Offensichtlich hatte er ihr gezielt aufgelauert. Während das Fahrzeug mit laufendem Motor auf der Fahrbahn stand, lief er auf seine völlig überrumpelte Frau auf dem Gehweg zu, die wegen ihres Sohnes keinen

Fluchtversuch unternehmen konnte. Wie von Sinnen und ohne jede Vorwarnung begann der Mann mit einem Messer, welches er bereits in der Hand hielt, auf Kopf und Oberkörper seiner Frau einzustechen. Durch mehr als ein Dutzend tiefer Messerstiche schwer verletzt und stark blutend, flüchtete die Frau laut schreiend an ihrem Mann vorbei auf die gegenüberliegende Straßenseite. Der folgte ihr jedoch, sodass die Frau mit letzter Kraft wieder zu ihrem Sohn zurücklief. Jetzt rannte der Täter zu seinem Fahrzeug, nahm eine mit Benzin gefüllte Flasche vom Beifahrersitz und folgte abermals seiner Frau, die aufgrund ihrer schweren Verletzungen nicht mehr in der Lage war, dem nun folgenden furchtbaren Geschehen zu entkommen.

Mittlerweile waren zahlreiche Anwohner und Passanten durch die gellenden Schreie aufmerksam geworden und hatten sich zum Teil dem Täter bereits bis auf wenige Meter genähert. Sie alle und auch der fünfjährige Sohn des Opfers, der voller Entsetzen nur wenige Schritte neben seiner Mutter stand, mussten nun hilflos mit ansehen, wie der Täter seine Exfrau mit dem Benzin aus der Flasche übergoss und dann anzündete. Unter qualvollsten Todesschreien brach die Frau lichterloh brennend neben ihrem Kind zusammen. Der Täter war unterdessen seelenruhig zu seinem Fahrzeug zurückgegangen und beobachtete von dort aus den Todeskampf seines Opfers. Ein Polizeibeamter, der in seiner Freizeit zufällig in der Gegend war, nahm den Täter noch am Tatort fest, während Anwohner und Passanten mit Wasser und Decken die Flammen erstickten. Das Opfer wurde durch ein Notarztteam noch in eine Spezialklinik eingeliefert, verstarb aber kurz darauf. Fünf Angehörige des Kriseninterventionsteams waren mittlerweile am Tatort eingetroffen und hatten die Betreuung der Augenzeugen übernommen. Der Junge wurde in die Obhut einer Familie gegeben, da bei einer Notunterbringung in einem Kinderheim keine sofortige psychologische Betreuung gesichert war.

Wie unsere weiteren Ermittlungen und letztlich auch die Aussagen der Zeugen und Beteiligten vor der großen

Strafkammer am Landgericht München I ergaben, wurde die junge Kurdin im Alter von 18 Jahren gegen ihren Willen mit dem Angeklagten im Irak verheiratet. Vor der Hochzeit durfte sie ihren zukünftigen Mann gerade einmal 25 Minuten sehen, nach ihrer Meinung wurde sie nicht gefragt. Die Familie bestand auf den althergebrachten Traditionen und ignorierte die Gefühle ihrer Tochter. »Mehrere zehntausend Euro« hatte der Angeklagte nach eigenen Angaben für Geschenke, Schmuck und Reisekosten aufgewendet. Allerdings sagte ein Onkel vor Gericht aus, dass dies der Kaufpreis für das Mädchen gewesen sei.

Das im Irak vermählte Paar zog bald darauf nach München, die Frau wurde schwanger und bekam einen Sohn. Es begann ein jahrelanges Ehemartyrium, die Frau war praktisch rechtlos und wurde von ihrem Ehemann misshandelt. Es gab niemanden in ihrer Familie, dem sie ihr Leid klagen konnte, und erst recht niemanden, bei dem sie auf Hilfe hoffen durfte. Schließlich nahm die Frau all ihren Mut zusammen und verließ ihren Mann. Für den Sohn erhielt sie das alleinige Sorgerecht. Der verlassene Ehemann fühlte sich in seiner Ehre verletzt und begann, seine Frau in blindem Hass massiv zu verfolgen und zu terrorisieren. So brüstete er sich vor Gericht damit, mitunter bis zu 300 Mal täglich bei seiner Frau angerufen und sie bedroht und beschimpft zu haben. Er stieg in ihre Wohnung ein, zerschnitt ihre Kleidung und entwendete die Post aus ihrem Briefkasten.

Trotzdem war die Frau entschlossen, sich dem Terror nicht zu beugen. Freundinnen schilderten, dass die junge Frau nach der Trennung förmlich aufblühte. Gegen ihren Mann erwirkte die mutige Frau ein Kontaktverbot und erstattete schließlich nach dem Gewaltschutzgesetz Anzeige gegen ihn, da er sich um das Verbot in keiner Weise scherte. Parallel dazu hatte die Frau ihre Scheidung eingereicht. Eine kurz vor dem Scheidungstermin anberaumte Verhandlung gegen den Ehemann wegen dessen ständiger Stalkingaktivitäten wurde durch das Gericht ausgesetzt, um ein Glaubwürdigkeitsgutachten in Auftrag zu geben, mit dem das Gericht die Aussagen der Ehefrau auf ihren Wahrheitsgehalt hin überprüfen lassen wollte. Wie sich kurze Zeit später auf dramatische Weise zeigte, bedurfte es dieses Glaubwürdigkeitsgutachtens nicht mehr, um sicher sein zu können, dass die Frau die Wahrheit gesagt hatte.

Als wir den Täter vom Tod seiner Exfrau unterrichteten, sagte er als Erstes, er sei froh, dass sie gestorben sei, da sie ihn verraten und dafür den Tod verdient habe.

DER MASERATIMÖRDER

Kurz vor Weihnachten begann für unsere Kommission der Bereitschaftsdienst. Schon am ersten Abend mussten wir einen Fall übernehmen, der uns alle sehr bewegte und der uns intensiv beschäftigen sollte. Der Anruf erfolgte kurz nach 17.30 Uhr. In einem Einfamilienhaus in einer ruhigen, vornehmen Gegend im Münchner Osten hatte es einen Mord gegeben. Nach der Rückkehr von einer Dienstreise hatte ein Mann seine Frau gefesselt und geknebelt und offensichtlich durch mehrere Messerstiche getötet im Ehebett aufgefunden.

Der Täter war mit dem auffälligen Sportwagen der Frau geflüchtet, verursachte einen Unfall und wollte zu Fuß weiter. Bei der Flucht wurde er verfolgt und festgenommen, ohne dass die Kollegen zu diesem Zeitpunkt etwas von dem Mord an der Fahrzeughalterin, der Münchner Patentanwältin Bettina S., ahnten. Als sie ihn zur Aufnahme des Unfalls im Streifenwagen zur Dienststelle transportierten, wurde über Funk der Mord an Bettina S. gemeldet, was der Festgenommene mitbekam. Er erklärte den verblüfften Beamten, dass er der gesuchte Mörder sei.

Durch Schnee und Eis machte ich mich auf den Weg zum Tatort, wo ich weitere Einzelheiten erfuhr. Bettina S. hatte ihren Mann Axel am frühen Morgen zum Flughafen gebracht. Nachdem er mehrfach vergeblich versucht hatte, seine Frau auf ihrem Handy zu sprechen, rief Axel S. am Nachmittag in ihrer Kanzlei an. Doch auch dort war sie nicht zu erreichen. Er erfuhr, dass sie gar nicht zur Arbeit erschienen war, sich aber die Polizei gemeldet und mitgeteilt hatte, dass der Maserati seiner Frau in einen Verkehrsunfall verwickelt war und der Fahrer, ein jüngerer Mann, Unfallflucht begangen hatte. Da Bettina S. auch zu Hause nicht ans Telefon ging, machte sich der Ehemann ernsthafte Sorgen. Niemals würde seine Frau Fahrerflucht begehen.

Nachdem er wieder in München gelandet war, machte sich Axel S. mit einem Taxi eilends auf den Heimweg. Er befürchtete, dass seine Frau womöglich entführt worden war, und bat den Taxifahrer darum, ihn in das Haus zu begleiten, um nach dem Rechten zu sehen. Dabei fand der Ehemann zu seinem maßlosen Entsetzen die Leiche von Bettina S. im Schlafzimmer.

Angehörige des Kriseninterventionsteams betreuten Axel S., außerdem hatte sich ein Arbeitskollege eingefunden, der ihm ebenfalls Beistand leistete. Behutsam erkundigte ich mich, ob er in der Lage wäre, mir ein paar Fragen zu beantworten. Vor allem interessierte uns brennend, ob Axel S. den Täter, der sich ja selbst bezichtigt hatte, für den Tod der Frau verantwortlich zu sein, kannte. Dies war nicht der Fall. Es gab auch nicht den geringsten Anlass für die Vermutung, dass seine tote Frau ihren Mörder gekannt haben könnte. Nichts, absolut nichts war bei seinem Abflug heute Morgen irgendwie ungewöhnlich gewesen. Seine Frau wollte wie jeden Tag ins Büro fahren und den Abend wollten beide wie üblich gemeinsam zu Hause verbringen.

Das beruflich sehr erfolgreiche und beliebte Ehepaar lebte zurückgezogen und mit sich und der Welt im Einklang. Es gab keine Feinde, keine zurückgewiesenen Verehrer, keine Schulden – und keinerlei Bezug zur Welt des Täters, eines vielfach vorbestraften Mannes, der in einem sozial auffälligen Umfeld lebte. In Absprache mit dem Ehemann veranlassten wir, dass die Eltern des Opfers verständigt wurden. Die zuständigen Kollegen kamen dieser schweren Aufgabe in Begleitung von Angehörigen des Kriseninterventionsteams nach. Ich mochte gar nicht daran denken, wie schrecklich diese Nachricht auf die Eltern wirken musste. Was gibt es Schlimmeres für Eltern, als die tiefe Verzweiflung und die Hilflosigkeit bei einem so sinnlosen und zugleich so schrecklichen Tod eines geliebten Kindes ertragen zu müssen?

Bereits in seiner ersten Einlassung hatte der Täter damit geprahlt, ein sexuelles Verhältnis mit dem Opfer gehabt zu haben – wie sich herausstellte, eine menschenverachtende

203

Lüge gegenüber seinem Opfer, das er gezielt in seine Gewalt gebracht hatte. Der einzige Bezugspunkt – und letztlich das Todesurteil für die Patentanwältin – war der Umstand, dass der Täter einmal in der Kanzlei von Bettina S. ausrangierte Computer zur Verschrottung abgeholt hatte und dabei auf die Frau aufmerksam geworden war. Sie stellte das krasse Gegenteil zu den Frauen dar, mit denen er sonst Umgang hatte. Und als er mitbekam, dass sie einen roten Maserati fuhr, reifte in dem von merkwürdigen Sexphantasien besessenen Täter ein mörderischer Plan. Er wollte diese Frau besitzen, sie in seine Gewalt bringen und dabei auch in den Besitz der Luxuskarosse gelangen.

Das Auto wollte er anschließend verkaufen und von dem Erlös ein luxuriöses Leben führen. Er lauerte der arglosen Frau in der Tiefgarage der Kanzlei auf, in der sie arbeitete. Als sie den Maserati auf ihrem Stellplatz parkte, stieg er zu ihr in den Wagen und bedrohte sie mit einer Waffe. Einem Zeugen fiel auf, dass der Maserati mehr als eine halbe Stunde mit von innen beschlagenen Scheiben auf seinem üblichen Stellplatz stand, ehe er wieder aus der Garage gefahren wurde. Ein weiterer Zeuge bemerkte, dass beim Verlassen der Garage neben Bettina S. ein unbekannter Mann auf dem Beifahrersitz saß. Beide Zeugen hatten keinerlei Veranlassung, ihren beiläufigen Beobachtungen irgendwelche Bedeutung beizumessen.

Der Täter dirigierte die Anwältin direkt zu ihrer Wohnung. Dort fesselte er sein Opfer und verließ am späten Vormittag für etwa eine Stunde mit dem Maserati das Anwesen. Dabei wurde er von Zeugen gesehen, die sich wunderten, wer denn da mit dem Auto von Bettina S. unterwegs sei. Allerdings vermutete man, ein Kundendiensttechniker hole das Fahrzeug zur Inspektion ab. Etwa eine Stunde später kehrte der Täter zurück. Er nahm die Scheckkarte der wehrlos gefesselten Frau an sich und zwang sie, ihm die PIN-Nummer zu verraten. Sodann hob er an einem Bankautomaten einen Betrag von 750 Euro ab. Einen Teil des Geldes brachte er sofort in die Wohnung seiner Freundin und versteckte es dort. Abermals kehrte er zum Tatort zurück. Dort verging er sich an Bettina S. und erstach sie schließlich. Mit dem Maserati verließ er danach den Ort seiner grausamen Tat. Sein angebliches Ziel, in den Besitz des Fahrzeugbriefes zu gelangen, hatte er nicht erreicht: Der Brief lag für ihn unerreichbar in einem Tresor in der Kanzlei.

Der Täter, der keinen Führerschein besaß, beabsichtigte nun, eine Spritztour zu unternehmen. Wie sich jedoch zeigte, war er mit der Bedienung des schnellen und leistungsstarken Sportwagens, noch dazu bei winterlichen Straßenverhältnissen, restlos überfordert. In einem Kreuzungsbereich verlor er die Kontrolle über das Fahrzeug, prallte gegen einen Lichtmast und danach gegen ein anderes Fahrzeug. Da er den beschädigten Maserati nicht mehr starten konnte, flüchtete er zu Fuß vom Unfallort. Ein beherzter Zeuge, ein Angehöriger der Berufsfeuerwehr, der von einem Linienbus aus alles beobachtet hatte, forderte den Busfahrer auf, ihn an der Unfallstelle aussteigen zu lassen. Anschließend folgte er dem Flüchtenden zusammen mit anderen Zeugen und verständigte über sein Handy die Polizei, die den Mann schließlich in einem Gestrüpp, in dem er sich verstecken wollte, aufstöberte und festnahm.

Das Schwurgericht folgte dem Antrag der Staatsanwaltschaft und verurteilte den Mörder zu einer lebenslangen Haftstrafe und erkannte zudem auf die besondere Schwere der Schuld.

TÖDLICHER STREIT UM RUHESTÖRUNG

Nicht nur innerfamiliäre Konflikte können eskalieren – an einem eisigen Februarabend informierte mich gegen 22.30 Uhr der Kollege der Bereitschaftskommission, dass es in einem südöstlichen Vorort Münchens im ersten Stock eines Mehrfamilienhauses zwischen zwei Nachbarn zu einem Streit gekommen war, in dessen Verlauf einer der beiden Kontrahenten den anderen erstochen hatte. Der Täter war festgenommen, der Tatort abgesperrt. Der Getötete war 35 Jahre alt. Angehörige des KIT, also des Kriseninterventionsteams, betreuten seine Bekannte, die die Tat beobachtet hatte.

Im bereits erwähnten Kriseninterventionsteam der großen Rettungsverbände sind überwiegend ausgebildete Rettungssanitäter ehrenamtlich tätig. Sie versehen rund um die Uhr Rufbereitschaft und werden immer dann alarmiert, wenn es darum geht, Menschen in höchster seelischer Not psychologisch zu unterstützen und traumatisierte Personen kurzfristig in fachärztliche Hände zu vermitteln. Für die Polizei ist die Unterstützung des KIT bei psychisch belastenden Extremsituationen von unschätzbarer Bedeutung, da man bei einem Einsatz in der Regel weder die erforderliche Ruhe hat noch die Zeit aufbringen kann, sich mit der gebotenen Intensität um die Betroffenen zu kümmern.

Der Dienstwagen auf der Straße vor meinem Haus war mit einem dicken Eispanzer überzogen. Mühsam kratzte ich die Scheiben frei und schlitterte dann mehr, als ich fuhr, bis ich eine geräumte Hauptstraße erreichte. Das monotone Auf und Ab des Martinshorns und das Blaulicht verschafften mir freie Fahrt, nach etwa einer halben Stunde erreichte ich den Tatort. Das Haus wirkte heruntergekommen, die Bewohner gehörten dem Anschein nach nicht unbedingt zur sozialen Oberschicht. Trotz der eisigen Kälte standen Anwohner der Siedlung in kleinen Grüppchen in Hofeinfahrten und auf dem Gehweg herum. Gedämpfte Unterhaltung im Angesicht des Todes, der so nah ein Opfer gefunden hat, und neugierige Blicke der Schaulustigen sind ein vertrautes Szenario, das einen immer wieder an Schauplätzen blutiger Verbrechen erwartet.

Das spätere Opfer, Albert S., hatte Besuch von einer Bekannten, sein betrunkener Nachbar störte aber fortwährend die Unterhaltung. Also komplimentierte der genervte Wohnungsinhaber seinen Nachbarn kurz entschlossen aus der Wohnung hinaus. Dieser wohnte gegenüber und randalierte wegen des Rauswurfs lautstark so lange herum, bis Albert S. die Geduld verlor, zur Wohnung des Tobenden ging und diesen nachdrücklich aufforderte, seine verbalen Attacken einzustellen. Angeblich hatte der erboste und in seiner trauten Zweisamkeit gestörte Albert S. seiner Forderung nach Ruhe mit einem Hockeyschläger Nachdruck verliehen; dies konnte durch die weiteren Ermittlungen jedoch nicht bestätigt werden.

Aufgrund dieser Auseinandersetzung wollte die Bekannte von Albert S. nicht länger bleiben und bat ihn nach seiner Rückkehr, sie doch an der Wohnung des tobenden Nachbarn vorbei nach draußen zu begleiten. Noch ehe Albert S. sich von seiner Besucherin vor der Haustür verabschieden konnte, tauchte wutschnaubend sein Widersacher oben am Treppenabsatz auf und forderte ihn auf, zu ihm zu kommen, damit er ihn »abstechen« könne. Wortlos machte der so Angesprochene auf der Stelle kehrt und stieg die Treppe wieder nach oben. Was ihn dazu bewogen hatte, wird für immer sein Geheimnis bleiben. Sobald er nämlich in die Reichweite des Randalierers gelangt war, stieß dieser ihm ein Messer mit Wucht direkt ins Herz. Tödlich getroffen, stolperte er die Treppe nach unten, durchquerte mit Unterstützung seiner Begleiterin noch den Hausflur im Erdgeschoss und den Vorhof, ehe er auf dem Gehweg tot zusammenbrach.

Erst jetzt realisierte die Frau, was geschehen war. Während durch ihre gellenden Schreie die übrigen Hausbewohner alarmiert wurden, ging der Täter zurück in seine Wohnung, wo er auf dem Sofa sitzend seelenruhig auf die Polizei wartete und sich widerstandslos festnehmen ließ.

Bei der Vernehmung räumte er die Tat ein, machte aber den angeblich vorausgegangenen Angriff mit dem Hockeyschläger für seine Wut verantwortlich. Dies rettete ihn jedoch letztlich nicht vor einer langjährigen Haftstrafe.

TRAGISCHES ENDE EINER AUSSPRACHE

Mit dem Verdacht auf einen »erweiterten Suizid« ging folgende Meldung bei mir ein: In einem Mehrfamilienhaus am Ortsrand eines idyllisch gelegenen Vorortes südlich von München hatte die freiwillige Feuerwehr an einem kalten Januartag bei einer Wohnungsöffnung die Leichen einer fünfundzwanzigjährigen Frau und ihres neununddreißigjährigen Freundes aufgefunden. Dem ersten Anschein nach war die Frau von ihrem Freund im Badezimmer erstochen worden; anschließend hatte sich der Täter an einem Balken im Wohnzimmer erhängt.

Ein »erweiterter Suizid« kann mit dem Einverständnis des Opfers erfolgen, zum Beispiel dann, wenn jemand aufgrund einer langen, leidvollen Krankheitsgeschichte seinen Tod herbeisehnt, aber aufgrund seiner Gebrechlichkeit körperlich nicht mehr in der Lage ist, Suizid zu begehen. In solchen Fällen kommt es nicht selten dazu, dass ihn sein Partner aus Mitleid von seinem Leiden erlöst und anschließend Selbstmord verübt, da er ohne diesen nicht leben will. Häufig jedoch steckt auch blinder Hass, zerstörerische Eifersucht oder auch nur zutiefst gekränkte Eitelkeit hinter solchen Taten, beispielsweise wenn eine Beziehung auseinandergeht und der Verschmähte beschließt, den »Abtrünnigen« beziehungsweise die »Abtrünnige« zu töten, weil er ihn beziehungsweise sie keinem anderen gönnt. Die infamste und grausamste Art des erweiterten Suizides besteht darin, die Kinder des Partners zu töten, ehe der Täter sich selbst umbringt. In diesen Fällen ist es für die Hinterbliebenen der Opfer besonders schwer, mit dem schrecklichen Geschehen fertigzuwerden. Ein Leben lang fühlen sie sich schuldig am Tod der eigenen Kinder und quälen sich mit Vorwürfen, die Gefahr nicht erkannt und so leichtfertig den Tod der Kinder verursacht zu haben. Der Täter aber kann für seine Tat nicht mehr zur Rechenschaft gezogen werden. Zumindest nicht vor einer irdischen Instanz.

Im vorliegenden Fall war zu befürchten, dass die junge Frau das Opfer ihres vor Wut und Eifersucht rasenden Lebensgefährten geworden war. Nachdem ich mir im Schutzanzug einen ersten Überblick verschafft hatte, überließ ich den Tatort schnellstmöglich den Kollegen des Erkennungsdienstes, die ich einmal mehr nicht um ihre schaurige Arbeit beneidete. Die beiden Kollegen des Kriminaldauerdienstes hatten inzwischen von Nachbarn und einer Freundin der Toten erfahren, dass die junge Frau, Ulla M., sich von ihrem Freund trennen wollte. Zuletzt war sie mit einer Freundin für ein paar Tage beim Skifahren gewesen und ihr Freund hatte offenbar geargwöhnt, dass es einen anderen Mann im Leben seiner Freundin geben könnte. Nachbarn gegenüber sagte er zwei Tage vor der Tat, wie maßlos enttäuscht er vom Verhalten seiner Freundin sei. Als diese am Tag darauf aus dem Skiurlaub zurückkam, machte er ihr heftige Vorwürfe und es kam zu einem erbitterten Streit. Danach rief Ulla M. ihre Eltern in Thüringen an und teilte ihnen mit, dass sie nun mit ihrem Freund endgültig Schluss machen und zu ihnen nach Thüringen zurückkehren wolle. Die Eltern waren über diese Nachricht sehr erfreut, da ihnen der Freund ihrer Tochter von Anfang an nicht geheuer gewesen war. Der Vater bot bei dem Telefonat spontan an, seine Tochter abzuholen; er könne sofort losfahren und in sechs bis acht Stunden bei ihr sein. Doch Ulla M. lehnte ab, es sei nicht ihre Art, einfach wegzulaufen. Sie würde ihrem Freund die Situation erklären und sich mit Anstand von ihm trennen. Obwohl dem Vater die Vorstellung von einer Aussprache zwischen seiner Tochter und ihrem Freund Unbehagen bereitete, willigte er schließlich in die Wünsche seiner Tochter ein. Wie hätte er auch ahnen können, was sich wenige Stunden später ereignete.

Kurz nach Mitternacht war der Streit wohl so weit eskaliert, dass sich Ulla M. im Bad einsperrte und eine Freundin anrief. Sie bat sie darum, sie abzuholen, weil ihr Freund so aggressiv sei. Doch noch bevor die Angerufene sich in der eisigen Nacht auf den Weg machen konnte, rief Ulla M. erneut an und teilte mit, dass sich ihr Freund jetzt beruhigt habe und sie nicht mehr kommen müsse. Ulla M. kündigte ihrer Freundin einen Besuch für den nächsten Vormittag an, dann werde sie ihr alles erzählen. Damit legte sie auf. Fast zeitgleich hörten Wohnungsnachbarn einen lauten Ruf aus der Wohnung; eine Frau schrie »Nein!«. Unmittelbar darauf waren polternde Laute zu hören. Danach herrschte Stille. Ein Nachbar betrat lauschend das Treppenhaus. Als es minutenlang still blieb, beruhigte er sich. Wahrscheinlich war nur ein Gegenstand umgefallen. Was hätte der Lärm denn auch sonst für einen Grund haben sollen. Man würde am nächsten Tag mal bei dem jungen Pärchen, das die Wohnung unter dem Dach bewohnte, nachfragen, was denn zu Bruch gegangen war. Doch auch wenn die Nachbarn anders reagiert hätten, wäre der jungen Frau nicht mehr zu helfen gewesen. Wie die Obduktion später ergab, hatte wohl schon der erste Stich ins Herz binnen Sekunden zum Tod geführt.

Als die Eltern bis zum späten Nachmittag des folgenden Tages keinen Kontakt mehr zu ihrer Tochter herstellen konnten, riefen sie besorgt bei den Wohnungsnachbarn an und baten sie, nach dem Rechten zu sehen. Da beide Fahrzeuge des Paares vor dem Haus standen und in der Wohnung Licht brannte, verständigten die Nachbarn – nun doch besorgt eingedenk der nächtlichen Vorkommnisse – die Polizei. Nachdem die Streife der zuständigen Inspektion aufgrund eines anderen Einsatzes zunächst nicht abkömmlich war, rief der Nachbar schließlich die freiwillige Feuerwehr, die mit einem Arzt anrückte und die Tür öffnete. Dabei stießen sie auf die beiden Toten.

Während unserer Ermittlungen erfuhr ich, dass die Freundin, mit der Ulla M. unmittelbar vor ihrem Tod telefoniert hatte, vor dem Anwesen eingetroffen war. Tief erschüttert nahm sie die Nachricht vom Tod ihrer Freundin entgegen. Ullas Eltern, so wusste sie zu berichten, hatten sich äußerst besorgt gegen 16 Uhr auf den Weg gemacht. In Anbetracht der winterlichen Straßenverhältnisse würden sie frühestens gegen 22 Uhr – wahrscheinlich aber erst gegen Mitternacht – bei der Wohnung ihrer Tochter eintreffen. Die Eltern während der Fahrt anzurufen, um sie über den Tod der Tochter zu informieren, verbot sich von selbst. Über die Einsatzzentrale forderte ich einen Angehörigen des Kriseninterventionsteams an. Der geschulte Rettungssanitäter traf gegen 20.30 Uhr bei uns ein.

Um zu verhindern, dass die ahnungslosen Eltern bei ihrer Ankunft als Erstes den Leichenwagen sehen würden, drängte ich darauf, die Leichen so rasch wie möglich abzutransportieren. Je näher der Zeitpunkt kam, zu dem die Eltern von Ulla M. vermutlich eintreffen würden, umso mehr Kollegen verließen den Tatort. Die Beamten des Erkennungsdienstes packten ihre Ausrüstung ein, sie wollten ihre Arbeit bei Tageslicht fortsetzen. Die Wohnung war beschlagnahmt und versiegelt, die vordringlichsten Arbeiten seien allesamt erledigt. Damit sah auch der Staatsanwalt kein zwingendes Erfordernis mehr, länger zu bleiben. Die Beamten des KDD und die Erstzugriffsbeamten besannen sich darauf, dass sie ihre Ausrückberichte für uns erstellen mussten, und verabschiedeten sich rasch. Nun waren wir also nur noch zu dritt: mein Kollege, der Rettungssanitäter und ich. Die Freundin der Ermordeten hatten wir in die Obhut von Nachbarn gegeben.

Fröstelnd standen wir in der klirrenden Kälte vor dem Haus. Der Wind ließ immer wieder Schneewirbel vor den wenigen Straßenlampen tanzen, die die Zufahrt zu der Ortschaft beleuchteten. Von dort würde über kurz oder lang ein Scheinwerferpaar aus dem spärlicher werdenden Verkehr auf der Bundesstraße ausscheren und eilig Kurs auf das schmucke Mehrfamilienhaus im Landhausstil nehmen. Komisch, welche Gedanken einem in solchen Situationen durch den Kopf gehen. »Schmuckes Haus im Landhausstil« – als ob das jetzt irgendeine Bedeutung hätte! Während die Eltern auf ihrer von Sorge getriebenen Fahrt noch hofften, ihre Tochter schon bald in die Arme schließen zu können, warteten wir hier draußen und kannten bereits die unbarmherzige Wahrheit. Gleich würde für ein Elternpaar eine Welt zusammenbrechen. Und ich musste die Botschaft überbringen, meine Worte würden entsetzliches Grauen in ihren Augen auslösen. Ich sehnte mich weit weg, irgendwohin, wo ich niemandem weh tun musste, irgendwohin, wo es keinen Tod und kein Leid gab. Die Sekunden dehnten sich zu Ewigkeiten. Drei Mal waren Fahrzeuge auf unsere Straße abgebogen, und jedes Mal hatte ich wie gelähmt auf die Scheinwerfer gestarrt, unfähig, mir ein paar Worte zurechtzulegen. Flüchtig dachte ich daran, was alles während meiner Polizeiausbildung behandelt worden war – offenbar aber hatte es niemand für wichtig erachtet, in den Lehrplan das Thema aufzunehmen, wie man Eltern erklärt, dass ihr Kind tot ist.

Im vierten Auto saßen die Eltern. Es war kurz nach 22 Uhr. Das Auto rollte in der Parkbucht aus, der Motor lief weiter, die Scheinwerfer brannten, die Türen blieben offen stehen, als eine Frau und ein Mann durch den weichen Schnee auf uns zugelaufen kamen. Als sie uns dort stehen sahen, wussten sie schon alles. Ein kaum verständliches und doch schon zutiefst verzweifeltes »Nein …!« war alles, was der Vater noch sagen konnte. Das, was danach folgte, ehe mein Kollege und ich uns in den frühen Morgenstunden verabschiedeten, werde ich Ihnen ersparen. Doch noch heute, Jahre später, sehe ich jede Einzelheit dieses Moments wie in einem Film vor mir ablaufen. Ich wünsche mir, so eine Situation nie wieder erleben zu müssen. An dieser Stelle ist es mir ein Anliegen, mich bei meinem Kollegen Raimund herzlich zu bedanken, der mir durch seine innere Kraft geholfen hat, diese Nacht zu überstehen.

Da die Ermittlungen keinerlei Zweifel aufkommen ließen, dass der Mann zuerst seine Freundin erstochen und sich anschließend aufgehängt hatte, wurde das Verfahren gegen den Täter eingestellt. Dies sieht unsere Strafprozessordnung so vor. Das Leid der Eltern, sowohl der Eltern des Mädchens als auch das Leid der Eltern des Täters, aber bleibt bestehen. Für immer.

ANGST VOR DEM ALLEINSEIN

Eine ganz andere Form von »erweitertem Suizid« lag bei dem folgenden Einsatz vor. Die gesamte Dienststelle nahm gerade in Wasserburg an der Beerdigung eines Kollegen teil, der kurz nach seiner Pensionierung den jahrelangen Kampf gegen seine heimtückische Krankheit verloren hatte. Da erreichte mich nach der Beisetzung noch am Friedhof ein Anruf des Kriminaldauerdienstes. In einer Wohnung im Osten Münchens hatte man die Leichen eines Mannes und einer Frau gefunden, die beide Schussverletzungen im Kopfbereich aufwiesen. In der Wohnung lag eine Waffe, möglicherweise hatte der Täter sich selbst gerichtet. Zusammen mit den beiden Kollegen meiner Kommission, die mit mir Bereitschaft hatten, fuhren wir im Konvoi mit Sondersignalen zurück nach München.

Am Einsatzort erwarteten uns die Beamten des Erkennungsdienstes und des Kriminaldauerdienstes. Aufgrund der vorgefundenen Situation, der Auswertung der Spurenlage und einer telefonischen Ankündigung des Rentners bestand mittlerweile kein Zweifel mehr daran, dass es sich tatsächlich um einen erweiterten Selbstmord handelte. Der Mann, ein hochbetagter Rentner, hatte kurz zuvor bei seinem schwerkranken Sohn in Franken angerufen und gesagt:»Die Oma schläft und wir werden beide gleich tot sein.«

Der Sohn bat daraufhin seinen eigenen Sohn, sofort bei seinem Opa anzurufen. Dieser hob den Hörer ab, sagte: »Die Oma ist tot und ich erschieß mich jetzt!« und legte auf. Auf weitere Anrufe reagierte er nicht mehr. Der Enkel verständigte sofort die Polizei, die ihrerseits Streifenwagen und einen Notarzt zur Wohnung des Rentners schickte. Obwohl die Rettungskräfte sehr schnell am Einsatzort ankamen, konnten sie für das Ehepaar nichts mehr tun. Die Frau lag tot im Bett; vermutlich war sie im Schlaf erschossen worden. Nichts deutete darauf hin, dass sie in irgendeiner

214

Weise versucht hatte, dem tödlichen Schuss auszuweichen. Der Rentner verstarb kurz nach dem Eintreffen des Notarztes.

Der Versuch, bei Hausbewohnern Informationen über das verstorbene Ehepaar zu erlangen, machte einmal mehr auf erschreckende Art und Weise deutlich, wie anonym das Leben in den großen Wohnblocks von Trabantenstädten ablaufen kann: Keiner der Befragten war in der Lage, Auskunft darüber zu geben, wie die alten Leute gelebt hatten, ob sie an Krankheiten litten, ob oder von wem sie Besuch bekommen oder welche Freunde oder Bekannten sie hatten. Die Nachbarn auf derselben Etage wussten nur zu berichten, dass die »alten Leute« immer nett grüßten, wenn man sich zufällig im Treppenhaus oder bei den Briefkästen traf. Es war wohl das erste – zugleich aber auch das letzte – Mal, dass man von dem alten Ehepaar bewusst Notiz nahm, als die beiden Särge in den Leichenwagen verladen wurden.

Das Motiv für die Tat waren tiefe Depressionen des Mannes, der offenbar große Ängste vor der Zukunft, vor altersbedingten Gebrechen und dem Alleinsein hatte. Daraufhin wurden die weiteren Ermittlungen eingestellt. Was blieb, war die Betroffenheit bei den Angehörigen, aber auch bei uns, darüber, dass Menschen am Ende eines langen Lebens voller Hoffnungen und Träume, Wünsche und Ideale so verzweifeln und vereinsamen können, dass sie freiwillig auf – vielleicht viele – Jahre ihres Lebens verzichten und stattdessen den Tod vorziehen.

DIE TODESFALLE

Nach einem langen, schneereichen Winter war es das erste Wochenende, das ahnen ließ, dass es endlich doch Frühling werden könnte. Die Müdigkeit, hervorgerufen durch tage- und nächtelange Ermittlungen aufgrund eines vorangegangenen Einsatzes, war nahezu wieder verflogen. Ein laues Lüftchen, verbunden mit den ersten wärmenden Sonnenstrahlen des Jahres, löste allenthalben hektische Aktivitäten bei Hobbygärtnern, Autopflegern und Freizeitsportlern aus. Ich wollte die trügerische Ruhe während der Bereitschaft zu einem Besuch in einem Elektronikmarkt nützen, um mir einen neuen Drucker zu kaufen. Gerade hatte ich es geschafft, einen der dienstbaren Geister so in eine Ecke zu drängen, dass ihm nur noch die Flucht in ein Beratungsgespräch mit mir übrigzubleiben schien, als mich ein Anruf ereilte.

In einem Vorort im Südosten Münchens war in einer Garage die Leiche einer Frau aufgefunden worden. Dem ersten Augenschein nach war sie Opfer eines Tötungsdeliktes geworden. Ein Tatverdacht richtete sich gegen ihren Exfreund, von dem die Frau sich erst vor wenigen Tagen getrennt hatte und der angeblich angekündigt hatte, sich zu rächen. In einer blutbesudelten Jacke neben der Leiche fand man Schriftstücke mit seinem Namen. Er selbst war nirgends aufzufinden.

Der Tatort lag auf der anderen Seite der Stadt. Der Urlaubs- und Wochenendverkehr staute sich streckenweise fast bis zum Stillstand, sodass es trotz der Sondersignale länger als eine halbe Stunde dauerte, bis ich am Tatort eintraf. Dort erwartete mich die übliche makabre Betriebsamkeit, wie sie an den Schauplätzen von Kapitaldelikten vorherrscht. Schaulustige standen hinter den Absperrbändern, fünf, sechs Streifenwagen, darunter auch der Kombi eines Diensthundeführers, parkten in der beschaulichen Wohnstraße, zwei weitere Funkwagen standen quer auf der Fahrbahn und versperrten so die

Durchfahrt für Anwohner und Neugierige gleichermaßen. Der Außendienstleiter der zuständigen Polizeidirektion, kenntlich an seinen drei silbernen Sternen auf seinen Schulterklappen, mir aber auch aus früheren Einsätzen bekannt, gab mir einen ersten Überblick.

Ein langjähriger, guter Freund der Toten hatte sich Sorgen gemacht, nachdem er mehrfach vergeblich versucht hatte, Sandra G. telefonisch zu erreichen. Er wusste von der Trennung und von Rachedrohungen des Exfreundes. Mit einem gemeinsamen Bekannten fuhr er zu ihrer Wohnung, sie klingelten und klopften an der Tür. Aber alles blieb ruhig. Bei ihrer Suche entdeckten die beiden Männer durch ein Fenster große Blutspritzer an dem in der Garage stehenden Wagen der Frau und alarmierten die Polizei. Ein Streifenbeamter stieg durch das Garagenfenster ein und fand die Leiche der Frau. Sie lag ausgestreckt in einer großen Blutlache neben ihrem Fahrzeug.

Eine Streife war gerade im Westen der Stadt unterwegs, um bei den Eltern des Tatverdächtigen nach seinem Aufenthalt zu forschen. Die Beamten hatten bereits in Erfahrung bringen können, dass der Tatverdächtige, Michael H., ein Handy bei sich hatte. Sofern er es eingeschaltet hatte, könnte man ihn darüber orten.

Vorrangig galt es also, die Fahndung nach Michael H. in Gang zu setzen. All seine Kontaktadressen und möglichen Anlaufstellen wurden ermittelt und durch zivile Einsatzkräfte der jeweils zuständigen Polizeiinspektionen überwacht. Sämtliche polizeilich verfügbaren Daten über ihn wurden eingeholt.

Dabei ergab sich, dass Sandra G. den Tatverdächtigen erst vor rund einer Woche mit Hilfe der Polizei aus der Wohnung gewiesen hatte. Das durch die Beamten damals ausgesprochene Kontakt- und Annäherungsverbot hatte sich wieder einmal auf tragische Weise als völlig untaugliches Mittel erwiesen, verfolgte Frauen wirksam zu schützen. Und wieder einmal fiel es mir beim Anblick des Opfers schwer zu verstehen, warum ein Rechtsstaat es zulassen kann, dass verfolgte und eingeschüchterte Frauen sich in die Anonymität eines Frauenhauses flüchten und dabei in den meisten Fällen darauf verzichten müssen, ihren gewohnten Tätigkeiten nachzugehen, während ihre vor Eifersucht kranken, maßlos selbstsüchtigen und nicht einsichtsfähigen Bedränger und Peiniger in aller Ruhe ihr Leben weiterführen können, ohne jede Beeinträchtigung ihrer Lebensqualität.

Bald darauf trafen zwei Kolleginnen der Zielfahndung ein und durchsuchten zusammen mit einem Beamten meiner Kommission und einem Beamten des Erkennungsdienstes die Wohnung des Opfers. Ein Schwager von Sandra G. hatte berichtet, dass sich in der bis zum Rauswurf gemeinsam bewohnten Wohnung noch diverse persönliche Gegenstände und Unterlagen von Michael H. befanden. Vielleicht ergab sich aus diesen ein Fahndungsansatz. In der Garage hatten die Beamten Anzeichen dafür gefunden, dass Michael H. möglicherweise versucht hatte, sich nach der Tat selbst das Leben zu nehmen. Im Laufe des Nachmittags ergab sich ein Hinweis darauf, dass sich der Gesuchte in einem Waldgebiet im Süden Münchens befinden könnte. Daher forderte ich starke Polizeiverbände an, die eine Umstellung und Durchsuchung des Waldgebietes vorbereiteten, als ein anderer Hinweis den Bereich des Münchner Hauptbahnhofes ins Spiel brachte. Die Polizeieinheiten, die das Waldgebiet absuchen sollten, wurden daraufhin per Eilmarsch in Richtung Hauptbahnhof verlegt, während zugleich zahlreiche Zivilstreifen um den Hauptbahnhof zusammengezogen wurden.

Da mittlerweile bekannt war, dass der Verdächtige sich gerne in Spielsalons am Hauptbahnhof aufhielt, wurden diese in die Überprüfung mit einbezogen. Tatsächlich entdeckte eine Zivilstreife der Einsatzhundertschaft gegen 23 Uhr Michael H., der auf einem Barhocker saß und in aller Ruhe an einem Geldspielautomaten spielte. Der völlig überraschte Tatverdächtige wurde widerstandslos überwältigt. Noch im Laufe der Nacht begannen wir seine Vernehmung. Er legte ein umfassendes Geständnis ab, wobei er manche Dinge der schrecklichen Tat beschönigte.

Wie sich nach und nach durch die Vernehmungen der Angehörigen ergab, hatte der Täter bereits vor der Trennung damit gedroht, Sandra G. und ihren Sohn umzubringen, sollte sie sich von ihm trennen. Im Haus der Frau fanden sich zahlreiche Spuren, die davon zeugten, dass sich Michael H. nach der Tat in der Wohnung seines Opfers und auch im Zimmer des Jungen aufgehalten hatte. Wir alle waren und sind überzeugt davon, dass er auch den Jungen getötet hätte, wäre dieser nicht zufällig mit seinem Vater, dem geschiedenen Mann von Sandra, im Osterurlaub gewesen. Die Vernehmung des Sohnes zwei Tage später, die einer unserer erfahrensten Beamten durchführte, offenbarte das große Leid des Jungen, der monatelang vom Freund seiner Mutter tyrannisiert worden war. Flehentlich hatte er sie immer wieder gebeten, sich von dem Mann zu trennen. Schließlich hatte Sandra G. selbst erkannt, dass Michael H. sie nur ausnutzte, und ihn hinausgeworfen – ihr Todesurteil und fast auch das Todesurteil für ihren Sohn. Mit rotgeweinten Augen saß der Junge im Zimmer unseres Kollegen und versprach seiner toten Mutti, in Zukunft ganz toll zu lernen und ein ganz guter Schüler zu werden – das hatte sie sich doch immer so sehr gewünscht ... An diesem Abend gingen wir mit dem Kollegen ein Bier trinken – manche Dinge lassen sich eben nicht allein bewältigen.

Bei den weiteren Vernehmungen und aufgrund der Auswertung der Tatortspuren erfuhren wir nach und nach die schrecklichen Einzelheiten der Tat. Michael H. hatte seiner Exfreundin rasend vor Eifersucht aufgelauert und war ihr heimlich mit seinem Wagen hinterhergefahren. Als sie schließlich von einem Besuch nach Hause zurückkehrte und mit ihrem Fahrzeug in die Garage fuhr, folgte er ihr zu Fuß. Er schloss das elektrische Tor von innen und schnitt dann mit einem Messer das Stromkabel an der Garagenwand durch. Dadurch erlosch die Beleuchtung und das Tor ließ sich mit der Fernbedienung nicht mehr öffnen. Ich mochte mir nicht ausmalen, was die arme Frau erleiden musste, als sie in der Garage ihren Mörder mit einem großen Messer in der Hand vor sich stehen sah und gleich darauf im Dunkeln vergeblich ihrem Schicksal zu entkommen suchte. Ihr gellender Schrei war einer Gruppe junger Männer aufgefallen, die nicht weit entfernt auf der anderen Straßenseite standen. Als sich die Männer verunsichert der Garage näherten, war nichts mehr zu hören. Sie konnten noch sehen, dass sich das Garagentor einen Spalt breit öffnete; gleich darauf jedoch wurde es wieder geschlossen. Nachdem auf ihre Rufe nicht geantwortet wurde und alles ruhig blieb, ließen es die Männer dabei bewenden und entfernten sich. Auf die Idee, die Polizei zu rufen, kam keiner. Wenngleich auch letztlich keiner der Männer strafrechtlich wegen unterlassener Hilfeleistung belangt werden konnte, wird keiner von ihnen die Stunden ihrer Vernehmung auf unserer Dienststelle jemals wieder vergessen. Da bin ich mir ganz sicher.

VOR DEN AUGEN DER KINDER

Wegen eines Tötungsdeliktes, das uns seit dem frühen Nachmittag beschäftigte, befand ich mich gegen 22 Uhr noch in meinem Büro im Polizeipräsidium, als ich bei einem routinemäßigen Blick auf den Bildschirm im Protokoll der Einsatzzentrale las, dass vor mehr als einer Stunde ein Einsatz in einer Wohnung im Münchner Osten angelaufen war. Ein Mann hatte seine Frau in der gemeinsamen Wohnung niedergestochen, mit lebensgefährlichen Verletzungen war sie in ein Krankenhaus eingeliefert worden. Warum trotz des beschriebenen Sachverhaltes, bei dem es sich zweifelsohne um ein versuchtes Tötungsdelikt handelte, noch niemand auf den Gedanken gekommen war, die Mordkommission zu alarmieren, war aus dem Protokoll nicht ersichtlich. Eine Nachfrage bei der Einsatzzentrale und beim Kriminaldauerdienst bestätigte den Sachverhalt. Bei dem Opfer, Maria V., handelte es sich um eine fünfunddreißigjährige deutsche Hausfrau und Mutter von drei Kindern im Alter zwischen sieben und sechzehn Jahren. Als dringend tatverdächtig war ihr Ehemann, ein sechsunddreißigjähriger türkischer Lagerarbeiter, vor Ort durch die Erstzugriffskräfte der zuständigen Polizeiinspektion festgenommen worden. Unmittelbar vor dem Eintreffen am Tatort wurde ich telefonisch durch den KDD darüber informiert, dass Maria V. soeben ihren schweren Verletzungen erlegen war.

Bei dem Gedanken an die unmittelbar bevorstehende Begegnung mit den drei Kindern des Opfers, die um das Leben ihrer Mutter bangten und denen wir nun mitteilen mussten, dass sie nie mehr zu ihnen zurückkehren würde, verspürte ich einen dumpfen Druck im Magen. Dass der eigene Vater der Mörder der Mutter war und die Kinder nun auch ohne ihren Vater leben mussten, machte die Sache nicht einfacher. Der Tatort, ein Mehrfamilienhaus in einer neu erbauten Stadtrandsiedlung, lag an einer ruhigen und um diese Zeit schon menschenleeren Straße. Beim Einparken bemerkte ich zu meiner Erleichterung auch einen VW-Bus des Arbeiter-Samariter-Bundes, auf dem in Großbuchstaben das Wort »KIT« stand.

Hier hatte offensichtlich einer der Erstzugriffsbeamten schnell reagiert und rechtzeitig das Kriseninterventionsteam angefordert. Die Haustür war angelehnt, eine umgeschlagene Fußmatte verhinderte, dass die Tür ins Schloss fallen konnte. Wahrscheinlich war es nur Einbildung, aber ich glaubte, die bleierne Stille förmlich greifen zu können, die trotz diverser geschäftiger Aktivitäten an Orten zu herrschen scheint, an denen ein Mensch gewaltsam ums Leben gekommen ist. Im Treppenhaus im ersten Stock standen die zahlreichen Taschen, Kisten und Koffer der Spurensicherung, außerdem fielen mir ein großer Reisekoffer und eine prall gefüllte Reisetasche auf, die dem Anschein nach nicht zum Equipment der Polizei gehörten.

Von den Kollegen vor Ort erfuhr ich, dass die drei Kinder zwischenzeitlich bei einer Cousine von Maria V. in der Nähe untergekommen waren und zwei Angehörige des KIT die Familie betreuten. Vor der Tat war es – wie so oft – zu einem Streit zwischen den Eheleuten gekommen, bei dem der Ehemann seiner Frau vorgeworfen hatte, ihre häuslichen Pflichten stark zu vernachlässigen und dem Internetspiel »World of Warcraft« praktisch verfallen zu sein. Zugleich verdächtigte er sie, bei den diversen Chats über das Spiel auch mit einem Liebhaber Kontakt zu halten. Aufgrund der häufigen Auseinandersetzungen zwischen dem Ehepaar war das Jugendamt schon eingeschaltet worden.

Am Tatabend packte der Mann schließlich wütend seine Koffer, um sich von seiner Familie zu trennen. Seine Frau half ihm dabei und trug die Koffer ins Treppenhaus. Dort eskalierte der Streit erneut, woraufhin der Mann in die Wohnung zurückging, aus der Küche ein Küchenmesser holte und damit auf seine vor der geöffneten Wohnungstür stehende Frau einstach. Nachdem die Frau im Flur zusammengebrochen war, warf sich die kleine Tochter schützend über den Kopf ihrer Mutter, um den Vater von weiteren Stichen abzuhalten. Der ältere Sohn rannte zu den Nachbarn und holte Hilfe. Der Nachbar und ein Besucher fanden den Täter über seine Frau gebeugt, das Messer hatte er noch in der Hand. Es gelang ihnen, beruhigend auf den Täter einzuwirken und ihm die Waffe wegzunehmen. Unterdessen versuchten der Sohn des Opfers und ein Nachbarsjunge – der, wie andere Nachbarn auch, durch die gellenden Hilfeschreie aufgeschreckt worden war – der Verletzten Erste Hilfe zu leisten, bis der alarmierte Notarzt eintraf.

Telefonisch nahm ich Kontakt zu einem der beiden Mitarbeiter des KIT auf, um ihm mitzuteilen, dass Maria V. mittlerweile verstorben war, was er aber bereits von einer weiteren Cousine des Opfers wusste. Erst einmal konnten die Kinder bei ihrer Verwandten bleiben, allerdings bat die Frau sehr darum, verschiedene Sachen aus der Tatwohnung holen zu dürfen. Vor allem das Kuschelkissen für das kleine Mädchen und ein paar Stofftiere wären wichtig. Während sie und ein Sanitäter kurze Zeit später wortlos Spielsachen, Kleidung und Toilettenartikel zusammenpackten, brachte niemand von uns einen Ton heraus. Konnte es für die Psyche eines kleinen Kindes etwas Schrecklicheres geben, als hilflos zuschauen zu müssen, wie der geliebte Papa die geliebte Mama ersticht?

Mein vorhergehender Einsatz, bei dem ich dem Vater des Mordopfers den gewaltsamen Tod seines Sohnes hatte mitteilen müssen, war noch keine fünf Stunden her. Für den alten Mann war eine Welt zusammengebrochen und ich konnte ihn gerade noch auffangen, ehe er zu Boden stürzte. Und jetzt diese Situation. Es war einer jener Augenblicke, in denen ernsthafte Zweifel an mir nagen, ob ich auf Dauer für diese Aufgabe wirklich geeignet bin. Aber dann sah ich, dass auch meine scheinbar so hartgesottenen Kollegen mit den Tränen zu kämpfen hatten. Und da wusste ich, dass wir gemeinsam auch diese schlimme Erfahrung meistern würden.

Ich entschied, die Befragung der Kinder bis auf Weiteres zurückzustellen, da sie erst einmal in die Obhut von Psychologen gehörten und vor einer Vernehmung ohnehin ein gesetzlicher Vormund bestimmt werden musste. Gemeinsam würden wir morgen entscheiden, ob und wie die Kinder befragt werden sollten. Die Leiche von Maria V. wurde beschlagnahmt und ins Institut für Rechtsmedizin überführt. Auf dem Rückweg durch die nächtliche Stadt zur Dienststelle – mittlerweile war es zwei Uhr morgens – besorgte ich in einem Schnellrestaurant diverse Hamburger, Pommes und andere der Gesunderhaltung des Körpers dienende Speisen, die wir zu dritt kurz darauf im Aufenthaltsraum verzehrten. Wir besprachen dabei die Ergebnisse unserer Ermittlungen und stimmten das weitere Vorgehen ab. Dann holten die beiden Kollegen den Beschuldigten aus der Haftanstalt zur Vernehmung in ihr Büro. Der Täter, dessen Oberbekleidung wie üblich zur Spurensicherung sichergestellt worden war, trug Kleidung aus der Haftanstalt. Die Nachricht, dass seine Frau ihren Verletzungen erlegen war, quittierte er lediglich mit einem leisen: »Sie hat den Tod verdient, sie wollte mir die Kinder wegnehmen.«

Während in den nächsten Stunden die Vernehmung erfolgte, begann ich, die diversen Erstzugriffsberichte, die nach und nach per Mail oder per Fax eintrafen, zu sichten und eine Ermittlungsakte anzulegen. Am PC erstellte ich einen Ausrückbericht und informierte anschließend die vorgesetzten und sonst beteiligten Dienststellen über eine sogenannte Ereignismeldung per Mail. Stille herrschte in den Fluren des geschichtsträchtigen Gemäuers unseres Präsidiums. Die aus Kostengründen auf Sparbetrieb umgestellte nächtliche Beleuchtung in den Gängen trug das Ihre dazu bei, das Unwirkliche der Szenerie zu unterstreichen. Nicht weit entfernt lag eine junge Frau bleich und leblos in einer Kühlkammer und drei Kinder weinten um ihre Mutter, und der, der dafür verantwortlich war, saß ein paar Meter entfernt und berichtete scheinbar emotionslos meinen Kollegen von der Tat. Im Nachtprogramm des Radios warnte eine übernächtigte Stimme vor einem Stau auf einer Autobahn, und die Kaffeemaschine schien durch lautes Gurgeln darauf aufmerksam zu machen, dass sie wieder einmal entkalkt werden musste. Im Stillen nahm ich mir – wieder einmal – vor, meinen Kaffeekonsum auf vier oder höchstens fünf Tassen pro Tag zu reduzieren. Irgendwann ertönten die Schritte der ersten Kollegen, die zum Tagdienst kamen, auf dem Flur. Es war 7.15 Uhr. Während der normale Dienstbetrieb anlief, beendeten die Kollegen die Vernehmung. Bei der morgendlichen Dienstbesprechung im Kreis der Angehörigen unserer Mordkommissionen berichtete ich über die beiden Fälle, die wir am Vortag »gestochen« hatten. Ausgeruhte Kollegen boten sich spontan an, verschiedene Ermittlungen für uns zu übernehmen. Dann war es für den Sachbearbeiter und einen Beamten des Erkennungsdienstes Zeit, zum Institut für Rechtsmedizin zu fahren, um der Obduktion beizuwohnen.

Für die Vorführung des Beschuldigten beim Ermittlungsrichter zum Erlass des Haftbefehls mussten noch einige Vernehmungen ergänzt werden. Gegen Mittag wurde die Ermittlungsakte – mittlerweile schon über einhundertzwanzig Seiten stark – dem Sachbearbeiter der Staatsanwaltschaft übergeben, der den Vorgang dem Ermittlungsrichter vorlegte. Gegen den Beschuldigten wurde Haftbefehl wegen Mordes erlassen. Der Nachmittag verging damit, Asservate zur Auswertung zu verschicken, weitere Zeugen für die kommenden Tage vorzuladen und mit der Spurensicherung am Tatort fortzufahren. Für die drei Kinder des Opfers wurde eine vorläufige Vormundschaft errichtet. Einen Teil der Zeit mussten wir naturgemäß auch auf den zweiten Mordfall des Vortages verwenden. Irgendwann gegen 18 Uhr verließen wir schließlich die Dienststelle, wo wir die letzten fünfunddreißig Stunden wieder einmal ununterbrochen unter »Volllast« tätig gewesen waren. Und die Bereitschaft würde noch weitere fünf Tage andauern. An diesem Abend ging ich ungewöhnlich früh zu Bett und trotz des drohend lauernden Bereitschaftshandys auf meinem Nachtkästchen dauerte es keine drei Minuten, bis ich in Tiefschlaf gefallen war. Ich empfand es nicht als negativ, dass ich erst am nächsten Morgen durch meinen Wecker und nicht schon in der Nacht durch das Klingeln des Handys geweckt wurde.

DIE FASZINATION DES SCHRECKENS

Kaum ein anderer Beruf kann sich rühmen, auch nur annähernd so viel Interesse zu erwecken, so viele Spekulationen auszulösen und zugleich so geheimnisumwittert zu sein wie der Beruf des Mordermittlers in einer Mordkommission. Die Faszination hat vielfältige Ursachen: So ist das ungebrochene Interesse an der Tätigkeit von Kriminalisten, im früheren Sprachgebrauch wie deren private Konkurrenz allgemein als Detektive tituliert, nicht erst durch die großen Detektivgestalten der Weltliteratur geweckt, wohl aber durch sie bis zum heutigen Tage gefördert worden. Nick Knatterton, Hercule Poirot, Sherlock Holmes oder Miss Marple sind zu Synonymen für Scharfsinn und Ausdauer, Kombinationsvermögen und Aufrichtigkeit geworden, die durch Geist und Witz, durch akribische Beobachtungsgabe und durch ihr kriminalistisches Gespür Millionen in ihren Bann ziehen und ihrem Berufsstand zu Ruhm und Ansehen verhalfen. Anfang der 60er-Jahre des vorigen Jahrhunderts kamen dann polizeiliche Mordermittler via TV in alle Wohnzimmer, teils als akrobatische Actionhelden, die ihre Mordfälle quasi so nebenbei, während atemberaubender Verfolgungsfahrten oder bei minutenlangen Schusswechseln à la ›Miami Vice‹, klärten, teils aber auch als bescheidene, ja, geradezu unscheinbare und vermeintlich schusselige Kriminaler, wofür Columbo ein Paradebeispiel ist.

Bei all diesen überragenden Kriminalisten handelt es sich natürlich um fiktive Gestalten, die Wirklichkeit sieht – wie die vorgestellten Fälle zeigen – weniger schillernd aus, und die tägliche Kleinarbeit, das oft monatelange Zusammentragen von einzelnen Mosaiksteinen erfordert viel Geduld. Dennoch beweist das Interesse an erfundenen und an realen Verbrechen, wie sehr der Beruf des Kriminalbeamten geeignet ist, die Phantasie der Menschen zu beflügeln, und mit welcher Begeisterung die meisten Menschen nach der Lösung verzwickter Fälle suchen. Man könnte fast meinen, das »Detektivspielen« befriedige ein Grundbedürfnis des Menschen, sei gewissermaßen ein Nachhall aus der Zeit der Jäger und Sammler. Der Beruf des Detektivs – so scheint es – kommt der Natur des Menschen entgegen, zu forschen und zu suchen, Neues entdecken und Rätsel lösen zu wollen.

Was aber ist das Besondere an der Arbeit eines Kriminalers, wenn sich so viele Menschen außerhalb dieses Berufsstandes so intensiv mit seiner Arbeit beschäftigen? Kriminalpolizeiliche Ermittlungsarbeit bedeutet, Sachverhalte zu erforschen, die andere umsichtig und raffiniert verschleiert haben; Spuren zu entdecken und richtig zu bewerten, die dem unbedarften Betrachter verborgen bleiben. Mit Menschen unterschiedlichster Herkunft und Bildung, mit den unterschiedlichsten Charakteren, in den unterschiedlichsten Graden von Betroffenheit oder Aggression zu tun zu haben und dabei immer professionell zu agieren und zu reagieren – und das in jeder Umgebung, zu jeder Tages- und Jahreszeit.

Einer der wichtigsten Gründe für das Interesse an der Tätigkeit des Kriminalisten erscheint mir jedoch zu sein, dass jeder Mensch – von einer Minute auf die andere – selbst Opfer einer Straftat werden kann. Diese permanente latente Gefahr für jeden von uns hält das Interesse wach, lässt uns frösteln bei dem Gedanken, dass wir selbst jetzt anstelle des Opfers sein könnten, von dessen schrecklichem Schicksal wir im Geborgenen, im warmen und sicheren Zuhause vor dem Fernseher erfahren. Erschaudernd malen wir uns aus, was wohl passiert wäre, wenn wir gerade in dem Moment am Ort des Verbrechens gewesen wären, wie unerträglich es gewesen wäre, wenn unser eigenes Kind Opfer geworden wäre oder was geschehen hätte können, wenn der Täter in unserer Nachbarschaft gewohnt hätte. Wir projizieren also das Geschehene auf uns selbst, auf unser Leben, unsere Familie, und deswegen verschlingen wir begierig jedes Detail, und sei es auch noch so abstoßend oder erschreckend, um dann am Ende erleichtert zu registrieren, was uns erspart geblieben ist. Und um die Gewissheit zu erlangen, dass dieser brutale Mörder gefasst und hinter Schloss und Riegel gebracht wurde und wir vor ihm keine Angst mehr zu haben brauchen.

Zugleich aber wissen wir, dass es noch unzählig viele andere Täter gibt, die jetzt gerade, während wir diese Zeilen lesen, auf der Suche nach einem Opfer ziellos durch die Gegend streichen. Und vielleicht steht ja genau in dieser Sekunde eine unheimliche Gestalt vor Ihrem Fenster, die nur darauf wartet, dass in Ihrem Schlafzimmer endlich das Licht erlischt …

Da es sicher etliche Leser gibt, die sich neben den realen Fällen auch für ganz praktische Fragen interessieren, möchte ich Ihnen zuletzt noch Einblick geben in den Aufbau und die Struktur einer Mordkommission und beschreiben, welche Qualifikationen ein Mordermittler – zumindest idealtypisch skizziert – haben sollte.

WIE EINE MORDKOMMISSION AUFGEBAUT UND STRUKTURIERT IST

Die als »1er-Kommissariate« bezeichneten Kriminalpolizeidienststellen in ganz Deutschland bearbeiten Straftaten, die sich gegen die sogenannten »höchstpersönlichen Rechtsgüter« richten wie Leben, körperliche Unversehrtheit und Freiheit oder sexuelle Selbstbestimmung; aber auch Branddelikte und ungeklärte Todesfälle gehören in ihren Zuständigkeitsbereich. Bei einem Tötungsdelikt wird eine Mordkommission gebildet, die ein erfahrener Beamter aus dem Bereich K 1 beziehungsweise K 11 der örtlich zuständigen Kriminalpolizeiinspektion leitet; oftmals arbeiten außer Kriminalbeamten auch besonders befähigte Beamte der örtlichen Schutzpolizeidienststellen mit. Eine Ausnahme von dieser Regel stellten immer schon die Städte Berlin, Hamburg und München dar. In diesen drei Städten bestehen seit Langem fest eingerichtete Mordkommissionen. In München beispielsweise gibt es im Kommissariat K 11 derzeit fünf Mordkommissionen. Nach und nach gehen jedoch auch kleinere Polizeiverbände vermehrt dazu über, Mordkommissionen dauerhaft zu installieren.

Im allgemeinen Sprachgebrauch wird der Leiter des Mordkommissariates als »Leiter der Mordkommission« bezeichnet, was aber nicht zutreffend ist. Als Kommissariatsleiter hat man mit der eigentlichen Sachbearbeitung, also der Aufklärung von Tötungsdelikten, so gut wie nichts zu tun. Dafür sind ausschließlich die einzelnen Mordkommissionen zuständig. Für die Inhalte und die Durchführung einer Ermittlung ist dabei in erster Linie der jeweilige Sachbearbeiter verantwortlich, der von seinem Kommissionsleiter für den Fall eingeteilt und rechtlich und fachlich unterstützt wird. Der Kommissariatsleiter hingegen ist vor allem mit Verwaltungsaufgaben betraut, von der Postverteilung über die Personalführung und -weiterbildung bis letztlich hin zur Materialbeschaffung. Natürlich unterstützt der Kommissariatsleiter die einzelnen Kommissionen immer dann, wenn diese aus eigenen Kräften nicht mehr in der Lage sind, eine Ermittlung allein zu bewältigen – beispielsweise durch Zuordnung weiterer Beamter aus anderen Kommissionen oder durch Anforderung von Unterstützung aus anderen Polizeiverbänden. Der Kommissariatsleiter kann bei der Gründung einer Sonderkommission zumindest in der Anfangsphase deren Leitung übernehmen. Er vertritt die Belange der Dienststelle nach außen und informiert vorgesetzte Dienststellen und andere Behörden. Besonders gern vermeldet er natürlich die erfolgreiche Aufklärung schwieriger, aufsehenerregender Mordfälle, vor allem auch der Presse gegenüber. So entsteht in der Öffentlichkeit oftmals der Eindruck, dass ein Kommissariatsleiter einen Fall geklärt hat, auch dann, wenn er in keiner Weise damit befasst war. Andererseits schützt er dadurch die Beamten, die den Fall tatsächlich bearbeitet haben. Deren Namen bleiben so in der Öffentlichkeit unbekannt, was sie unter Umständen vor möglichen Racheaktionen bewahrt.

Jede unserer fünf Kommissionen hat einen Leiter beziehungsweise eine Leiterin, deren offizieller Titel »Leiter/Leiterin der Mordkommission« lautet. Zudem arbeiten drei bis fünf Sachbearbeiter in jeder Kommission. Seit der Reform der Kriminalpolizei Ende der Neunzigerjahre werden überwiegend Beamte des gehobenen Dienstes als Sachbearbeiter bei der Kriminalpolizei eingesetzt, wodurch es leider vorkommt, dass auch unerfahrene Beamte zum Zug kommen, wenn es darum geht, freie Stellen nachzubesetzen.

Die einzelnen Mordkommissionen in München versehen turnusmäßig und wochenweise Bereitschaftsdienst. Das bedeutet, dass der Kommissionsleiter oder sein Vertreter und zwei Sachbearbeiter von Montag ab Dienstbeginn um 7.15 Uhr bis zum darauf folgenden Montag, 7.15 Uhr, Mordbereitschaft haben. Während der Kommissionsleiter in der Regel zehn bis zwölf Mal pro Jahr Bereitschaft hat, werden die Sachbearbeiter, wenn die Personalstärke innerhalb der

Kommission dies erlaubt, nur bei jeder zweiten Bereitschaft der eigenen Kommission eingesetzt. Bei fünf Kommissionen wird die eigene Kommission demnach alle fünf Wochen zur Bereitschaft eingeteilt, was für den einzelnen Sachbearbeiter fünf bis sechs Bereitschaften pro Jahr bedeutet. Dank dieser Regelung ist es möglich, über das laufende Kalenderjahr hinaus Urlaub oder Freizeitausgleich zu planen. Denkbar ist allerdings, dass diese Reihung aufgrund besonderer Ermittlungsfälle aufgegeben werden muss, etwa dann, wenn eine ganze Kommission durch die Bildung einer Soko längere Zeit für die normale Bereitschaft nicht zur Verfügung steht. Dann wird der Turnus beispielsweise auf vier Wochen verkürzt.

So viel in Kürze zur Struktur und zu den Abläufen in einer Mordkommission. Bleibt noch die Frage, wie man sich überhaupt dafür qualifiziert.

»Du, wie wird man Mordkommission?«

Diese Frage eines kleinen Jungen – in Anlehnung an eine Werbekampagne der Polizei »Du, wie wird man Polizei?« – ist gar nicht so leicht zu beantworten. Welche Voraussetzungen muss man erfüllen, um sich für die Arbeit bei der Mordkommission zu qualifizieren? Als ich das erste Mal mit dem Gedanken spielte, mich auf die Stelle eines Leiters der Mordkommission zu bewerben, ging mir diese Frage natürlich auch durch den Kopf. Spontan fiel mir dazu die Antwort eines Kriminalistiklehrers während meines Studiums ein, der auf diese Frage süffisant erwidert hatte: »Wenn du in allen denkbaren Berufen der Beste bist, dann kannst du dich als Lehrling bei der Mordkommission bewerben.« Das war natürlich hemmungslos übertrieben. Und doch steckt eine ernsthafte Überlegung in dieser Aussage. Zugegeben: Wie oft kommt es schon vor, dass ein hochbegabter Physikprofessor eine Versuchsreihe so aufbaut, dass ein junger Student, der ein Verhältnis mit der Frau des Professors hat, dabei einen tödlichen Stromschlag erleidet? Kaum denkbar auch, dass ein Landwirt bei der Säuberung eines Silos absichtlich darauf verzichtet, seinen Erbonkel darauf hinzuweisen, den Bunkerraum nicht ohne Sauerstoffgerät zu betreten. Was aber, wenn so etwas doch einmal passiert? Ist es wirklich abwegig, zu glauben, dass es Leute gibt, die ihr Spezialwissen – egal in welchem Bereich – dazu einsetzen könnten, um anderen zu schaden, ohne sich selbst dafür in irgendeiner Weise verantworten zu müssen? Die Wirklichkeit zeigt weltweit und täglich, dass es nichts gibt, was es nicht gibt. Fachleute sind sich darin einig, dass unzählige Morde niemals als solche erkannt wurden. Hinreichend bekannt ist das Bild von den nächtens hell erleuchteten Friedhöfen – würde auf jedem Grab, in dem ein verkanntes Mordopfer liegt, eine Kerze brennen. Würde dies im Umkehrschluss nicht bedeuten, dass es denen, die bei diesen Todesfällen hinzugezogen wurden, um Anhaltspunkte für Fremdverschulden festzustellen, vielleicht doch am letzten Feinschliff fehlte? Und am berufsspezifischen Wissen? Diese Überlegungen waren es wohl, die unseren Dozenten zu seiner provozierenden Bemerkung veranlassten.

Experte in allen möglichen Berufen zu sein (oder zumindest gewisse Grundkenntnisse zu haben), bedeutet indes noch längst nicht, dass man auch ein guter Mordermittler ist. Die eine Seite des Berufs nämlich ist die, eine Tat oder Tatabläufe objektiv als solche überhaupt zu erkennen. Dabei bedient sich der Mordermittler selbstverständlich erfahrener Spezialisten aus allen denkbaren Bereichen, zieht zum Beispiel Rechtsmediziner, Schriftgutachter, Daktyloskopen (Experten für Fingerabdrücke), Physiker u.v.a.m. hinzu. Genauso wichtig aber ist es, durch die Beschäftigung mit der Persönlichkeit des Opfers und seinem Umfeld ein Tatmotiv zu erkennen und durch psychologisch geschicktes Vorgehen Aussagen zu erhalten, die letztlich zu einem Tatverdächtigen führen und in ein Geständnis münden. Dieser Teil eines Ermittlungsvorgangs stellt hohe Anforderungen an einen Mordermittler. Voraussetzung für Erfolg in diesem Beruf ist daher neben fachlicher Qualifikation auch eine Vielzahl anderer Eigenschaften und Fähigkeiten. So sollte man über gute Menschenkenntnis, Einfühlungsvermögen, geschickte Rhetorik, gute Beobachtungsgabe, kriminalistischen Spürsinn, »Jagdeifer«, Verschwiegenheit, Verantwortungsbewusstsein, Geduld und Ausdauer, schnelles Reaktions- und Kombinationsvermögen, eine gewisse schauspielerische Begabung, gute Umgangsformen und sicheres Auftreten verfügen. Weiterhin sind Entschlussfreudigkeit, technisches Verständnis und die Fähigkeit zur Abstraktion wünschenswert. Doch damit immer noch nicht genug.

Denn alle Erkenntnisse und Ergebnisse, die veranlassten Maßnahmen und natürlich alle Vernehmungen müssen gerichtsverwertbar und chronologisch nachvollziehbar zu Papier gebracht werden. Daher sind ein guter Schreibstil und einwandfreie Rechtschreibkenntnisse sowie der sichere Umgang mit einem PC weitere unverzichtbare Voraussetzungen für einen Kriminaler. Ein guter Mordermittler sollte zudem zumindest Grundkenntnisse aus den Bereichen Psychologie, Pädagogik, Krisenintervention, Kommunikations-, Video- und Elektrotechnik, Fotografie, Wirtschaftskunde und EDV besitzen – die Liste ließe sich je nach dem zu klärenden Fall beliebig erweitern! Eine Selbstverständlichkeit sind ferner umfassende Rechtskenntnisse; hat man es doch in der Regel mit den besten Rechtsanwälten zu tun, die jede Rechtsunsicherheit sofort erkennen und gnadenlos zu Lasten des Ermittlers und zu Gunsten ihres Mandanten auszuschlachten versuchen. Gute Kenntnisse in einer oder besser in zwei Fremdsprachen sind ebenfalls wünschenswert, da man im Rahmen der EU und dank zahlreicher zwischenstaatlicher Übereinkommen immer häufiger Kontakte mit ausländischen Polizeieinheiten hat.

Wenn man all diese Voraussetzungen erfüllt, so bedarf es nur noch einiger kleinerer Ergänzungen, um einen Bewerber als zukünftigen Mordermittler interessant erscheinen zu lassen: So sollte man in der Nähe der Dienststelle wohnen, um im Ernstfall schnellstmöglich einsatzbereit zu sein. Man muss körperlich genügend fit sein, um die Belastungen des Bereitschaftsdienstes unbeschadet zu überstehen. Die Familie des Beamten muss gewillt sein, die unregelmäßigen Dienstzeiten und die Einschränkungen in der Freizeit, besonders auch bei außergewöhnlichen Fällen (zum Beispiel Soko-Arbeit, laufende Fahndungsmaßnahmen und Ähnliches) mitzutragen. Eine Selbstverständlichkeit ist der völlige Verzicht auf Alkohol während der Dienst- und Bereitschaftszeiten. Ständige Erreichbarkeit auch außerhalb der eigentlichen Dienst- und Bereitschaftszeiten wird ebenfalls erwartet, da jederzeit eine Lage eintreten kann, für deren Bewältigung alle Beamten der Mordkommission erforderlich sind. Wie sehr die Einsatzbereitschaft gefordert wird, mag man daran ersehen, dass die Beamten meiner Dienststelle, dem Mordkommissariat beim Polizeipräsidium München, zum Zeitpunkt dieser Niederschrift einen Berg von mehr als 12 000 Überstunden aufgebaut hatten. Der künftige Mordermittler sollte nun noch langjährige Berufserfahrungen in anderen kriminalpolizeilichen Bereichen gesammelt haben und er darf – was naheliegend ist – keine Scheu vor Leichen haben. Und last but not least muss der Sachbearbeiter in der Mordkommission in besonderer Weise für Teamarbeit geeignet, also »teamfähig«, sein, da die Arbeit in einer Mordkommission nun einmal darin besteht.

So viel zum Idealbild. Wer nach diesen Ausführungen nun allerdings erwartet, in einer Mordkommission wimmele es geradezu von Übermenschen, der wird von der Realität enttäuscht werden. Auch bei einer Mordkommission arbeiten mehrheitlich – wenigstens derzeit noch – normale Kriminaler, Beamte, die irgendwann mal im Streifendienst tätig waren, Verkehr geregelt, Ruhestörungen eingestellt und Verkehrsunfälle aufgenommen haben. Die Mehrzahl der Beamtinnen und Beamten der Mordkommissionen ist verheiratet, hat Kinder, führt ein ganz normales Familienleben und steht – im Gegensatz zu ihren »Kollegen« im Fernsehen – weder mit ihren Vorgesetzten noch mit den Vertretern der Staatsanwaltschaft auf Kriegsfuß. Der Schwerpunkt der Arbeit liegt nicht in der Bewältigung eigener Beziehungsprobleme oder in der Auseinandersetzung mit den Problemen des Nachwuchses, sondern eindeutig – oh Wunder – in der Aufklärung von Straftaten. Auch in der Mordkommission wird, wie es so schön heißt, nur mit Wasser gekocht. Unsere Stärke liegt darin, dass wir – auch hier möchte ich sagen: noch! – mit hohem Personaleinsatz und praktisch ohne technische und ohne nennenswerte finanzielle Einschränkungen alle erforderlichen Maßnahmen durchführen können, um Tötungsdelikte aufzuklären.

Der Wechsel zur Mordkommission ist weitaus weniger spektakulär, als man dies vermuten könnte. Frei werdende Sachbearbeiterstellen bei einer Mordkommission – etwa durch Pensionierung oder Versetzung zu einer anderen Dienststelle – werden nachbesetzt, indem die Stelle mit dem entsprechenden Anforderungsprofil im amtlichen Mitteilungsblatt der Polizei ausgeschrieben wird. Die geeignet erscheinenden Bewerber werden zu einem Vorstellungsgespräch eingeladen, an dem im Idealfall auch die Leiter der einzelnen Mordkommissionen teilnehmen. Natürlich erfüllt keiner der Bewerber sämtliche genannten Bedingungen auch nur annähernd. Wer jedoch den vorstehend aufgelisteten Voraussetzungen am nächsten kommt, hat gute Chancen auf die Stelle. Die ausgewählten Bewerber werden nach Ablauf der Bewerbungsfrist schriftlich über ihre Versetzung zum Mordkommissariat informiert – das war's! Der Bewerber wird anschließend in der Regel ein Jahr beim Kommissariat für Todesermittlungen auf seine künftige Tätigkeit als Sachbearbeiter bei einer Mordkommission vorbereitet. Im Kommissariat für Todesermittlungen werden ungeklärte Todesfälle und tödliche Unfälle – mit Ausnahme von Verkehrsunfällen – untersucht. Erst wenn sich dabei herausstellt, dass es sich um ein Tötungsdelikt handelt, wird die Mordbereitschaft alarmiert, die die weiteren Ermittlungen übernimmt. Hat der zukünftige Mordermittler beim Kommissariat für Todesermittlungen genügend Erfahrung bei der »Leichensachbearbeitung« gesammelt, tritt er schließlich seinen Dienst in einer Mordkommission an.

Ein wenig anders sieht es – oder, genauer gesagt, sah es – mit der Bestellung zum Leiter einer Mordkommission aus. Bis 2001 rückten in München ausschließlich bewährte Sachbearbeiter aus den eigenen Reihen in die Leitung nach. Erstmals wich man 2001 von diesem Grundsatz ab, und so wurde ich im September 2001 als erster »Externer« zum Leiter einer Mordkommission in München ernannt.

SCHLUSSGEDANKE

Im Regelfall münden die Ermittlungen der Mordkommissionen in aufsehenerregende Verfahren vor den Schwurgerichten. Häufig werden bei Schuldsprüchen langjährige oder – bei Mord – lebenslange Freiheitsstrafen verhängt. Damit haben die Verfahren zwar ihre gerechten justiziellen Abschlüsse gefunden – aber wie sieht Gerechtigkeit aus für Menschen, denen das Liebste für immer genommen wurde? Ohne Möglichkeit der Umkehr, des Widerspruchs oder zumindest des Abschiednehmens? Wir Polizei- und Kriminalbeamte, die wir bei tödlichen Unfällen oder bei Tötungsdelikten ermitteln und oftmals über Jahre Ansprechpartner der Angehörigen von Opfern bleiben; die wir so unmittelbar wie sonst nur noch Ärzte, Pfleger oder Seelsorger tagtäglich Angst und Grauen und Leid sehen und – ja, ich sage das ganz bewusst – mit erleiden, wir sind froh, dass wir nicht zugleich über die Schuldigen zu Gericht sitzen müssen. Denn Gerechtigkeit kann in einer freiheitlichen Gesellschaft nur zuteil werden, wenn nicht die unmittelbar Betroffenen das Maß der Dinge sind, sondern das Gemeinwohl aller. Um dies zu erkennen und vor allem zu akzeptieren, bedurfte es für mich vieler Jahre Erfahrung in einem Bereich, über den so viel geschrieben und berichtet wird und von dem doch so wenig wirklich bekannt ist: nämlich in einer Mordkommission.

ÜBER DEN AUTOR

Richard Thiess, geboren 1952, ging nach dem Fachabitur zur Bundeswehr und verpflichtete sich auf zwei Jahre. Als Leutnant bei den Feldjägern wurde er 1974 Leiter der »Zivilen Nachforschung«. Es folgten zweieinhalb Jahre als Kaufhausdetektiv und Abteilungsleiter »Haussicherheit« bei zwei großen Münchner Kaufhäusern. In dieser Zeit war er an mehr als 2000 Festnahmen beteiligt. Die Erfahrungen, die er dabei sammelte, setzte er in zwei staatlich geprüften und zugelassenen Fernlehrgängen für die Ausbildung von Kaufhaus- und Privatdetektiven um, die er bis heute als genehmigte Nebentätigkeit vertreibt.

Im Alter von 24 Jahren erfolgte – als sogenannter Altanwärter – der Wechsel zur Polizei. Richard Thiess war nach der Ausbildung im Streifendienst und als Zivilfahnder in einem Innenstadtrevier tätig, ehe er 1982 einen einjährigen Kurs für den Wechsel zur Kriminalpolizei absolvierte. Es folgte 1983 ein zweijähriges Studium für den gehobenen Kriminaldienst und eine dreijährige Dienstzeit beim Kriminaldauerdienst. Danach führte er 13 Jahre lang als stellvertretender Leiter eines Kriminalkommissariats zahlreiche Sokos und Arbeitsgruppen gegen große Diebesbanden, darunter gegen die Münchner Marienplatzrapper, der bis dato kriminellsten Jugendbande Deutschlands. Nach dem Wegfall des Eisernen Vorhangs reiste er im Auftrag des Bundesinnenministeriums nach Lettland, um die dortige Polizei bei der Neuorganisation und bei der Neuausstattung zu unterstützen. Ein Jahr später wurde er als Spezialist für Jugend- und Bandenkriminalität vom bayerischen Innenministerium zu Expertengesprächen nach Moskau entsandt.

2001 wechselte er zur Mordkommission, wo er – mittlerweile Erster Kriminalhauptkommissar – seither die fünfte Mordkommission leitet und zugleich die Funktion des stellvertretenden Kommissariatsleiters innehat.